# 작은 텃밭이 내게 가르쳐준 것들

**ROUGH PATCH**
Copyright©Kathy Slack, 2025
Illustrations by Rosie Ramsden
The moral right of the author has been asserted.
All rights reserved.
Korean translation rights arranged with Little, Brown UK, London
through Danny Hong Agency, Seoul.
Korean translation copyright © 2025 by Rosewinkle Press

이 책의 한국어판 저작권은 대니홍에이전시를 통해 저작권자와 독점 계약한 로즈윙클프레스에 있습니다.
저작권법에 의해 한국 내에서 보호를 받는 저작물이므로 무단 전재 및 복제를 금합니다.

삶의 가치를 다시 일깨워 준 회복과 치유의 시간

# Rough Patch

## 작은 텃밭이 내게 가르쳐준 것들

캐시 슬랙 지음
박민정 옮김

헤이들리, 그리고 험프리에게

시작하며 ○ 9

*Prologue*
작은 텃밭과 함께한 어느 한 해의 이야기 ○ 13

| | | |
|---|---|---|
| *June* | 6월<br>완벽했던 내 삶이 어느 여름날<br>느닷없이 무너져 버렸다 | ○ 31 |
| *July* | 7월<br>작고 네모난 채소밭으로<br>탈출하다 | ○ 48 |
| *August* | 8월<br>해야 할 일은 하나뿐,<br>정해진 루틴이 주는 위안 | ○ 79 |
| *September* | 9월<br>혼자 있으면서도 외롭지 않은<br>유일한 피난처 | ○ 98 |
| *October* | 10월<br>끝없는 선택의 폭격을 피해<br>단순함으로 무장하기 | ○ 122 |
| *November* | 11월<br>내 삶의 작은 부분만큼은<br>스스로 책임질 수 있도록 | ○ 140 |
| *December* | 12월<br>다시 시작된 연결 | ○ 154 |

| | | |
|---|---|---|
| *January* | 1월<br>완벽하지 않아도,<br>실패해도 괜찮아 | ○ 181 |
| *February* | 2월<br>그냥 존재하기 | ○ 198 |
| *March* | 3월<br>실패에 무심해지자<br>새로운 가능성이 열렸다 | ○ 212 |
| *April* | 4월<br>처음 느낀 순수하고<br>온전한 충만 | ○ 236 |
| *May* | 5월<br>자연이 가르쳐준<br>내게 맞는 삶 | ○ 256 |

*Epilogue*
내가 땅으로부터 배운 것들  ○ 269

감사의 말  ○ 283

한 움큼의 누르스름한 씨앗이
　풍성한 생명으로 탈바꿈했다.

### 시작하며

 몇 년 전, 나는 자유를 갈망하며 비좁은 런던 아파트를 벗어나 코츠월드의 넓은 하늘 아래로 이사했다. 새집에 도착하자마자, 이삿짐 상자가 어지러이 널린 집 안을 뒤로하고 웨스트 옥스퍼드셔의 시골집 정원을 살펴보러 밖으로 나갔다. 우리 부부가 이 집을 택한 까닭이 바로 이 초록빛 공간이었기 때문이다. 나는 이런 녹지(綠地)를 오랫동안 꿈꿔왔다. 런던 아파트 반지하 층 계단 벽에 걸어둔 화분 몇 개로는 도저히 마음이 채워지지 않았다. 정원이 있다는 사실 하나만으로도 런던까지 출퇴근할 수고쯤은 감수할 만하다고 여겼다. 그래서 과감히 결단을 내린 것이다.
 새 정원에 네모난 작은 땅뙈기를 마련하고는 말뚝을 박고 줄을 쳤다. 머잖아 흙을 돋운 텃밭 화단을 설치할 때까지 임시 채소밭으로 쓸 작정으로. 처음 몇 달 동안, 나는 주머니에 씨앗을 한가득 넣

고 다니며 채소밭에 마구 뿌려댔다. 주말이면 흙바닥에 무릎을 대고 엎드려, 한쪽 귀퉁이가 접힌 왕립원예협회의 정원 관리 책자를 엄지로 짚어가며 넘겼다. '5센티미터 깊이로 심으시오'라는 문장을 보고는 1센티미터 남짓한 누에콩을 머리부터 잴지 꽁지부터 잴지 한참을 고민했다. 뭐든지 정확하게 하고 싶었다. 마구잡이로 돌보며 되는대로 내버려뒀는데도, 씨앗은 싹을 틔우고 자라났다. 몇 번의 계절을 거치며 수많은 시행착오를 겪은 끝에, 나는 제법 그럴싸한 초보 채소 농사꾼으로 거듭났다. 덕분에 때때로 콩이며 돼지호박을 잔뜩 싸 들고 직장에 가서는, 나를 미친 사람으로만 여기지 않으면 누구에게나 한 아름씩 나눠주곤 했다. 다만, 내 직장 동료들은 배달 음식으로 삶을 연명하고 오븐은 신발 보관하는 장소쯤으로 여기는 사람들이었다. 그러니 그들 눈에 나는 다른 별에서 온 사람처럼 보였을 것이다.

그리고 나서는 내 삶이 완전히 무너져 버린 것처럼 느껴지던 시간 동안, 억지로라도 소파에서 몸을 일으킬 수 있는 날이면 채소밭으로 향했다. 그 무렵, 나는 병이 들어서 일도 쉬고 늘 약에 취해 있었는데, 상태가 괜찮아지면 밭에 주저앉아 잡초를 뽑고 때로는 씨앗도 심었다. 그 옛날 런던을 등지게 한 자연의 부름이 이번에는 나를 채소밭으로 이끌었다. 다시 한번, 마음의 안식처가 필요했다. 그리고 나는 그걸 찾아냈다. 흙 속에 손을 집어넣자, 순간 사방이 조용해졌다. 슬픔도 불안도 사라졌다. 그저 고요함만이 존재했다.

이 조그만 땅뙈기는 내게 새로운 삶의 방식을 가르쳐주었다. 새로운 세상을 보여주었다. 처음에는 채소밭을 현실, 즉 진짜 세상으로부터의 도피라고 생각했지만, 곧 내 생각이 잘못되었다는 걸 깨달았다. 채소밭이야말로 진짜 세상이었다. 이곳에 있을 때 나는 '세상만사로부터 달아나는' 중이 아니라, 오히려 그 한가운데로 나를 던져 넣고 현실에 발을 붙이는 중이었다. 그렇게 아주 서서히, 한두 달 시간이 흐르며 식물이 자라듯 내 안에서 평온함이 자라났다. 그때는 이게 회복의 시작이자 전혀 새로운 삶으로 이어지는 길이 되리라는 사실을 알지 못했다. 채소밭은 한 해에 걸쳐 천천히, 아주 조용하게, 호들갑 떨지 않고, 내 삶을 구해주었다. 세상과 나를 다시 이어주고, 새로운 길을 비춰주고, 희망을 건넸다. 철창에 갇혀 있던 닭에게 속박 없는 세상을 선사했다.

  이 책에는 채소밭이 내게 건넨 가르침이 많이 담겨 있다. 코츠월드의 사계절을 따라가며 (그 무렵의 내 기분과는 사뭇 어긋났던) 6월부터 시작해 달마다 한 장씩 엮었다. 지금부터 펼쳐질 이야기는 그 한 해의 기억과 작은 땅 한 자락이 선사해 준 마음의 약에 대한 기록이다. 그리고 이 모든 이야기는 내 손바닥 위 생명이 없던 작은 씨앗 몇 톨에서 시작됐다.

## 작은 텃밭과 함께한 어느 한 해의 이야기

　가만히 생각해 보면, 자연은 참으로 놀랍다. 지극히 평범해 보일 때조차도. 이를테면, 채소의 삶을 생각해 보자. 3월의 어느 날 아침, 무생물 같은 시시한 씨앗 한 줌을 채소밭에 뿌린다. 늦어도 7월쯤엔, 보잘것없던 씨앗 몇 톨이 밀림으로 자라나 있다. 말 그대로 밀림이다. 괴물같이 거대한 식물들이 작은 밭에서 서로 엉켜 아우성을 쳐댄다. 제 몸에 달린 열매의 무게를 이기지 못하고 축 늘어진다. 누르스름한 씨앗 한 움큼이 풍성한 생명으로 탈바꿈한 것이다. 그때, 우리는 깨닫는다. 눈앞에서 마법이 펼쳐지고 있다는 사실을. '잭과 콩나무' 이야기는 과장이 아니다. 정말 눈부신 광경이다. 11년째 채소를 키우고 있지만, 나는 매번 이 경이로움에 탄성이 터져 나온다.
　씨앗 하나가 저녁 식사거리로 변하는 과정은 정말이지 마법 같다. 그 시간 동안 나는 회복되고 치료된다. 먹거리를 손수 길러 먹는 일은, 창턱에 놓인 허브 화분 하나에 지나지 않을지라도, 몸에도 마음에도 좋은 일이다.

그렇다고 오해해서는 안 된다. 나는 케일이 만병통치약이라고 주장하는 게 아니다. '우울증 약은 내다 버리고 대신 블루베리를 먹자' 따위의 허튼소리를 하고 싶은 것도 아니다. 내 입에서 그런 말이 나올 일은 절대로 없을 것이다. 내가 하고 싶은 말은 채소를 키우는 일이 내게 인생의 압박이라는 독을 이겨내는 강력한 해독제가 되어주었다는 것이다. 이 일은 마음에 다시 활기를 불어넣고, 자연과 나를 이어주었으며, 끈질기게 달라붙는 인생의 힘든 굴레에서 빠져나올 길을 열어주었다.

\*

산다는 게 어떤 건지, 모두들 알 것이다. 그런데 내 경우에는 삶이 조금 많이 힘겨웠다. 11년 전, 나는 런던의 광고 회사에서 글로벌 마케팅 전략 책임자로 일하고 있었다. 빠르게 승진했고, 지미추 구두를 신고 비행기로 세계를 누비며 잠시라도 블랙베리 휴대전화가 몸에서 떨어지지 않는 성공한 사람이었다. 흥미롭고 연봉도 높은 직업, 나를 사랑하는 가족, 그리고 코츠월드의 막 리모델링을 마친 아름다운 집까지. 그러다 모든 게 엉망으로 변했다.

나는 스물세 살 무렵 졸업생 채용 프로그램을 통해 광고업계에 들어갔다. 몇 년마다 회사를 옮겨 다니며 한 계단씩 직급을 올렸다. 내 직책은 이른바 '기획자'였는데, 왜 그렇게 불렀는지는 여전히 오리무중이다. 기획 비슷한 일을 한 적은 한 번도 없었으니 말이다. 내 업무는 큰 기업들과 함께 소비자가 상품을 사게 하려면 어떤 말을 해야 할지 고민하고, 우리 회사 광고팀이 그 고민의 결과를 광고로 만들 수 있게 확실하고도 박진감 넘치는 요청서를 쓰는 일이었다.

훌륭한 기획자는 데이터와 연구의 무성한 덤불을 뒤져 제품이나 소비자에 대한 단순 명료한 통찰을 찾아내는 사람이다. 그 통찰을 간결한 문구로 요약하면, 무한한 창의성이 열리면서 멋진 작업의 토대가 마련된다. 1980년대 애플은 '우리는 (IBM처럼) 칙칙하고 누리끼리한 계산 상자를 만들지 않는다. 우리는 창의적인 사람들을 위한 도구를 만든다'라는 통찰을 얻었고, 이 생각은 그 유명한 '다르게 생각하라' 캠페인의 발판이 되었다. 이 통찰 덕분에, 많은 사람이 승진했고, 수많은 광고 기획자가 상을 받았다. 애플의 매출도 치솟았다. 이것이 바로 기획자가 지닌 힘이다. 그러니, 몇몇 기획자는 자연스레 특별한 후광을 내뿜으며 학구적이고 지적인 사람이라는 소리를 들었다. 그들은 큰 그림, 큰 아이디어를 보아야 했기에 일상의 자잘한 일에서 한발 떨어져 있었다. 회의에 늦어도, 회의용 스피커폰을 다룰 줄 몰라도, 출장 준비를 스스로 하지 않아도 괜찮았다. 지금 그들은 위대한 생각에 빠져 있으니까. 그 무엇도 그걸 방해해선 안 됐다. 물론, 요즘은 상황이 많이 달라졌다. 하지만 내가 광고계에 몸담고 있던 시절에는 이런 기획자들을 위한 상아탑이 존재했다. 그리고 그들이 상아탑의 계단을 우아하게 오를 때면 누군가가 조용히 차를 가져다주었다.

나는 그런 기획자가 아니었다. 나는 다른 결의 기획자였다. 전통적인 방식으로 일했고, 대형 기업이 내 고객이었다. 창의적인 아이디어에 몰두하기보다 협상에 가까운 일을 했다. 그때 내 역할은 기업 곳곳에 흩어져 있는 여러 부서의 서로 다른 우선순위와 엇갈린 요구를 한데 모아, 모두가 만족할 만하며 광고팀이 그럭저럭 구현할 수 있는 그럴듯한 하나의 아이디어로 정리해 내는 일이었다.

우리 회사의 밥줄이 달린 일이었지만, 상을 받을 만한 일은 아니었다. 하지만 똑똑한 사람들이 모인 상아탑에 앉을 만큼 학식 있는 사람이 아니라는 판단 아래, 나는 이런 업무에 기대어 경력을 쌓았다. 대형 브랜드, 특히 일상 소비재(빠르게 소비되는 생필품, 한마디로 슈퍼마켓에서 사는 물건들) 분야가 내 전문이었다. 이런 브랜드 대부분은 소수의 다국적기업이 소유하고 있었으며, 이들은 마가린부터 세탁 세제까지 안 만드는 게 없었다. 브랜드마다 마케팅 메시지나 신제품 출시를 결정하는 나름의 절차가 있었는데, 보통 번거롭고 비효율적이었다. 특정 비누를 인도 소비자가 구매하는 이유와 호주 소비자가 구매하는 이유는 완전히 다른데도, 기업은 전 세계에 통하는 하나의 제품, 하나의 포장 디자인, 그리고 가능하다면 하나의 광고 캠페인을 만들어내야 했기 때문이다. 기업이 아무리 똑똑하고 브랜드가 아무리 잘나가더라도 상황은 늘, 언제나, 개판 5분 전이었다.

흔히 광고업계는 시끌벅적한 파티, 긴 점심시간, 터무니없는 경비, 그리고 독특하고도 값비싼 정장을 입은 말투가 거칠고 창의적인 사람들로 가득한 곳이라는 이미지가 있다. 물론, 수많은 출장과 비즈니스 클래스 항공편, 근사한 호텔, 멋진 옷이 함께하기는 한다. 나는 일 덕분에 요르단의 페트라와 중국의 만리장성에 가보았고, 스톡홀름 최고의 식당에서 식사했으며, 폴란드의 끝내주는 지하 카페도 방문했다. 새벽에 푸에르토리코의 해변을 따라 조깅을 하기도 했다. 전부 출장 덕분에 가능한 일이었다. 정말 멋진 경험이었다. 게다가 연봉도 넉넉했고, 경력도 안정적인 데다 앞으로도 계속 그럴 터였다. 나쁘지 않았다. 중산층이 누릴 수 있는 특권을 한껏 누리는 직업이었다(잠깐만요, 제 다이아몬드 구두가 너무 꼭 끼네요).

하지만 대부분의 일이 그렇듯, 내 일도 한편으로는 지루하고 단조롭고 답답했다. 예전에 다니던 어떤 광고 회사에서는 2년 동안 광고를 단 한 편도 만들어내지 못한 적도 있다. TV 광고 한 편조차 말이다. 카피를 쓰고 아이디어를 조사하고 초안을 만들었지만, 고객 회사의 의사 결정 절차가 지나치게 길고 복잡해서 아무것도 승인되지 않았다. 실제로는, 진짜 진짜 많은 돈을 들여 TV 광고뿐 아니라 전체 광고 캠페인 촬영도 마쳤지만, 결국 한 번도 방송되지 못했다. 현실은 〈매드맨〉*과 달랐다.

게다가 피도 눈물도 없는 세계였다. 눈 깜짝할 사이에 동료가 사라졌다. 서면 경고도, 연례 평가에서의 '개선 사항'도, 직속 상사와의 진지한 면담도 없었다(내게 직속 상사가 있었는지도 모르겠다). 순식간에 잘렸다. 어떤 광고 회사에서는 이런 갑작스러운 해고를 부

---

* 1960년대 뉴욕의 광고 회사를 배경으로 한 인기 미국 드라마.

르는 '흰색 봉고차'*라는 별명까지 있었다.

"밥은 어딨어요?" 누군가 묻는다. (물론, 가명이다. 광고업계 사람들은 '밥'이라고 불리기에는 지나치게 세련됐으니까.)

"오, 그 사람한테 흰색 봉고차가 왔었대요." 이 말인즉슨, 그가 퇴직금을 받고 해고되었으며, 그 뒤로 아무도 그를 다시 보거나 그의 소식을 듣지 못했다는 뜻이다. 불쌍한 밥.

또 한 번은, 내가 회사 파티에서 긴장해서 술을 홀짝이며 서 있는데, 한 상사가 말을 걸어왔다. 우리 회사의 고위 경영진으로, 채용과 해고를 관장하는 사람이었다. 출세에 필요한 온갖 고생과 수고에 대해 조언하면서 그는 이런 말을 했다. "있잖아, 내가 승진시키려고 기획자를 내 사무실로 부르면, 전부 하나같이 자기가 해고당하는 줄 알았다고 고백하더라고." 그는 자신에게 남을 겁줄 수 있는 권력이 있다는 데 들뜨고 신나 있었다. 겉으로는 공손하게 웃음 지었지만, 내 마음속 도덕적 나침반은 방향을 잃고 흔들렸다. 도대체 어떤 업계길래 승진을 앞둔 뛰어난 인재들조차 자신이 무능하며 이제 곧 해고될 거라고 여기게 한단 말인가?

어쨌든, 좋든 싫든, 그게 10년이 넘도록 내가 속한 세계였다. 당시 나는 도전을 즐겼다. 특히 까다로운 다국적 일상 소비재 브랜드 업무를 좋아했다. 복잡한 정보를 흡수해 소화한 뒤, 광고팀이 재미있는 광고로 발전시킬 수 있도록 단순하면서도 영감을 주는 형태로

---

* 영국에서 흰색 봉고차는 납치나 도난 같은 수상한 활동과 관련한 농담으로 쓰일 때가 많다.

다시 표현하는 데 자신이 있었다. 프레타망제* 카페의 아침 메뉴를 줄줄 외울 만큼 노력한 덕분에 끝내주는 파워포인트 발표 자료를 만들 수 있었다. 내 파워포인트는 정말 아름다웠다. 진정한 예술 작품이라 할 만했다. 나는 성공 가도를 달리고 있었다.

## 프레타망제의 햄 치즈 크루아상 샌드위치

런던을 완전히 떠나오며 그다지 미련은 없었지만, 이 샌드위치만은 정말 아쉬웠다. 우리 회사 근처의 프레타망제 카페는 아침 7시에 문을 열었다. 사무실 책상에서 가장 뜨겁고 신선한 햄과 치즈가 들어 있는 크루아상 샌드위치를 먹고 싶은 마음에, 나는 가게 밖에서 카페 직원들이 셔터를 올리기만을 기다리곤 했다. 든든하고 따뜻하며 짭짤한 데다 풍부한 탄수화물까지. 그 샌드위치에는 잠이 부족한 몸에 필요한 것이 전부 들어 있었다.

나는 이 샌드위치를 집에서도 성공적으로 재현해 냈다. 우선, 시중에서 파는 320g짜리 돌돌 말린 퍼프 페이스트리 생지를 사서 직사각형 네 조각이 되도록 똑같이 자른다. 각각의 가운데 부분에 토마토 처트니를 테이블스푼으로 한 스푼씩 펴 바르고, 네모난 햄 한 조각과 간 체더

---

* 영국의 유명한 베이커리 카페 브랜드.

치즈 적당량을 올린다. 속이 삐져나오지 않도록 서로 마주 보는 모서리를 만나게 접어 감싼다. 달걀물을 페이스트리 겉면에 요리용 붓으로 골고루 발라준 뒤, 195도로 미리 예열한 오븐에서 약 15분간 굽는다.

뜨거운 채로 먹거나 식혀서 먹는다. 필요하다면 냉동해 두었다가 데워 먹어도 좋다. 카페에서 파는 샌드위치보다 더 맛있다. 어쩌면 사무실 책상에서 먹지 않아서 그럴지도 모르지만.

\*

암튼, 나는 근사한 하이힐과 모서리에 있는 전용 사무실, 뛰어난 파워포인트 실력을 갖추고 입사한 지 채 1년도 안 된 지금의 회사에서 임원이 되기 위해 출세의 사다리를 한창 기어오르고 있었다. 남편 폴과 나는 직장인이 되고 몇 년 지나지 않아 런던을 떠나 옥스퍼드셔 코츠월드의 시골집으로 이사했기 때문에 런던까지 매일 통근해야 했다.

나는 하루라도 빨리 런던을 떠나고 싶었다. 정말 절실히 벗어나고 싶었다. 시골의 자연과 들판, 탁 트인 공간과 하늘이 가슴 아플 만큼 그리웠다. 뱃속 깊은 곳에서부터 그리움이 솟아났다. 정말 어처구니없는 일이었다. 평생을 잉글랜드 중심부의 작은 도시에서 살아왔고, 바깥 활동을 즐기는 편도 아니었으며, 그때까지 시골 생활은 한 번도 해본 적이 없었으니까. 그런데도, 어쩐지, 나 자신을 자연 속에 던져 넣어야만 할 것 같았다. 그때 경고등이 켜졌어야 했는데. 시골 생활에 그토록 강하게 이끌리는 사람이라면 콘크리트 정글인 광고업계에서 잘 살아갈 수 없는 게 당연하지 않나? 왜 그토록 서둘러 도시를 떠나고 싶었는지 의아해했더라면, 시골로 이사 가고 싶은 이유가 사실은 도시의 스트레스로부터 도망치고 싶어서였다는 걸 깨달았을 것이다. 그때 내 마음을 조금만 더 들여다봤더라면, 감당하기 버거운 삶을 조금이나마 다스릴 수 있도록 휴식과 위안을 간절히 찾고 있었다는 걸 알아차렸을 것이다. 지금도 그렇지만 그때도 마찬가지였다. 휴식과 위로가 필요했던 나는 자연을 가장 먼저 찾았다.

시골로 이사한 후, 주중에는 날마다 시내까지 출퇴근했다. 그래서인지 주말에는 시골집이 재활원처럼 느껴졌다. 그 무렵, 내 통근 시간은 왕복 네 시간이었다. 그 정도면 괜찮지 않나? 나는 열차 안에서까지 일하며, 하루 열네 시간씩 일했다. 전화 회의도 문제없이 해냈다(비록 다른 승객들은 못마땅해했지만). 그리고 사무실에서 열차역까지 운하를 따라 걷는 길은 해질녘에 꽤나 아름다웠다. 게다가 일하는 날은 거의 비행기를 타야 했고, 웨스트 옥스포드셔에서 히스로 공항까지는 새벽 5시에 운전하면 금세 닿을 거리였다. 그러니 모든 게 정말 괜찮았다. 정말로. 괜찮았다.

*

이제 와 돌이켜보면, 번아웃은 너무나도 예상된 결과였다. 나는 10년 넘게 스트레스를 받아왔으며, 마지막 해에는 한 해 내내 시차에 시달렸다. 비슷한 상황에 놓인 많은 사람처럼, 내 육체와 뇌는 몇 주에 걸쳐 서서히 멈춰갔다. 그러면서 정신도 조금씩, 그러나 가차 없이 무너져 내리기 시작했다. 극적인 순간이 찾아오거나, 내가 제정신이 아니라는 사실을 명백히 드러내는 확실한 사건이 일어나지는 않았다. 대신 천천히, 교묘하게 절망과 공포와 기능장애가 나를 슬금슬금 덮쳤다. 나는 더 이상 예전의 내가 아니었다.

우선, 인지 기능에 문제가 생겼다. 나는 여러 가지 것을 잊어버리기 시작했다. 단어, 회의 내용, 어떻게 출근했는지, 오늘이 무슨 요일인지. 뇌세포 사이에 낀 안개가 짙어지면서, 뇌가 제대로 기능하기 어려워졌다. 이메일을 보내거나 자동차 시동을 거는 일조차 힘겨웠다. 자전거 타기나 외국어 말하기 같은 일을 한동안 손을 뗐다가 다시 시작했을 때처럼, 그 방법이 금세 떠오르지 않았다.

그리고 감정적으로도 붕괴하기 시작했다. 극심한 슬픔이 밀려왔다. 이유를 알 수 없는 막연한 비통함이 나를 집어삼켰다. 말로 표현할 수 없을 만큼, 넋이 나갈 정도로 외로움을 느꼈다. 몇 시간씩이나 나는 완전히 실패했다고 생각하며 내가 얼마나 쓸모없고 불쾌한 사람인지 곱씹었다. 이런 감정에는 이유도 원인도 없었다. 유령처럼 희미하고 실체도 없었지만, 지금껏 살아오면서 느껴본 감정 중 가장 강렬했다.

신체에도 변화가 나타나기 시작했다. 이제는 그런 변화가 스트레스에 대한 일반적인 반응이라는 사실을 안다. 어쨌든, 당시 내 몸은 끊임없이 사방을 경계하며 늘 도망칠 준비가 돼 있었다. 안절부절못하며 초조와 불안에 시달렸다. 오감이 예민해져서 모든 게 더

밝고 더 시끄럽고 더 빠르고 더 긴박하고 더 위험하며 더 강렬하게 느껴졌다. 온갖 것이 나를 압도했다. 그러다 긴장이 다소 누그러지면, 정반대 상태에 빠졌다. 무기력하고 기진맥진해졌다. 무거운 납덩이를 올려놓은 듯 가슴이 답답하고 접착제로 붙인 듯 관절을 꼼짝할 수 없었다. 도저히 몸이 움직여지지 않았다.

병원에 가는 일이 일상이 되었고, 나중에는 거기서 살다시피 하다가 우울증 진단을 받고는 결국 직장을 그만두었다. 어느 주에는 수십억 달러 규모 기업의 이사들과 점심 회의를 하러 두바이로 출장을 갔지만, 바로 다음 주에는 차 한 잔 끓일 기운도 없이 소파에 앉아 자살 계획을 세웠다. 1년 가까이, 그렇게 차 한 모금 마시지 못한 채 소파에서 꼼짝하지 않고 시간만 보냈다. 그러다 뜻밖의 곳에서 회복의 실마리가 찾아왔다.

*

이제 그 모든 일이 일어난 과정을 이야기해 보려 한다. 하지만 중요한 것은 과정보다 텃밭 농사가 나를 치유한 이유다. 왜 산책은 안 됐을까? 아니면 (쉽지 않은 일이긴 하지만) 개를 키우는 건? 문학은? 혹은, 흔히들 하는 정원 가꾸기는? 이런 일들과 달리, 채소 기르기가 내 삶에 행복을 가져다준 구체적인 이유는 뭘까? 자연과 교감하는 그 일이 힘든 상황에서, 심지어 지금까지도 이토록 특별한 위로를 주는 이유는 무엇일까?

부분적으로는 단순히 내 호기심을 채우고 싶어서였지만, 동시에 같은 일이 다시 닥쳤을 때 어떻게 대처해야 할지 알고 싶어서 그 이유를 제대로 알아보고자 했다. 텃밭 가꾸기가 왜 내게 적절한 대처 방안이 될 수 있었는지 그 특별한 이유를 알고 싶었다. 그래야 언젠가 다시, 매트 헤이그*의 표현을 빌리자면 '머리에 불이 난 채 돌아다니는데 아무도 그 불길을 보지 못하는' 상황에 빠졌을 때, 내가 어떤 소화기를 꺼내야 할지 알 수 있을 테니 말이다.

또, 채소밭에서 배운 교훈을 정리해 보는 것도 도움이 될 듯했다. 채소를 기르며 나는 위안을 얻었을 뿐만 아니라 성공과 자기 신뢰, 연민, 친절, 그리고 그 외 많은 것을 배웠다. 자연은 내 삶의 소중한 가치들을 다시 세워주는 바탕이자 내가 배운 교훈을 되새겨 볼 수 있는 자리가 되어주었다.

그 밖에 내가 알게 된 건 그런 감정을 느끼는 사람이 나 혼자만이 아닐뿐더러, 다른 사람들 역시 비슷한 일을 겪으며 우울증의 구덩이에서 빠져나온 경험이 있다는 사실을 아는 것만으로도 어느 정도 위안을 얻을 수 있다는 점이다. 그래서 나는 정신 건강에 관해 이야기를 나누는 행동, 특히 각자의 대처 방법을 공유하는 일이 매우 바람직하다고 생각한다. 물론 내게 효과가 있었던 방법이 다른 사람에게도 똑같이 도움이 되리라고 생각하지는 않는다. 우울증은 개인차가 심하기 때문이다. 내게는 마음을 진정시키는 일이었던 잡초 뽑기가 누군가에게는 도리어 짜증만 유발할 수도 있다. 사람마다

---

* 영국의 동화 작가 겸 소설가로 오랫동안 우울증을 겪었으며, 이를 주제로 에세이를 여러 편 썼다.

치료법은 다를 수 있지만(애초에 치료라는 게 가능한 일인지도 의문이지만), 적절한 치료법을 찾았을 때 해방감보다는 집으로 돌아온 듯한 안도감을 느낀다는 사실을 아는 것만으로도 도움이 된다. 그리고 무엇보다 같은 일을 겪는 동료가 있다는 사실은 커다란 위안이 된다.

*

정신 건강에 대해 터놓고 이야기하는 최근의 흐름은 의심할 여지 없이 반가운 변화지만, 여기에는 위험도 도사리고 있다.

요크셔에 살던 할아버지가 아직도 살아 계셨다면, 아마 이렇게 말씀하셨을 것이다.

"왜 굳이 딱지를 억지로 떼려 하니? 상처가 덧나지 않게 그냥 놔두려무나."

예, 할아버지, 그 가르침에도 일리는 있어요(잔소리라기보다는 가르침이라고 해두자). 자신의 괴로움에 지나치게 에너지를 쏟다 보면 오히려 괴로움이 더 깊어지지 않을까? 그냥 내버려두는 편이 더 낫지 않을까? 괴로움만 너무 토로하다 보면 오히려 우울증이 내 정체성이 되어버리는 건 아닐까? 스티븐 프라이*는 펀 코튼**과의 인터뷰에서 이를 아주 잘 설명한다. "지금도 가끔 그럴 때가 있습니다.

---

* 영국의 배우 겸 방송인이자 작가로『스티븐 프라이의 그리스 신화』를 비롯해 여러 책을 출간했다.
** 영국의 라디오 및 TV 방송 진행자.

내가 직업적으로나 정신적으로나 불안정한 사람이 되어버리는 건 아닐까, 그게 곧 내 특징이자 정체성이 되어버리는 건 아닐까 하는 기분이 들 때 말입니다."

두 분의 말씀 모두 지혜를 담고 있다. 그래요, 할아버지, 저도 괴로움에만 빠져 있지는 않을 거예요.

우리 가족이 두 번째로 좋아하는 요크셔 지방의 유명한 격언은 '자기를 전시하지 말라'는 말이다. 즉, 자신에 대해 지나치게 떠벌리지 말라는 뜻이다. 그런 행동은 자칫 스스로가 특별하다고 여기는 것처럼 비칠 수 있기 때문이다. 다시 말해, 끊임없이 자기감정을 털어놓는 행동은 자기중심적이고 허영심이 많다고 여겨질 위험이 있다. 하지만 이건 정말 말도 안 되는 소리다. 우리 가족은 리처드 커티스*의 영화 제목만 들어도 눈물을 쏟는 여린 사람들이기 때문이다. 다만, 혼란스럽고 엉망진창인 마음 상태를 속속들이 드러내고 싶어 하는 행동이 과도하게 자기애적이라는 데는 나도 동의한다. 게다가, 그런 이야기에 사람들이 관심이나 있을까? 그럼에도 나는 '자기를 전시하지 말라'라고 새겨진 가문의 문장(紋章)을 벽에서 떼어내어 잠시 서랍에 넣어두려 한다. 감정을 샅샅이 내보이고 싶어서가 아니라, 희망을 이야기하려면 꼭 해야 할 일이라서 그렇다. 자연이 건네는 (늘 곁에 있고, 늘 의지할 수 있으며, 늘 자유로운) 희망은 고통스러울 때도 마음에 평화와 안정을 가져다주며, 태양은 여전히

---

* 영국의 영화감독이자 시나리오작가로 〈노팅힐〉, 〈러브 액츄얼리〉, 〈브리짓 존스의 일기〉 등이 유명하다.

떠오르리라는 점을 우리에게 일깨워 준다. 그러니 조상님들의 눈치 쯤은 감수할 만하다.

중요한 건 내 상황이 그다지 특별하지도 않았다는 점이다. 드라마 같은 이야기는 아니었다. 극적이거나 심각한 사건도 없었다. 고객과 만난 자리에서 미쳐 날뛴 적도 없고, 노숙자로 전락하지도 않았다. 그저 욕실 바닥에 주저앉아 흐느끼는 날이 많았을 뿐이다. 괜찮은 삶을 살던 흔한 중산층 여성, 그냥 그런 보통 사람의 삶이었다. 이런 게 우울증이다. 특이하거나 극적인 무엇이 아니라, 멍하고 무기력한 상태가 끈질기게 계속되는 것. 꼭 어떤 대단하고 충격적인 모습으로 나타나는 게 아니다. 내가 특별한 사람이 아니라는 점이 오히려 우울증은 흔한 질병이며 누구에게나 이런저런 모습으로 나타날 수 있다는 사실을 보여준다. 우울증의 끔찍한 정도를 재는 잣대란 존재하지 않는다. 내 우울증이 영화로 만들 만한 이야기가 아니라고 해서 덜 고통스러운 건 아니었다. 당시의 내 감정들은 인간의 뇌가 느낄 수 있는 가장 강렬하고도 파괴적인 감정이었다. 그런데 모두 너무나도 평범하고 일상적인 상황 속에서 겪은 것이었다.

우울증에 대해 공개적으로 이야기할 때 생길 수 있는 또 다른 위험은 우울증이 누구나 겪는 흔한 질병처럼 보일 수 있다는 점이다. 다시 말해, 우울증이 지극히 평범하고 별문제가 아닌 병처럼 여겨질 수 있다. 실제로는 생명을 위협할 만큼 심각할 때조차도 말이다.

혹은, 우울증이 섬뜩하고 으스스한 패션 액세서리처럼 소비되기도 한다. 예민하고 독특한 영혼의 징표로 생각하는 것이다. 인도에서 보내는 한 해처럼. 사고팔기 쉬운 형태로 깔끔하게 포장된 우울증은 웰빙 산업의 먹잇감이 된다. 깔끔한 문제에는 깔끔한 해결책이 있기 마련이니까. 휴양지, 영양제, 마음챙김 앱, 책, 식단, 정리정돈 프로그램, 인생 코치 등. 이것만 하면 당신도 치유될 수 있다!

이런 경향을 진지하게 받아들이기 시작하면, 우울증을 인생에서 한 번쯤 일어날 법한 일이자 결국에는 사람을 성장시키는 계기가 되는 고통의 순간쯤으로 여기게 될 위험이 있다. 전혀 그렇지 않은데도 말이다. 우울증이 흔한 건 사실이지만 일상적이지는 않다. 우울증은 수두처럼 누구나 한번은 겪고 지나가는 불쾌한 질병 따위가 아니다. 이 병은 인생의 한 단계도 아니고, 정해진 운명도 아니다. 미리 마음의 준비를 할 수가 없다. 한마디로 뒤죽박죽 엉망진창인 병이다. 끔찍하고 예측할 수 없는 불쾌한 열차 탈선 사고 같은 것이다. 가장 미운 사람에게조차도 겪게 하고 싶지 않은.

게다가 삶의 온갖 불행을 모두 우울증 탓으로 돌린다면 어떤 일이 벌어질까? 웰빙 장사가 다시 한번 날개를 단다. 더 많은 고객이 몰려든다. 힘겨운 상황에서 때때로 느끼는 우울한 감정은 지극히 자연스러운 감정이다. 병이 아니다. 우울함에 과하게 반응하는 일은 우울증을 겪었던 사람을 돌보는 이들에게 특히 위험하다. 이들은 돌보는 사람이 조금이라도 침울해 보이면 곧장 걱정하기 시작한다. '이 슬픔이 쓰레기 같은 일에 대한 합리적인 반응인가? 아니면 또 우울증에 걸린 건가?' 하고. 우울한 당사자도 같은 질문을 던진다. 그리고 지나치게 고민하는 사이, 올바른 길에서 점점 벗어난다.

우울증에 관해 설명하는 일에는 함정이 너무 많아서, 이쯤에서 그만두고 싶은 마음이 들기도 한다. 하지만 그건 안 될 말이다. 적어도 음식 이야기를 하지 않고서는 끝낼 수가 없다. 또, 자연 이야기도. 자연은 내게 정말 강력한 치료제가 되어주었기에 다른 이들에게도 분명 도움이 되리라 믿는다. 자연은 내가 세상 속에서 내 자리를 다시 찾도록 이끌어주었고, 사물과 세상을 바라보는 새로운 관점과 믿음을 안겨주었다. 자연 속에 있으면 어느 쪽이 옳은 길인지 언제나 알 것 같은 자신감이 든다. 자연 속에 있는 동안, 인생에서 정말 중요한 게 무엇인지 알아보는 감각을 혹시나 잃어버릴지도 모른다는 두려움이 사라졌다. 나 자신뿐 아니라 다른 사람에 대한 애정도 한층 깊어졌다. 자연은 내 가치관과 자존감, 내면의 평화를 지탱하는 밑바탕이 되어주었다.

빈 요구르트 병에 무턱대고 씨앗을 뿌리고 임시로 만든 텃밭에서 울퉁불퉁 못생긴 당근을 돌보며 보낸 어느 한 해의 이야기를 이 책에 모두 담았다. 그해에 있었던 일을 되돌아보고 채소밭이 내게 준 교훈과 자연이 건넨 특별한 치료법을 곰곰이 되짚어 볼 기회가 되어준 이 이야기들을 이제 여러분과도 나누고 싶다.

# June

6월,
야생 회향 잎에 맺힌 작은 이슬

## June
### 6월

### 완벽했던 내 삶이 어느 여름날 느닷없이 무너져 버렸다

**채소밭에서…**

6월의 텃밭보다 더 좋은 것은 없다. 가뭄으로 갈라진 땅과 과로에 지쳐 누레진 식물이 눈에 띄는 늦여름과 달리, 초여름은 만물이 말쑥하고 생기가 넘친다. 흙은 여름비 덕분에 짙은 초콜릿색을 띠고, 5월 말 늦서리를 보내고 심은 작물은 잡초나 어설픈 손길에서 아직은 자유롭기에 여전히 가지런하게 줄지어 서 있다. 식물은 젊음의 생명력을 품고 마냥 내리쬐는 햇살을 맞이하려 하늘을 향해 쑥쑥 자란다. 온 세상이 향기롭고 싱싱하며 푸릇푸릇하다. 사방이 초록초록하다.

초록색이 이렇게나 다양한지 누가 알까? 통통한 꼬투리의 무게를 짊어지고 튼튼하고 곧게 줄기를 뻗은 잠두콩의 희끄무레한 초록색. 그 앞, 모종판에서 막 옮겨 심은 탓에 곱슬곱슬한 잎을 동그랗게 말고 있는 케일의 어두운 초록색. 그리고 두 초록색 사이, 눈에 보일 정도로 금세 자라나는 돼지호박과 껍질콩, 호박, 시금치의 만화같이 선명한 초록색. 이들 가지각색의 초록색 사이, 알록달록한 불꽃이 터진다. 노란 토마토꽃, 연보랏빛 콩꽃, 하얀 완두콩꽃. 꽃들은 초록빛 배경과 어우러져 크리스마스 장식 전구처럼 보인다.

이 한 달은 채소밭에서 일벌처럼 부지런히 일해야 하는 달이다. 정원사와 식물 모두가 풍성한 수확을 목표로 온 힘을 다해야 할 때다.

\* \* \*

동이 튼다. 코츠월드의 6월 아침은 찬란하다. 소설 속에나 등장할 법한 황금빛 실안개가 내려앉은 그런 아침. 정원 한구석, 흙을 돋워 만든 텃밭의 야생 회향 잎에 작은 이슬이 맺혀 있다. 새벽 합창이 시작된다. 흰털발제비가 양귀비꽃이 곳곳에 피어 있는 들판 위를 가볍게 날아다니며 지지배배 지저귄다. 여름 합창단이 다시 모여서 신이 난 듯이. 우리 시골집도 아침 햇살을 받아 반짝거린다. 코츠월드 지역 특유의 옅은 회색 돌벽이 호박색으로 물들어 아늑하고 살가운 분위기가 감돈다.

집 안에서는 남편 폴이 자고 있다. 그는 나를 사랑한다. 나도 그를 사랑한다. 그리고 각자의 가족들도 우리 부부를 사랑한다. 또, 우리는 돈 걱정을 하지 않을 만큼 돈도 충분히 있다. 둘 다 건강하며 직업도 괜찮다. 아주 복 받은 인생이다. 부족함이 없는 생활. 그림같이 완벽한 삶.

나는 잠옷 차림 그대로 정원의 텃밭 가장자리에 걸터앉았다. 아름다운 세상 한가운데에. 온갖 행운에 둘러싸인 채. 그리고 울음을 터뜨렸다. 주체할 수 없을 정도로. 이웃이 깨거나 근처 들판의 양들이 놀라지나 않을까 어렴풋이 걱정되었지만, 엉엉 흐느낌이 터져 나왔다.

이유는 알 수 없었다. 도대체 뭐 때문에? 시차 때문에? 그저께 나는 미국 지사의 마케팅 책임자와 고작 30분 동안 회의를 하러 런던에서 뉴욕으로 날아갔다. 회의는 15분 만에 끝났다. 그의 고함 소리가 회의 시간 대부분을 차지했다. 나는 낮 비행기를 타고 가, 회의를 빙자한 질책을 당한 다음, 곧장 JFK 공항으로 되돌아와 밤 비행기를 타고 귀국했다. 공항에서 샤워를 하고, 런던 사무실의 오전 9시 브리핑에 참석했다. 회의에서의 질책은 예상 밖이었지만, 이런 일정은 내게 그다지 낯선 일도 아닌데.

그럼, 혹시 아래층으로 내려올 때 언뜻 눈에 띄었던 책상 위 블랙베리 핸드폰이 빨간 빛을 내며 깜박이고 있었기 때문일까? 이 불빛은 다른 시간대의 지사에서 보내는 이메일이 쏟아지고 있다는 신호다. 사람들이 퇴근 전에 마가린 판매와 관련된 절대적으로 긴급한 질문에 답변해 주길 기다리고 있다는 경고다. 아침 식사 전에 해치워야 할 일.

아니면, 오늘 오후에 있을 마케팅 전략 발표 때문에 긴장해서일까? 나는 심드렁할 게 분명한 남자 둘을 구워삶아 요리용 기름 스프레이의 콜레스테롤 저하 효과를 알리는 라디오 광고를 만들도록 할

작정이었다. 그 일이 올해 그들이 할 일 중 가장 흥미진진한 일이며, 의심의 여지 없이, 단연코 그들에게 상을 안겨줄 거라고 설득할 생각이었다. 하지만 솔직히 말해서, 그들이 나를 무사히 사무실 밖으로 내보내 주기만 해도 그저 감사할 따름이다. 미국의 마케팅 책임자처럼 굴지만 않으면 말이다.

이유야 어쨌든, 요즘은 아침마다 이런 일이 되풀이된다. 누군가 내 허파에 납덩이를 올려놓은 듯한 느낌을 받으며 잠에서 깨어난다. 사랑하는 사람이 모두 죽었을 때 느낄 법한 이름 모를 두려움이 밀려온다. 그래서 나는 소소한 평화와 위로를 찾아 채소 사이에 자리를 잡고 앉았다. 자, 이제 샤워를 하고 일을 하러 가야 할 때다.

바로 지금 당장. 런던에서 오전 8시에 있을 고객 미팅에 맞추려면, 6시 32분발 패딩턴행 열차를 타야 한다. 게다가 열차 안에서 사우디 여성들의 초콜릿 구매 습관에 관한 파워포인트 자료 작성도 끝내야 하고.

하지만 그날 아침은 무사히 흘러가지 않았다. 우선 샤워기를 트는 방법이 갑자기 생각나지 않았다. 수도꼭지가 좀 복잡하게 되어 있긴 하지만, 6년 전 이곳으로 이사 온 이래 매일같이 해온 일이었는데도 그랬다. 전에는 이 문제로 고생한 적이 한 번도 없었다. 또, 자동차 시동을 켜는데 어디에 열쇠를 꽂아야 하는지 생각나지 않았다. 머릿속에 안개가 낀 듯했다. 단순한 건망증은 아니었다. 정보가 들어 있는 틈새는 보이는데, 그걸 끄집어낼 수가 없었다. 특정 단어가 떠오르지 않거나 8 곱하기 4의 답이 순간적으로 생각나지 않을 때처럼 말이다. 정답이 혀끝을 맴도는데, 내가 알고 있다는 걸 아는데, 잡힐 듯 잡힐 듯 잡히지 않았다. 시차 때문일 거라 생각했다.

어찌저찌 샤워와 시동 걸기를 해내고 열차 역 승강장에 도착했다. 지나갈 예정이니 한 걸음 물러서 달라는 방송과 함께 열차가 오늘따라 더 요란한 소리를 내며 쌩하고 지나갔다. 나는 깜짝 놀라 승강장 난간에 붙어 겁에 질린 토끼처럼 몸을 움츠렸다. 천둥 같은 소리 탓에 열차가 내 몸을 뚫고 지나가는 것만 같았다. 겁에 질린 채 몸을 떨며 얼굴을 가리고, 난간이 나를 보호해 주기를 바라며 그쪽으로 몸을 돌렸다. 다른 승객들은 벌벌 떨고 있는 미친 여자를 피하려고 나를 흘끔흘끔 곁눈질하며 승강장을 느릿느릿 벗어났다. 사람들이 내게 노약자석을 양보해 주었다. 그래서 발 디딜 틈도 없는 열차 안에서 좌석 한 쌍을 차지할 수 있었다(나쁜 일만 있지는 않는 법이다). 하지만 이 양보도 오전 8시에 있을 회의 준비에는 그다지 도움이 되지 않았다.

지금은 그토록 걱정하던 오전 8시 회의도, 당시의 업무도 별로 기억나지 않는다. 회의에 참석하려 애쓰던 것과 그날의 불안했던 감정은 생각나지만, 그날 자체는 기억나지 않는다. 내 상태가 멀쩡하지는 않았다는 점만 빼고.

*

비슷한 상황이 몇 달이나 이어졌다. 거의 매주 해외 출장을 갔다. 하루에 열네 시간씩 일했고, 출퇴근하는 데 네 시간을 썼다. 파워포인트 자료도 잔뜩 만들었다(꿈도 파워포인트로 꿀 정도였다). 마케팅 팀을 감동하게 하는 데는 여전히 실패하고 있었다. 나는 그렇게 아슬아슬한 줄타기 같은 생활을 예술의 경지로 끌어올렸다.

그주 내내 나를 둘러싸고 있던 감정은 공포감이었다. 몸으로도 느껴지는, 속이 뒤틀리는 악몽 같은 공포. 항상 좋은 성과를 내거나 일을 제대로 해내야 한다는 불안감에 시달려왔지만, 이번에는 뭔가 달랐다. 설명할 수 없는 공포를 느꼈다. 업무 보고나 출장, 광고팀과의 까다로운 회의가 불러오는 구체적인 걱정에서 비롯된 것도 아니었다. 출처를 알 수 없는 공포감이 뱃속 깊숙한 곳에서 밀려오며 나를 공황 상태에 빠뜨렸다. 무슨 소리만 들려도 이제껏 내가 마음속으로 두려워해 온 일이 벌어지려는 신호가 아닐까 싶어 몸을 움츠렸다. 마침내 하늘이 무너져 버리고 모든 것을 잃어버리는 일 말이다. 나는 매일 아침 두려움에 떨며 잠에서 깼다. 두려움이 무거운 납이불처럼 하루 종일 나를 감싸며 숨 막히게 했다. 하루의 끝에 지쳐 쓰러지듯 잠자리에 들면, 밤새 두려움의 무게에 짓눌려 자다 깨다 했다.

그리고 그때부터 머릿속에서 목소리가 들려오기 시작했다. 하느님께 감사하게도 정신병으로 인한 환청은 아니었다. 위험한 증상까지는 아니었지만, 나름대로 나를 지치게 했다. 머릿속에서 잔인한 비평가들의 파티가 열렸다. 세상에, 자기들끼리 어찌나 죽이 잘 맞는지. 그들은 나의 가장 큰 실패를 떠들어대고, 내 걱정거리를 하나하나 꼽으며 오늘 하루를 제대로 보내기 위해 내가 내려야 할 끝없는 결정들을 줄줄이 늘어놓았다. 그러면서 내가 얼마나 놀랍도록 우유부단한지 비웃었다. 악령들의 칵테일파티. 수다가 멈추지 않았다. 그들은 들뜬 목소리로 서로 앞다퉈 여봐란듯이 외쳤다.

"봐요!" 그들은 웃었다. "삶이 저렇게나 좋은 기회들을 전부 코앞에 갖다 바쳤는데도 그중 하나도 잡지 못했네요." "그렇고말고요. 확실히, 지금보다 더 부유하고 더 날씬하고 더 똑똑했어야 하는데 말이죠. 나약해 빠져서는." "그렇죠, 그런데 아침을 걸렀다며 회의 중에 비스킷을 열 개나 먹는 거 보셨어요? 고객이 그걸 보고 무슨 생각을 했겠어요?" "제 말이요! 게다가 뒤에서 동료들이 하는 얘기는 또 어떻고요." 매일매일이 비평가들에게는 '해피 아워'였다. 험담의 술집은 문을 닫는 법이 없었다.

*

하지만 왜? 무슨 계기로?

어떻게 봐도 내 삶은 평탄했다. 내가 원하고 선택한 생활이었다. 아무도 내게 지금처럼 살라고 강요하지 않았다. 내가 이 삶을 일구어냈다. 직업, 장시간의 출퇴근, 높은 직급, 압박감 등은 죄다 내가 적극적으로 관여한 결과물이었다. 그런데 왜 나는 지금 인질이 된 듯한 느낌이 드는 걸까?

그림처럼 완벽한 삶 속에 갇힌 인질. 나는 내가 사랑받고 있다는 사실을 알았다. (우리 부부는 아이를 낳지 않기로 선택했기에) 부모로서의 책임을 질 필요도 없고, 필요한 집안일을 대신할 사람을 고용할 수 있을 만큼 충분한 돈도 있었다. 청소, 다림질, 수리, 정원 손질(나는 꽃과 잔디에는 관심이 없었기에 채소밭만 손수 가꾸고 나머지는 남에게 맡겼다) 등 모든 집안일을 다른 사람이 했다. 직장 일만 끝내면, 나머지 시간에는 나의 완벽한 삶을 자유롭게 누리기만 하면 그만이었다. 내가 할 일은 그게 다였다.

그런데 마침내 그조차 할 수 없게 되었다. 몇 주에 걸쳐 서서히 무너지다가, 결국에는 침대에서 나오는 것조차 고통스럽기 그지없는 일이 되었다. 샤워기를 사용할 때 겪었던 어려움을 헤어드라이어를 쓰거나 옷을 입을 때, 차를 끓일 때, 뒷문을 잠글 때도 겪기 시작했다. 나는 더 이상 제대로 기능하지 못했다. 기분이 너무 가라앉아 말하려 입을 떼는 것조차 버거웠다.

결국 남편이 마지못해 나를 역까지 태워다 주었다. 내가 운전하는 것이 영 불안해서였다. 그러고는 열차에 타는 것까지 도와주었다. 데려다주는 차 안에서 남편은 내게 아주 부드럽고 친절한 목소리로 내 기분이 어떤지, 이 상황에 우리가 어떻게 대처하면 좋을지 묻곤 했다. 그러면 나는 어떤 날에는 화를 냈다. "지금 중요한 건 내 기분이 아니야. 오늘 식빵 브랜드에 대한 중요한 프레젠테이션이 있거든. 반드시 그 광고를 따내야 해(실패했다)." 어떤 날에는 내 기분을 묘사하는 일도, 무언가 방법을 고민하는 일도 전부 귀찮게 느껴졌다. 손써야 할 일이 어마어마하게 거대해 보였다. 계속 버텨내는 게 그저 조금 더 쉽고 덜 고통스러워 보였다.

일단 사무실에 출근까지는 했지만, 회의라도 한 번 하고 나면 기진맥진해지기 일쑤였다. 그러면 사무실을 몰래 빠져나와 리젠트 공원에서 낮잠을 자거나 흐느껴 울곤 했다.

숨어버릴 때도 있었다. 오전이 끝나갈 즈음이면 만사가 버겁게 느껴졌다. 멀쩡해 보이려는 내 연기가 얼마나 형편없었는지, 또 얼마나 많은 사람이 내게 실망했을지 같은 걱정이 머릿속을 가득 채웠다. 육체적으로는 온몸의 피부가 벗겨지고 오감이 예민해진 듯 느껴졌다. 그래서 엘리베이터의 흔들림, 전화벨 소리, 동료들이 떠들어대는 소리 하나하나가 심장이 멎을 듯이 고통스러웠다. 실제로 벌에 쏘인 듯한 아픔이 느껴졌다. 당장 어딘가로 도망쳐야만 했다.

숨을 곳이 필요했다. 처음에는 회의가 있다고 둘러대고 사무실을 빠져나와 베이커 스트리트역 뒤편에 있는 코스타 카페에 몸을 숨겼다. 광고업계 사람들은 코스타 카페 같은 곳은 세련된 자신들에게 걸맞지 않다고 생각하니까, 거기선 누구에게도 들킬 일이 없을 거라 믿었다. 게다가 거기엔 눈에 잘 띄지 않는 후미진 구석 자리가 있었다. 하지만 증상이 점점 심해지면서 북적이는 카페 분위기와 거기까지 가려면 지나쳐야 하는 메릴 본 거리의 부산함을 견딜 수 없게 되었다. 그래서 대안으로 회사 안에서 숨을 만한 아늑하고 구석진 공간을 찾았다.

내가 제일 좋아했던 장소는 회사 꼭대기 층의 조그만 회의실이었다. 방이라기보다는 다락방 창고 같았다. 처마가 낮고 엘리베이터가 가지 않는 곳이어서 좁은 계단을 통해서만 들어갈 수 있었다. 다시 말해, 누구에게도 방해받지 않을 공간이었다. 나는 그곳에 몰래 기어 들어가 하이힐을 벗고는 구석에 몸을 웅크리곤 했다. 의자도 있었지만 안전하게 느껴지지가 않았다. 등을 무언가에 기대고 방 전체를 볼 수 있는 유리한 고지가 필요했다. 지금 생각해 보면, 누군가 창문 아래에 웅크리고 있는 나를 발견했다면 얼마나 창피했을지.

"음, 안녕하세요. 저기, 신경쇠약 상태를 방해해서 죄송한데요, 반려동물 사료 브리핑을 위해 이 방을 예약했습니다. 이런 곳이 있는지도 몰랐지만요. 회의용 전화기를 사용할 수 있는 유일한 회의실이 지금 여기밖에 없더라고요. 그래서…… 구두 신는 거 도와드릴게요."

\*

넉 달 가까이 이런 상황이 이어졌다. 그러다 어느 날 아침, 정기 진료를 받으러 담당 간호사를 찾아갔다. 몇몇 전화 회의를 다른 때로 옮긴 덕분에 가까스로 오전 첫 진료 시간에 맞춰 도착했다. 하지만 이 때문에 오늘 하루 일할 시간이 줄어 그만큼 하루가 더욱 정신없을 터였다. 그래서 이미 신경이 곤두서 있었다. 게다가 이 진료가 내가 가장 좋아하는 시간, 즉 흐느끼며 채소밭에 누워 있는 시간을 잡아먹어 버렸다.

"혈압이 상당히 낮네요." 엄마 같은 느낌이 드는 통통한 간호사가 친절한 눈빛으로 말했다. 이상적인 간호사의 모습이었다. "괜찮으세요?"

그때가 맨날 우는 시간이라서 그랬는지, 아니면 간호사의 따뜻한 눈빛 때문이었는지, 나는 눈물을 뚝뚝 흘리며 일 때문에 스트레스가 심하다는 말을 잘 알아듣기 힘들게 웅얼거렸다. 간호사는 내게 휴지 상자를 건네며 대기실에 잠시 앉아 있으라고 말했다. 그러고는 접수 직원과 몇 마디 나눈 뒤, 곧장 나를 한 의사에게로 보냈다.

내가 무서워하던 의사였다. 누구도 진료 예약을 할 때 이 의사를 배정받고 싶어 하지 않았다. 드센 성격에 사람을 무시하는 데다 말투도 퉁명스러웠기 때문이다. 환자를 대하는 예의라고는 눈을 씻고 찾아봐도 없었다. 게다가 팔이 잘려나간 환자에게 그냥 살짝 벤 것뿐이라고 말했다는 소문도 있었다(물론, 과장이 좀 섞였겠지만). 어쨌든, 그녀는 나를 살펴보고 쿡쿡 찌르고 몸무게를 재고 혈액검사를 했다. 몇 가지 날카로운 질문을 한 다음, 당분간 일을 쉬라고 말하며 병가 소견서를 써주었다.

잠깐, 뭐라고? 일을 하지 말라고? 그럴 수는 없다.

세상이 끝나버릴 것이다. 사람들이 나를 믿고 기대고 있다. 오늘은 헝가리 청소년들의 간식 습관에 관한 회의도 있단 말이다. 꼭 참석해야 한다. 이제 이사 자리에 오르기 직전인데. 게다가 얼마 전에 열차 정액권도 샀는데.

"힘들겠어요." 의사가 말했다. 그 순간, 나는 깨달았다. 이 냉정하고 엄격한 의사가 내 상황을 이렇게까지 심각하게 받아들이고 있는 걸 보니 나는 정말 병에 걸린 것이다.

\*

나는 병가 소견서를 들고 출근했다. 너그러운 부모가 어설프게 적어준 수업 불참 이유가 적힌 쭈글쭈글한 쪽지를 손에 쥐고 체육 수업에 들어가는 느리고 통통한 아이처럼(실제로 내가 그런 아이였기 때문에 그 심정을 잘 알았다). 나는 나약했다. 게다가 사기꾼이기까지 했다. 다른 사람들은 잘만 해내는데 나만 그러지 못했다. 겉으로는 유능해 보였겠지. 하지만, 회사는 1년 전에 실패작을 뽑은 셈이었다. 더군다나 너무나 나약해서 그 사실을 감추려 노력하다가 그만 망가져 버렸다.

내가 느끼는 창피함과 죄책감, 그리고 나의 실패와 사과를 마주한 상사들은 모범적으로 대응했다. 그들은 내게 목이 부러졌다면 사과했겠냐고 물으며 자신들이 보기에 지금 상황도 그만큼 심각해 보인다고 말했다. 그러면서 필요한 만큼 쉬라고 덧붙였다. 재택근무를 하겠다는 내 제안은 정중하고 부드럽게 거절되었다. 내가 원하면 어떤 치료든 받을 수 있도록 회사 차원에서 모든 지원을 아끼지 않겠다고 하면서.

"치료비 청구서만 보내주세요. 급여는 계속 지급될 겁니다"라고 말하고 그들은, 당황한 내 손에서 블랙베리 전화기를 조심스레 떼어낸 뒤 나를 다시 열차에 태워 보냈다.

\*

나는 기껏해야 두어 주, 길어봤자 한 달 정도 쉬면 다시 예전처럼 돌아갈 수 있으리라 생각했다. 착각이었다. 상황은 그렇게 흘러가지 않았다. 그때까지도 그날이 내 경력에 마침표를 찍은 날이라는 사실을 알지 못했다. 적어도 원래 직업으로는 돌아가지 못하리라는 사실을 몰랐다. 회복하기까지 얼마나 걸릴지, 혹은 (혹시라도) 회복이 된 후 어떤 삶을 살게 될지 짐작조차 하지 못했다. 더구나, 채소밭이 회복으로 이어지는 문을 열어주리라고는 더더욱.

### 아빠의 닭고기 수프

  돈을 들인 치료법 중 효과적이었던 것 가운데 하나는 침 치료였다. 원래 나는 그런 것에 회의적이었다. 침술과 동종요법 같은 건 전부 '돌팔이 약' 정도로 생각했다. 하지만 당시에는 나를 걱정하며 도와주려는 친구가 권하기도 했고, 나도 무엇이든 시도해 볼 마음이 있었기에 침 치료를 시작했다. 또, 그땐 뭐가 옳은지 분간할 힘도 없었다. 그냥 뭐든지 받아들이는 편이 더 쉬웠다. 그리고 그랬던 나 자신이 지금도 정말 고맙다.

  침술의 어떤 점이 효과가 있었는지는 아직도 모르겠다. 침이 주는 통증 때문일까? 실제로, 침이 들어올 때의 짧은 통증은 내 정신을 한곳으로 모아주었다. 철썩, 칵테일파티에 모인 비평가들에게 따귀를 한 대 날리는 듯한 느낌이었다. 그들은 깜짝 놀라 입을 다물었다. 아니면, 매주 한 시간씩 조용히, 하지만 진심으로 내 회복에만 신경 썼던 친절하고 지혜로운 침술사 덕분이었는지도 모르겠다. 어쩌면, 그분이 내 기(氣)의 흐름을 바로잡아 주었기 때문일 수도 있다. 어쨌든, 침 치료는 내 마음을 차분하게 해주었다.

침술사는 내게 설탕을 먹지 말고 명상을 배우라는 등 몇 가지 조언을 건넸다. 전부 일리가 있는 말들이었는데 그중 하나가 수프, 특히 닭고기 국물을 자주 만들어 먹으라는 것이었다. 그는 닭고기 국물에는 좋은 영양분이 풍부해서 어떤 어수선한 마음도 달래준다고 믿었다.

다음은 우리 아빠의 닭고기 수프 요리법이다. 우리 집안에서 대대로 전해 내려오는 요리법으로, 지금도 나는 위로가 필요하거나 마음을 다독이고 싶을 때마다 이 음식을 찾는다.

### 재료 (4~5인분 기준)

**육수 재료**: 닭 뼈, 1마리 분량
월계수 잎 2장
타임 1줌
양파 1/2개
셀러리 줄기 1개

**수프 재료**: 버터 1큰술
엑스트라 버진 올리브유 1큰술
셀러리 줄기 3개, 잘게 다지기
당근 2개, 잘게 다지기
대파 1개, 얇게 썰기

월계수 잎 2장
마늘 2쪽, 으깨기
감자 175g (아무 품종이든 괜찮다)
양송이버섯 150g, 반으로 자르기
닭고기 200g, 먹고 남은 것을 잘게 찢기
냉동 완두콩 120g
냉동 옥수수 알(스위트콘) 120g
생크림 100ml (선택 사항)

---

　수프에서 가장 중요한 것은 육수다. 시판 육수 조미료만으로는 충분치 않을뿐더러 육수를 직접 끓이는 건 생각보다 간단하다. 몇몇 요리사는 육수를 끓일 때 거품을 걷어내야 한다는 등 법석을 떨지만, 내게는 다음의 방법이면 충분하다. 로스트 치킨에서 발라낸 뼈로 육수를 내고, 필요할 때를 대비해 냉동해 두는 것이다. 익힌 뼈를 육수에 사용해도 괜찮을지 걱정할 필요는 없다. 요리 경연 프로그램〈마스터셰프〉에서는 육수에 생뼈를 써야 제맛이라고 하지만, 익힌 뼈도 그럭저럭 쓸 만하다. 낭비할 이유가 있나? 게다가 발라낸 고기는 나중에 수프에 넣을 수도 있다.

　이제 육수에 대한 걱정은 떨쳐버리고, 닭 뼈가 냄비 밖으로 삐져나오지 않을 정도로 충분히 큰 냄비를 하나 꺼내자. 그 안에 닭 뼈와 나머지 육수 재료를 모두 넣는다. 찬물(1.5~2ℓ 정도)을 붓고, 뚜껑을 덮지 않은 상태에서 아주 약한 불로 국물에서 거품이 살짝살짝 올라올 정도로 두 시간 동안 뭉근히 끓인다.

한편, 다른 큰 냄비나 캐서롤 냄비에 버터와 올리브유를 넣고 중간 불에서 녹인 후 잘게 썬 셀러리, 당근, 대파, 월계수 잎, 소금 한 꼬집을 넣고 뚜껑을 덮은 채로 10~15분간 익힌다. 채소는 갈색이 되지 않게 반투명해질 정도로만 익혀야 한다. 불 끄기 몇 분 전에 마늘을 넣는다.

완성된 육수는 체에 걸러 채소가 들어 있는 냄비에 붓는다. 육수를 내고 남은 뼈와 채소 건더기는 버린다. 감자, 버섯, 닭고기를 냄비에 넣고 약한 불에서 20분간 혹은 감자가 익을 때까지 보글보글 끓인다. 이어서 냉동 완두콩과 옥수수 알을 넣는다(이 두 가지는 국물 속에서 1분이면 해동된다). 간을 보고 필요하면 소금이나 후추를 더한다(이때, 근대나 케일 등 쉽게 숨이 죽는 녹색 채소를 함께 넣어도 좋다. 얼른 먹어치워야 할 채소가 있다면 그걸 사용하자).

더 진한 국물을 원한다면, 생크림을 조금 넣으면 된다. 그러면 부드럽고 풍부한 맛을 지닌 수프가 된다. 음식을 좀 더 멋스럽게 꾸미고 싶을 때는 파슬리같이 다진 허브를 뿌려 마무리한다.

따뜻하게 데운 그릇에 담아 두툼한 빵 한 조각과 함께 낸다. 한 그릇 가득 위로가 담긴 요리다.

# July

7월,
무언가가 다가온다.

## *July*
7월

### 작고 네모난 채소밭으로
### 탈출하다

**채소밭에서…**

앉자. 그냥 앉아서 대자연의 경이로운 모습에 감탄하는 시간을 갖자. 7월의 정원은 이런 순간을 위한 곳이다. 깍지콩이 "지금 따주세요. 내일은 나무 막대기처럼 뻣뻣해질 거예요"라고 외치며 관심을 끈다. 돼지호박은 더 크게 고함치고 커다란 노란 꽃을 황색 경고등처럼 번쩍이면서 눈길을 잡아끌고 보살핌을 보챈다. 파스텔 색의 하늘하늘한 꽃잎을 지닌 스위트피는 짙은 향기로 사람을 홀린다. 너무 강렬해서 머리가 어질어질할 정도다. 하루하루 꽃을 딸 때마다 비누 향을 닮은 꽃향기가 더욱 진해진다. 8주 전까지만 해도 아무것도 없던 이곳에 지금은 생명이 가득하다. 온 천지에 넘실거리며 매일매일 수확되기를 기다린다.

이달에는 아름다운 파괴자들이 찾아온다. 배추흰나비. 희다 못해 푸르른 날개를 단 나비 한 쌍이 서로를 희롱하면서 돋움 화단 위를 팔

랑팔랑 날아다니며 춤을 추는 모습은 사랑스러운 데다가 지극히 영국적이다. 하지만 이 그림 같은 왈츠는 십자화과 채소를 우걱우걱 먹어치우는 초록색 애벌레라는 재앙을 낳는다. 녀석들은 채식주의자 아우구스투스 글룹*처럼 열심히 먹고 점점 통통해진다. 케일에서 포동포동한 녹색 괴물을 떼어내 고무장화로 밟아 해치우는 일은 나만의 스트레스 해소법이다.

*　*　*

얄궂게도, 그해 7월은 하루도 빠짐없이 날이 맑았다. 세상은 푸르게 반짝이며 바쁘게 살아 움직였다. 소풍 돗자리와 선크림, 나무 그늘과 함께하는 느긋한 오후가 일상을 채웠다. 풀 베는 냄새와 들판 위 건초 압축기의 낮은 진동음이 공기 중에 가득했다. 마을마다 만국기와 허수아비가 등장하는 야외 축제가 열렸고, 사람들은 숟가락 위에 달걀을 얹고 달리는 경주에 뛰어들었다. 『로지와 사과주를』**의 한 장면이 눈앞에 그대로 펼쳐졌다. 마치 평화로운 꿈속에 있는 듯했다. 밝고 활기차며 걱정이라고는 없는 꿈. 그런데 나만 혼자 동떨어져 있었다. 같은 광경을 앞에 두고 나는 다른 사람들과 반대되는 기분을 느꼈다.

---

\* 로알드 달의 동화 『찰리와 초콜릿 공장』에서 윌리 웡카의 황금 티켓을 발견한 다섯 아이 중 한 명인 뚱뚱한 먹보 소년의 이름.
\*\* 영국 작가 로리 리의 자전적 소설로, 시골 마을에서 보낸 평화롭고 목가적인 어린 시절을 아름답게 묘사한 이야기다.

나는 슬펐다. 마음속 깊이 슬펐다. 우울증에 걸렸으니 당연한 일이겠지. 뇌의 오작동이 불러온 잘못된 호르몬 때문인 걸 알았지만, 여전히 상실감과 슬픔에 휩싸였다. 이유가 있든 없든, 온갖 것에 울음을 터뜨렸다. 심지어는 〈프렌즈〉 DVD 상자만 봐도 로스와 레이첼이 헤어지는 장면이 생각나 눈물을 흘렸다(아니, 내가 영화를 보고 잘 우는 편이긴 하지만 이 일은 정말 어처구니가 없었다). 이런 슬픔이 바보같이, 또 배은망덕하게 여겨졌다. 내 삶의 모든 면이 훌륭하다는 사실을 알고 있었기 때문이다. 머리로는 만사가 잘 굴러가고 있다는 걸 알았지만, 마음은 달랠 길 없는 슬픔 속으로 가라앉았다. 뭔지 모를 소중한 것을 잊어버린 듯한 상실감과 고통이 생생하게 느껴졌다.

그때의 감정이 여전히 선명하고 또렷하게 떠오른다. 너무나 원초적이고 강렬해서 흉터처럼 뇌리에 새겨져 버린 까닭이다. 지금도 당시 머릿속에서 느꼈던 감정이나 그 때문에 무기력해졌던 내 모습이 기억난다. 반면, 그 몇 주 동안 실제로 일어난 일에 대한 기억은 희미하다. 모든 날이 뒤섞여 하나로 뭉뚱그려진 채 떠오를 뿐이다.

얼굴이 험악한 내 주치의는 알고 보니 무서운 만큼 유능한 사람이었다. 내게 항우울제를 처방해 주었는데, 약의 효과가 나타나기까지는 6주가 걸렸다. 그래서 처음에는 아무런 변화가 없었다. 함께 처방받은 수면제 덕분에 적어도 밤에는 무의식의 세계로 탈출할 수 있었지만 '잠'이라고 부르기는 어려웠다. 전혀 휴식이 되지 않았고, 깨어나면 상쾌하기보다는 멍하고 나른했다. 주치의는 침술사와 더

불어 매주 상담을 받을 심리 치료사를 연결해 주었다. 옥스퍼드의 사립 병원에서 일하는 이 치료사는 인지 행동 치료(CBT)를 택했다. 이 방식에 대해서는 나중에 더 이야기하겠다.

이 모든 치료는 개인 건강보험을 통해 아주 신속하게 마련되었고, 급한 상황을 누그러뜨리는 '긴급 조치'로 인정되었다. 실제로도 당시 내 생명을 지켜주었을 것이다(비록 그때는 고맙다고 느끼지 못했지만). 어쨌든 덕분에 내 상태는 더 나빠지지 않고 그대로나마 유지되었다. 하지만 이 치료가 나를 고쳐주지는 않았다. 내 기분을 개선하지도 못했다. 그저 죽음을 막아주었을 뿐, 어떻게 살아가야 하는지는 알려주지 않았다.

내 경우, 약물 치료와 상담 요법은 우울증 증상을 완화하고 균열을 가려주어 겉으로는 정상인처럼 보이도록 해주었다. 하지만 땜질식 처방일 뿐, 근본적인 해결책과는 거리와 멀었다. 처음 몇 달 동안은 돈으로 할 수 있는 모든 치료를 받았지만 그 어떤 방법도 핵심적인 변화로 이어지지는 않았다. 가벼운 탁구공을 던지고는 튼튼한 성벽이 무너지기를 기대하는 모양새였다. 모든 공이 그냥 튕겨져 나왔다.

*

그 무렵의 아침은 전형적으로 이렇게 흘러갔다. 오전 6시에 알람이 울리면 폴이 출근하려고 일어난다. 우리 집 알람 소리는 '날카로운 전자음' 대신 '새소리'로 설정되어 있었다. 화들짝 놀라 일어나고 싶지 않은 까닭에 그렇게 했지만 별 효과는 없었다. 수면제를 먹은 날에는 다소 기계적인 새소리가 몽롱한 약 기운 속을 서서히 뚫고 들어와 나를 슬슬 두들겨 깨웠다.

처음 눈을 뜬 찰나에는 황홀한 기분이 밀려온다. 우리 모두 아는 그런 순간. 의식은 있지만 아직 기억은 깨어나지 않은 상태. 컴퓨터로 치면, 전원은 켜졌지만 아무 프로그램도 실행되지 않은 상태. 정신은 깨어났지만 아직 마음이 맑은 상태. 어떤 생각도 기억도 감정도 존재하지 않는 상태. 오롯이 나로 존재하는 상태. 이따금 궁극적 해탈이 이렇지 않을까 하는 생각이 들기도 했다. 생각의 간섭 없이 그저 존재하는 상태. 무지가 선물해 준 더없이 행복한 순간.

바로 그 순간, 나는 내가 아직 살아 있다는 걸 깨닫고는 울기 시작한다. 왜 잠든 사이에 죽지 않았을까? 또 새로운 아침이 밝았다는 생각에 씁쓸한 실망감이 밀려온다. 이제 하루를 견뎌낼 에너지를 쥐어 짜내야 한다. 다시 한 번 더. 사소한 결정을 무수히 내리고, 몸을 끊임없이 움직이고, 온갖 자극에 노출되는 하루를 살아내야 한다. 고문이나 마찬가지였다. 어차피 종일 침대에 누워 있기만 하는데도, 그조차 힘겨웠다. 그 시간 내내, 머릿속에서 들끓는 상념과 함께해야 했기 때문이다.

이제 정신이 들면서 생각들이 밀려오기 시작한다. 정확히 어떤 생각들이었는지는 이야기하기 어렵다. 머릿속에서 폭죽이 연달아 터지듯, 과거에 했던 모든 생각이 한꺼번에 가장 큰 소리로 반복 재생되었다. 몹시 진 빠지는 일이었다.

폴이 출근하고 나서도 침실 밖으로 나오지 못하는 날들도 있었다. 닫아둔 블라인드의 틈 사이로 스며드는 빛의 농도 변화와 점점 탁하고 답답해지는 공기로 지나가는 하루를 느끼곤 했다. 일어나서 블라인드와 창문을 열고 방에 생기를 불어넣고 싶다는 생각은 전혀 들지 않았다. 나는 생기를 원치 않았다. 어둑한 동굴이 더 좋았다.

　때로는 침실을 벗어나 아래층으로 내려가기도 했다. 하지만 '기상' 같은 거창한 단어로 부를 만한 행동은 아니었다. 샤워는 아예 포기한 상태였다. 앞서 말했듯이 수도꼭지를 돌리는 것조차 내 능력 밖이었으니까. 게다가 그걸 하며 내려야 할 결정들도 너무 버거웠다. 오늘 머리를 감을까 말까? 만약 감는다면, 헤어 컨디셔너를 바르고 있는 동안 세수를 할까? 아니 그건 너무 오래 걸릴까? 비누 아니면 샤워젤? 샤워 후에는 수건으로 닦아야 하나? 디오더런트나 보습제도 빼먹으면 안 되지. 콘택트렌즈를 넣을까 안경을 쓸까? 아, 양치질, 캐시, 양치질도 해야지. 평소에는 의식조차 못 하던 사소한 결정들. 하지만 뇌가 제대로 작동하지 않는 상황에서는 일일이 하나하나 고심해야 했다. 그런데 나는 그런 수고를 감당할 엄두가 나지 않았다. 우울증은 양쪽에서 나를 공격했다. 행동할 수 있는 정신적 능력과 시도하려는 감정적 능력, 즉 사고력과 의지를 모두 앗아 갔다.

　그래도 옷 입기는 그럭저럭 괜찮게 해냈다. 매일 똑같은 옷을 입는다는 전략 덕분이었다. 레깅스와 엄마가 떠준 커다란 크림색 양모 스웨터만 입었다. 무엇을 입을지 고민할 필요가 전혀 없었다. 스웨터 앞쪽에 있는 지저분한 얼룩만 무시할 수 있다면.

아래층에 내려가면, 물이 채워진 주전자와 찻잎이 있었다. 폴이 준비해 둔 것이었다. 그는 퇴근했을 때의 상황이 어떨지 염려하며 마지못해 출근하곤 했다. 적어도 차 한 잔이 내게 위로가 되어주길 바라는 그의 마음이 느껴졌다. 덕분에 나는 차를 마실 기대감에 다소 기분이 좋아졌다. 찻잔이 어디 있는지, 티백은 몇 개를 넣을지 따위를 고민하지 않아도 되어 고마웠다. 차의 매력은 도대체 뭘까? 차 한 잔은 정말 큰 위안이 되어주었다. 위로하는 동시에 용기도 주었다. 어깨를 부드럽게 잡고는 다정한 말과 함께 팔을 토닥이며 힘겨운 하루를 헤쳐나가라고 내 등을 떠밀었다. 한 잔의 차가 말했다. "괜찮아, 그렇지, 한 걸음씩 차근차근. 자, 출발……."

상담사는 내게 활동지를 주며 매일 작성하라고 했다. 학교 시간표처럼 매시간 내가 한 일을 기록하는 활동지였다. 나는 그것 때문에 그녀에게 반감을 품었다. 도대체 나를 뭘로 보는 거야? 어린애? 게다가 이건 위험할 정도로 일기와 비슷했다. 끝에 술 장식이 달린 펜과 색색깔의 형광펜을 지닌 부류의 사람들에게나 걸맞은 활동이었다. 물론, 상담사는 자신이 하는 일과 나를 조종하는 방법을 정확히 알고 있었다. 학창 시절 나는 모범생이었다. 빈칸은 항상 빠짐없이 채웠고, 숙제는 절대로, 절대로 빼먹지 않았다. 그녀는 내 안에 있는 '착한 아이'를 알아챘고, 그걸 나를 위해 이용했다. 활동지를 매일 채워야 하는 숙제를 받고 나니, 하루를 체계적으로 보낼 계획을 세워야겠다는 생각이 들었다. 그래서 이렇게 썼다.

오전 7-8시: 침대에서 울기

오전 8-9시: 옷 입기(오래 걸림)

오전 9-10시: 차 끓이기, 차 마시기

오전 10-11시: 음…….

좋아. 책을 읽자. 젠장. 그러면 활동지의 빈칸이 채워지겠지. 어쨌든, 그게 사람들이 한가한 시간에 하는 일이니까. 그렇지 않나?

나는 앉아서 『하워즈 엔드』를 읽기 시작했다. 나는 이 소설을 아주 좋아해서 아름다운 천으로 제본된 책 한 권을 소장하고 있었다. 몇 주 전에 다시 읽기 시작했지만, 내 뇌가 반만 기능하는 까닭에 그 이후로 다시 집어 들지 못했었다. 가장 좋아하는 의자에 앉았다. 완벽한 독서용 의자로, 크고 푹신푹신하고 거실 창가 구석에 놓여 있었다. 한 단어를 읽었다. 그리고 또 한 단어. 그리고 또 한 단어. 단어 하나하나는 이해가 되었지만, 모두 연결된 하나의 문장으로 읽을 수가 없었다. 단어들은 머릿속에 들어오자마자 여러 잡념이 내는 거슬리는 불협화음 속에 묻혀버렸다. 그래서 다음 단어를 읽을 즈음이면, 이전 단어는 이미 떠들썩한 소음에 가려져 앞뒤를 연결할 수가 없었다. 스파이더맨이 스파이더 센스를 켜고 사방에서 들려오는 모든 소리를 한꺼번에 듣는 상황과 비슷했다. 나쁜 의미에서.

단어를 바라보며 오래 앉아 있을수록, 그것들을 서로 연결하려고 애쓸수록, 머릿속 소음은 점점 심해졌다. 마치 그 안에서 폭동이라도 일어난 듯했다. 화난 외침과 주먹다짐하는 소리, 창문 깨지는 소리, 화염병이 공중으로 날아가고 불이 나는 소리가 들렸다.

현실을 왜곡하고 자신을 비판하는 헛소리가 끊임없이 정신을 어지럽혀, 어떤 것에도 집중할 수 없었다. 잠을 잘 수도, 책을 읽을 수도 없었다. 윔블던 경기를 보거나, 차를 끓이거나, 식기세척기에 그릇을 넣거나, 요리하거나, 운전하거나, 샤워하거나, 글을 쓸 수도 없었다. 머릿속의 소음을 감당하기가 힘들었다.

오전 10-11시: 『하워즈 엔드』 한 쪽 쳐다보기

이게 특히 우울증의 고약한 점이다. 증상이 눈에 보이지 않는다. 외부로 드러나는 광경이라고는 평범한 사람이 아늑한 의자에 편히 앉아 좋은 책을 조용히 읽는 모습뿐이다. 거의 움직이지 않고서. 마치 유행하는 인테리어 잡지의 특집 기사에 실린 사진 속 인물 같다(얼룩진 스웨터는 무시하자). 하지만 그녀의 머릿속은 귀청이 터질 듯 시끄럽다. 요란한 아우성 사이에서 그녀에게 유일하게 들리는 말이라고는 스스로가 쓸모없고 부끄러운 실패자이며 자신이 죽어 사라지는 편이 사랑하는 사람들에게 더 나으리라는 비명뿐이다. 그녀의 몸은 아드레날린으로 들끓고 심장은 두근거리며 턱에는 힘이 들어가고 위장은 공포로 가득 찬다. 몸 안에서 불길이 치솟는다.

산산조각 나는 정신은 도통 눈에 보이지 않는다. 겉모습은 예전과 다름없다. 어쩌면 조금 피곤해 보일 수도 있지만, 업무가 과중해서 그렇다고들 생각한다. 우울증 초기, 내가 아직 일을 하고 있던 시절에 가장 이상하게 느꼈던 점 중 하나가 바로 이거였다. 내 안에서 마음의 토대가 무너져 내리고 있는데도 세상은 멀쩡히 돌아가며 내게도 평소처럼 살아가라고 요구했다. 속이 활활 타오르고 이성이 피해망상에 점령되고 자아가 완전히 파괴되었는데, 나를 둘러싼 세상 전부가 와르르 무너져 내렸는데, 아무도 그걸 알아차리지 못했다.

차라리 온몸이 파랗게 변했다면 적어도 눈에는 띄었을 것이다. 그렇게 증상이 확실히 보였다면 더 시급하게 고치려 했을 것이다. '맙소사, 그녀가 파랗게 변해버렸잖아. 저대로 두면 안 돼. 어서 손을 써야겠어'라며. (내 생각에 정신 건강과 신체 건강을 구분하는 건 잘못된 관행이지만) 신체적 증상, 즉 사람들이 알아볼 수 있는 방식으로 나타나는 증상은 정신적 증상보다 더 받아들이기가 수월하다. 정신적 증상은 눈에 보이지도 않고 항상 얼굴에 티가 나지는 않는 까닭에 '완벽하게 정상'처럼 보일 수 있다. 그래서 그렇게 위급하거나 심각해 보이지 않는다.

그렇다고 해서 우울증에 신체적 증상이 아예 없다는 말은 아니다. 내 몸에 신체적 증상이 나타났을 때는 진짜 놀랐다. 원래도 무딘 성격은 아니었다. 늘 남의 비판이나 말 한마디를 오랫동안 마음에 두는 편이었다. 그런데 이제 그런 내면의 예민함이 신체적으로 느껴졌다. 가죽이 벗겨지고 속살이 드러난 양 피부가 따끔거렸다. 모든 말, 모든 소음, 모든 접촉이 심하게 고통스러웠다. 문이 조금만 세게 닫혀도 총소리를 들은 것처럼 펄쩍 뛰어올랐다. 햇볕이 실제보다 더 뜨겁게 느껴지며 화상을 입을 것만 같았다. 조명이 너무 밝아서 눈이 멀 듯했다. 밖에서 뛰어노는 아이들의 즐거운 외침이 비명처럼 나를 찔렀다. 오랫동안 나를 지켜봐 온 친구가 대화 도중 안쓰러워 한숨을 쉬면, 짜증 섞인 신음처럼 들려 곧장 편집증과 자기혐오의 소용돌이 속으로 빠져들었다. 그녀가 옳다. 나는 쓸모없다. 나는 비호감이다. 나는 나약하다. 온갖 일이 과장되어 받아들여졌다. 우울증이 정신적인 병이라고 생각했는데 사실 이 병은 매우 매우 신체적인 병이었다. 비록 눈에 보이지는 않았지만 말이다.

겉으로 잘 드러나지 않는다는 우울증의 속성이 지닌 최악의 점은 스스로를 의심하게 된다는 것이다. 다리가 부러졌을 때는 의심의 여지가 없다. 그냥 사실이다. 객관적 사실. 봐요. 엑스레이 사진에 보이네요. 부러졌어요. 사실입니다. 땅땅. 하지만 정신이 부러졌을 때는 그런 식의 진단은 내리기 힘들다. 의견의 문제일 뿐이다. 정도에 따라 다르다. 그러면, 이 모든 게 진짜일까? 내 부러진 정신은 끊임없이 의심하며 자신의 판단을 신뢰하지 못한다. 내가 이 모든 걸 꾸며내는 게 아닌지 자신에게 묻는다. 어쩌면 내가 스스로 나를 진흙탕 속에 밀어 넣은 게 아닐까? 어린 아기가 이유 없이 떼를 쓸 때처럼. 아니면 그냥 내가 지나친 특권을 누리는 나르시시스트여서인지도 모른다. 그저 할 수 있기에 휴직을 하고 치료를 받는 과대망상이 심한 약골. 경제적 여유도 있고 혼자서 주택담보대출을 감당할 수 있을 만큼 급여가 높은 남편이 있어서 부리는 어리광일 수도 있다. 만약 내가 가족의 *생계*를 책임져야 했다면, 돌봐야 할 아이들이 있었다면, 아마도 이럴 시간조차 없었을 것이다. 마음을 다잡았을 것이다.

하지만 우울증은 다리가 부러지는 것과는 다르다. 우울증은 시작점이 없다. 어느 날은 조금 불편하고 어느 날은 우울하다. 우울증은 서서히 스며든다. 어쨌든, 내 경우에는 그랬다. 약간의 슬픈 감정으로 시작되어 시간이 지나면서 점점 슬픔이 무겁게 쌓이는 과정이 아니었다. 사실, 나는 슬프지 않았다. 내 경우에는 정상에 대한 감각이 조금씩 마모되었다. 그렇게 몇 달이 지난 후, 나는 내 '정상성(正常性)'이, 내 하루, 일상, 습관, 감정, 우선순위 같은 것들이 이제 알아볼 수조차 없을 만큼 예전과 다르게 변해버렸다는 사실을 깨달았다. 전부 우울증이 한 일이었다.

처음에는 이따금 잠을 설치는 밤이 찾아온다. 그런 일이 몇 주 동안 계속되다가 한 달이 지나면 '잠을 잘 자지 못하는' 상태가 된다. 그게 새로운 일상이 된다. 그다음에는 지루한 회의에서 마음이 이리저리 떠돌아다니기 시작한다. 생각 하나를 온전히 마무리 짓기 전에 다른 생각에 정신이 팔린다. 하나같이 쓸데없는 생각들이다. 이런 버릇이 지루한 회의실을 벗어나 다른 곳에도 스며든다. 곧 습관이 되어버린다. 그 결과, 집중할 수 있는 시간이 짧아진다. 어느 날, 휴대전화에 정신이 팔린 보행자를 피하려고 운전자가 급히 브레이크를 밟는 장면을 본다. 가까스로 사고를 피한 순간을 보며, 보행자가 차에 치였다면 어떤 일이 벌어졌을지 상상하기 시작한다. 상상력이 미쳐 날뛴다. 피로 물든 도로, 망연자실한 운전자, 꽉 막힌 도로를 뚫고 오려는 구급차, 그 모든 걸 공포에 질려 지켜보는 자신. 끔찍한 장면이 머릿속에서 생생하게 펼쳐진다. 하루 종일, 파멸의 순간이 곧 닥쳐오리라는 느낌을 떨쳐버릴 수가 없다. 사실, 지금 와 돌이켜보면, 그 무렵에는 재앙이 사방에 도사리고 있다는 느낌이 늘 나를 따라다녔다. 축하합니다. 이제 당신은 불안증 환자가 되었습니다. 연례 평가서에 쓰인 부정적인 평가 하나가 속을 썩인다. 완벽함을 망치는 작은 거스러미. 몇 주 동안 그 평가를 곱씹으며 쉼 없이 마음의 상처에서 딱지를 뜯어낸다. 그 상처에서 나온 진물이 직장에서의 모든 상호작용에 악영향을 미친다. 그러면서 생각한다. 모든 동료가 내 결점을 눈치채고 있으며 그 점에 조처해야 한다는 결정을 이미 내렸다고 말이다. 내가 방을 나가면 모두가 그 이야기를 할 것이다. 이제 그 생각에 사로잡혀, 상사가 나를 해고할 때 나눌 대화를 상상한다. 망상이 무럭무럭 자라난다. 이제 이런 상태가 지극히 정상적인 상황으로 여겨진다.

원래는 사소한 버릇이나 대수롭지 않은 성격적 일면일 뿐이었는데, 내가 약해지자 슬며시 기어들어 오더니 거스를 수 없게 자리를 잡아버렸다. 내 사소했던 기질이 점점 몸을 불리더니 걷잡을 수 없이 커져 나를 삼켜버렸다. 잠도 평온한 마음도 없는 삶, 밖에 나갈 때마다 재앙을 겁내며 늘 자신이 부족할까 봐 걱정하며 사는 삶. 제대로 살고 있다고 말할 수가 없었다.

차라리 다리나 허리가 부러지면 좋겠다고까지 생각했다. 적어도 눈에 보이는 부상이니까. 움직이지 않아도 되고, 어느 정도 무능해도 괜찮을 이유가 필요했다. 물론, 치료가 가능한 병이어야 했다. 의사가 고칠 수 있고 친구와 가족이 도와줄 수 있는 병. 몇 달 동안 당당하게 소파에 드러누워 아무것도 안 할 수 있는 병. 그러다 약을 먹고 물리치료를 받고 다시 건강해지는 병. 얼마나 단순하고 깔끔한가. 망가진 몸이 망가진 마음보다 훨씬 더 괜찮아 보였다. 3층까지 이어지는 우리 집의 높고 가파른 계단은 어딘가 부러지기에 딱 좋아 보였다. 나는 꼭대기에 서서 모든 간편한 상황을 상상하며 실수한 척 일부러 미끄러지기를 바랐다. 그러고는 그걸 실행하지 못한 자신을 하루 종일 질책했다.

감옥을 떠올리기도 했다. 라디오에서 20년 동안 감옥에 갇혀 있던 한 남자의 이야기를 들은 적이 있다. 그는 그곳에서 공부와 독서와 명상을 했고 수도승 같은 지식인이 되었다. '정말 근사한데'라고 생각했다. '책임질 것도 걱정할 것도 없이, 규칙적인 일상과 위대한 문학 작품으로 마음을 살찌울 수 있는 넉넉한 시간이 주어진다니.' 나는 누가 곁에 있는 건 못 참아서 감옥에 간다면 독방에 수용되고 싶었다. 그 말인즉슨, 상당히 끔찍한 범죄를 저질러야 한다는 뜻이다. 정말 진지하게, 감옥에 갇힐 만한 일 중에서 그나마 덜 끔찍한 범죄가 뭘까 고민했다. 그러다가 부모님에게 고통을 줄 수는 없다는 생각에, 이 방법은 한쪽으로 밀어두었다. 나도 안다. 말도 안 되는 생각이었다는 걸. 하지만 그때 내 머릿속에는 온통 그런 생각만 가득 차 있었다.

스쳐 지나가는 생각일 뿐이었지만 혼수상태에 빠지는 상황을 상상하기도 했다. 그저 내 뇌가 진정될 때까지 잠시 꺼두고 싶었다. 다만 혼수상태는 종잡을 수 없는 증상이고, 스스로 불러오기도 어려운 데다가, 내가 결과를 통제할 수 없다는 점이 걱정되기는 했다.

탈출구로 마약과 술을 고려해 보기도 했다. 우울증 환자가 마약과 술에 의지하는 이유를 알 것 같았다. 혼란에서 잠시나마 벗어나고 싶기 때문일 것이다. 하지만 술을 마시면 살이 찔까 봐 걱정됐다. 늘 몸매에 신경을 써왔던 터라 자기혐오감만 더 커질 듯했다. 게다가, 듣기로는 코츠월드에서 마약을 사려면 꽤 공을 들여야 했다. 갓길에서 만나야 하고 일회용 휴대전화도 필요했다. 또, 마약은 내게 혼수상태 증상과 동급이었다. 한마디로, 결과를 예측할 수 없는 해결책이었다. 대학 시절 대마초를 한 번 피워보았는데, 성질이 아주 괴팍해지는 게 실시간으로 느껴졌다. 약에 취한 자신이 싫어질 터였다. 이미 자기혐오가 심했기에 도움이 되지 않을 것 같았다. 다른 기호용 마약도 같은 효과를 내지 않을까 두려웠다.

암튼, 이런 우스꽝스러운 계획을 지독할 정도로 세밀하게 하나하나 따져보았는데, 전부 자살 생각을 피하려는 방편이었다. 자살은 항상 나쁜 계획처럼 보였던 까닭이다. 나는 죽고 싶지 않았다. 물론, 언젠가는 죽겠지만 지금은 싫었다. 그냥 잠시 뇌의 스위치를 꺼놓고 싶었다. 진심으로, 머릿속을 가득 채운 잡음이 잦아들고 슬픔이 가라앉기를 바랐다. 어떤 날에는 평온이 너무 간절해서 죽음만이 그걸 얻을 유일한 길이라면 받아들여야 하나 싶은 생각마저 들었다. 하지만, 설령 잠깐이라도, 이런 괴로움에서 잠시나마 벗어날 다른 방법이 분명 어딘가 있지 않을까?

나는 구체적인 '계획'을 세운 적은 없다. 하지만 주변 사람들이 주의해야 할 핵심 신호가 있다면, 바로 이 '계획'이다. '단순한 충동'이 아니라 실행 가능한 방법을 구체적으로 떠올리고 있다면 그 사람은 정말로 심각한 상태다. 이따금 버스 앞에 뛰어들 생각을 하긴 했지만, 그건 정말 스쳐 지나가는 생각일 뿐이었다. 만약 자살을 진지하게 고려했다면, 그것도 하나의 선택사항이 되었을지 모르지만. 어쨌든 가족들이 사고였다고 말할 수도 있을 테니 말이다. 그리고 어떻게 보면 실제로 사고이기도 했다. 수많은 선택지 중에서 그 방법이 가장 끌렸던 이유는 내 손으로 매듭짓지 않아도 되어서였다. 다리나 밧줄은 더 확실한 방법이지만, 진심으로 죽음을 결심하고 그 책임을 자신이 지는 방식이다. 하지만 무심코 찻길에 발을 내딛는 행동은 매일 하는 일인 데다 그 결과가 죽음일 수도, 그냥 부상으로 끝날 수도 있다. 운명이 생사를 결정한다. 내가 아니라. 그리고 그저 다치기만 해도, 나는 당당하게 무능할 수 있다. 애초에 바랐던 대로 간단하게 쉴 수 있다.

웃기는 점은 이 글을 쓰면서도 '자살 계획은 세우지 않았잖아, 그럼 그렇게 심각하게 아프지는 않았던 게 아닐까?'라는 생각이 든다는 점이다. 마치 자살 계획이 심각한 우울증 환자의 증명 조건이라도 되는 양. 그러니 나는 일등급 우울증 환자, 제대로 된 우울증 환자가 아니었다. 라운지를 무료로 이용할 수 없었다.

결국 다시 우울증은 눈에 보이지 않는 병이라는 문제로 돌아온다. 내가 자살을 계획 또는 시도했거나, 환각을 보았더라면 어딘가 아프다는 것이 명백하게 드러났을 것이다. 하지만 내가 겪은 우울증은 눈에 보이지 않았다. 그리고 다른 사람들이 보지 못한다면 다 내가 지어낸 것일 수도 있었다. 그리고 이런 생각은 나를 더욱 고립되게 했다. 증상이 보이지 않는데 어떻게 고친단 말인가? 겉으로 보이지 않는 형태의 우울증이 외부인에게는 덜 심각하게 여겨질 수도 있다. 하지만 내 머릿속에 들어올 수 있다면, 내 눈으로 볼 수 있다면, 의심과 자기혐오, 절망만이 존재하는 외로운 평야가 끝없이 펼쳐진 광경이 보일 것이다.

아직 오전 11시였다. 이 망할 하루 시간표를 어떻게든 채워 넣어야 했다. 빈칸들이 조용히 나를 짓눌렀다.

\*

거의 매일 엄마가 오전 중에 우리 집에 와서 하루 종일 머물다 갔다. 어느 순간부터 나를 오래 혼자 두면 안 된다고 생각한 듯했다. 구체적인 이야기를 나눈 적은 없지만, 우리 모두 그 이유를 알고 있었다고 생각한다.

몇 주 만에 항우울제가 효과를 나타내기 시작했다. 행복감을 불러온다는 통념과 달리, 약은 내 감정에 찬물을 끼얹었다. 좋은 감정이든 나쁜 감정이든 상관없이. 화학요법이 암세포뿐만 아니라 모든 세포에 영향을 미치는 것처럼, 항우울제가 내 경우에는 침울한 감정을 포함해 모든 감정을 죽였다.

초조함과 두려움이 사라진 자리를 무감각이 차지했다. 멍한 기분 속에서 하루가 흘러갔다. 생각과 취향이 흐릿해지고, 만사가 시큰둥해졌다. 그러던 7월의 어느 무더운 날, 내게 차를 건네며 답답한 침실에서 나와 정원에서 마시자고 하는 엄마의 말에 나는 아무 생각 없이 고개를 끄덕였다. 별일이었다.

나는 찻잔을 들고 예전부터 익숙했던 자리인 돋움 화단의 가장자리에 걸터앉았다. 직장에 다니던 시절, 새벽에 늘 그랬던 것처럼. 하지만 울기에는 너무 한낮이었다. 게다가 약 때문에 그러고 싶은 마음도 들지 않았다. 감정 자체가 남아 있지 않았다. 머리 위에 버티고 선 태양이 그늘 한 점 허락하지 않았다. 채소밭은 잡초가 우거져서 엉망이었다. 몇 주 동안 돌보지 않은 탓이었다. 나는 화단의 나무 테두리에 머그잔을 내려놓고 흙에 손을 갖다 댔다. 그리고 멍하니 바라보았다. 머릿속이 텅 빈 채, 그냥 내 손과 흙만 바라보았다. 손에 닿는 흙의 감촉이 느껴졌다. 손과 흙, 둘 다 7월의 태양 빛을 받아 따뜻했다.

사방이 고요했다.

아무것도 없었다. 머릿속의 재잘거림과 말다툼은 물론, 감정마저 사라진 지 오래였다. 단지 침묵만이 존재했다. 그 순간, 깊은숨이 몸속으로 들어왔다. 나는 기다렸다. 무언가. 무언가가 다가온다.

숨을 내쉰다. 움직임이 느껴진다. 간지럽다. 개미 한 마리가 내 엄지손가락을 기어오르고 있다. 내 손이 녀석의 어디로 가는지도 모를 여정을 가로막은 것이다. 녀석은 내 손이라는 산맥을 오르기로 결심을 굳힌다. 손가락 사이 골짜기에서 갓 싹튼 새싹들이 내 숨

결에 따라 살랑살랑 흔들린다. 갑옷을 두른 쥐며느리가 장군처럼 으스대며 병사들을 지휘하듯 흙 위를 바쁘게 오간다. 아무것도 없는 줄 알았던 땅이 자세히 보니 활기로 가득 차 있다. 생명으로 가득 차 있다. 텅 빈 밤하늘을 바라보다 보면 하나둘 별이 눈에 띄기 시작하듯, 내 눈에 생명이 보이기 시작했다. 차가 식어가는 동안, 나는 흙과 그 안의 생명을 지켜보았다.

오후 12시 이후: 정원에 앉아 있기. 변화.

*

우리 정원은 약 1300제곱미터로 코츠월드 기준으로는 소박한 넓이였다. 이사 들어오면서 철도 침목을 사용해 작은 화단을 네 개 만들었다. 당시의 텃밭 넓이는 약 7제곱미터였다(이후 화단을 개조하고 넓이를 조금 더 넓혀 지금은 약 18제곱미터다). 처음에는 이 작은 공간으로 충분했다. 채소 기르기에 서툴렀을 뿐만 아니라 런던에서 일하느라 채소 재배에 쏟을 시간이 거의 없었기 때문이다. 게다가 모든 일에 정확을 기하려는 내 성격 탓에 한 가지 일을 하는 데도 오랜 시간이 걸렸다. 나 자신에게 완벽함을 기대하는 이상, 채소밭도 거기서 예외일 수는 없었다. 조그만 흠도 없어야 했다. 잡초 하나 없이 깔끔하고 질서정연해야 했다. 베아트릭스 포터*의 그림처

---

* 20세기 전후 영국의 동화 작가로, 『피터 래빗』 시리즈가 유명하다.

럼. 몇 시간이고 들이며 전부 하나하나 챙겼다. 샐러드용 무의 씨앗을 한 구멍에 한 개씩 심으면서 그 조그만 씨앗 사이의 간격이 2센티미터가 되도록 맞췄다. 불안한 새내기 농사꾼의 까다로움과 꼼꼼함에 완벽주의적 성향까지 더해져 나는 원예 괴물로 거듭났다. 그리고 자신감이 붙어, 이제 이 정도 넓이의 화단은 내 야망을 담기에 턱없이 부족했다.

 코츠월드에 사는 장점 중 하나는 많은 사람이 취미 삼아 농사를 짓는다는 것이다. 그들은 넘치는 땅을 주체하지 못했다. 우리 집에서 골목을 따라 5분쯤 올라간 곳에 사는 '자비로운 농부 브라운 씨'도 그런 사람 중 한 명이었다. 그의 작은 농장 집 뒤편에는 돌담으로 둘러싸인 채소밭과 소 떼가 노니는 풀밭, 기다란 온실이 있었다. 채소밭 뒤편 문을 열면 닭들이 사는 과수원이 나왔고, 그 끝에는 암퇘지 '블로섬'의 방목장이 있었다. 비바람에 낡아 무너져 내리는 돌담 안의 채소밭에는 거대한 채소 화단이 네 개 있었다. 브라운 씨는 두 개밖에 가꿀 시간이 없었기에 각 변이 4미터와 8미터 크기인 나머지 밭 두 개는 놀고 있었다. 코츠월드로 이사 오고 몇 년 후, 브라운 씨는 내게 마음대로 드나들며 나머지 화단에서 채소를 길러보라고 제안했다. 내 멋대로 쓸 수 있는 64제곱미터의 땅. 신난 마음에 너무 들떠 보이지 않으려 애쓰며 대답했다. "네, 좋아요." 나는 그 밭에서 7년간 채소를 길렀는데, 그 시간들은 정말이지 꿈만 같았다.

 몇 년 후, 브라운 씨가 농사를 크게 확장하며 나머지 화단을 돌려받고 싶어 해서, 나는 다른 땅 주인 이웃에게 자비를 청했다. 그도 비슷한 너그러움을 베풀며 남는 땅에서 농사를 짓도록 허락했다. 정말 고맙게도, 넓은 정원을 가진 시골 사람들은 마음도 참 따뜻했다.

*

그해 7월에는 일이 너무 바쁜 탓에, 몇 주 동안이나 브라운 씨 농장의 채소밭에 가지 못했다. 하지만 차가 식어가던 그날, 햇빛 아래서 손을 흙 속에 묻고 벌레를 세고 손가락 사이로 흙을 문지르며 배양토가 손톱 아래로 스며드는 것을 느끼다가, 담장으로 둘러싸인 채소밭이 어찌 되었는지 궁금해졌다. 몇 주 만에 처음으로 완전한 문장이 머릿속에 떠올랐다.

그날부터 내 안에서 무언가가 꿈틀대기 시작했다. 그 후로 일주일 동안, 거의 매일 텃밭을 찾았다. 땅을 바라보며 시간을 흘려보냈다. 그러는 내내, 질문이 끊임없이 떠올랐다. 담장 있는 채소밭의 흙은 여기와 다른가? 잡초는 같은 걸까? 그곳의 나무좀벌레도 여기 녀석들처럼 거들먹거릴까? 몇 주 전, 뉴욕행을 앞두고 일요일 오후에 서둘러 심은 상추 씨앗에 싹이 났을까? 가서 확인해 보고 싶었다.

다시 말해, 집 밖으로 나가야 했다.

그 무렵, 병원에 갈 때는 친구와 가족들의 도움을 받았을 뿐만 아니라, 병가 진단을 받은 뒤로는 어디든 혼자 스스로의 의지로 간 적이 없었다. 외출하는 법이 여전히 기억날지 불안했다.

농부 브라운 씨의 작은 농장으로 가는 5분짜리 산책길은 그림엽서처럼 근사하다. 집을 나서면 초록빛 마을 광장이 펼쳐진다. 주변을 코츠월드 돌집들이 둘러싼 삼각형 잔디밭이다. 양쪽에 난 작은 길은 딱히 어디로 이어지지는 않는다. 사람들이 거의 다니지 않아 길 한가운데 풀이 자랄 정도고, 동네 사람들이 목줄 없이 개를 산책시키는 길이다. 오른쪽 길로 들어서면 트랙터에서 떨어진 진흙으로 얼룩진 아스팔트 포장도로와 울타리가 부실한 양 목장, 여름에는 딱총나무꽃이 잔뜩 피고 겨울에는 야생 자두가 주렁주렁 달리는 무성한 생울타리가 보인다. 왼쪽 길, 우리 집 쪽 길로 들어서면, 시골집들이 줄지어 서 있고 양이 옆길보다 많이 보인다. 여기서 급히 오른쪽으로 꺾으면 브라운 씨의 집과 채소밭이 나온다.

오른쪽으로 돌기 전, 야트막한 오르막길이 나타나며 길옆 들판 너머로 탁 트인 광경이 펼쳐진다. 낮고 듬성듬성한 생울타리가 망가진 격자무늬를 이루는 가운데, 군데군데 담쟁이덩굴로 덮인 고목 그루터기가 눈에 띈다. 그 뒤로 A40 도로 남쪽의 평탄한 광야가 이어진다. 맑은 날에는 저 멀리 칠턴 언덕 지대와 그 앞으로 브라이즈 노턴 공군기지의 불빛이 어렴풋하게 깜박이는 모습이 보인다. 멀리 떨어져 있어 오히려 한층 예쁘다.

나는 먼지 날리는 농장 진입로를 걸어 올라가 돌로 된 농가 옆을 돌아서 담장이 쳐진 정원으로 향한다. 이 담장 정원의 매력은 아늑함과 개방감을 동시에 느낄 수 있다는 점이다. 닫혀 있으면서 열린 공간. 어깨높이의 돌담이 나를 감싸안아 주는 가운데, 그 너머로 농장의 들판, 들판과 맞닿은 하늘, 저 멀리에 있는 숲이 보인다. 풍경 속에 완벽하게 자리 잡아 자연의 모든 모습을 가까이서도 멀리서도 볼 수 있을 뿐만 아니라, 동시에 바람과 혹독한 날씨로부터도 보호받는다. 고치의 아늑함은 있지만 밀실의 답답함은 없다. 이것만으로도 이곳에 올 가치가 충분하다.

예상대로, 내 화단 채소밭 두 개는 지저분하고 방치된 상태였다. 그래도 좋았다. 친근하고 편안하게 느껴졌다. 밭에 도착한 나는 아무것도 하지 않았다. 그저 잡초 사이를 헤집고 다니며 흙을 만졌다. 해비샴 양*에게 채소밭이 있었다면 아마 이런 모습이었을 테지. 뒤엉킨 잡초 떼가 긴 시간 돌보지 않은 경작물의 잔해를 뒤덮고 있다. 너무 오래 방치해 거의 알아볼 수 없게 된 리크**에 꽃대가 솟아 있다. 메꽃 무리가 조금이라도 더 높이 오르려 꽃대의 목을 덩굴손으로 칭칭 감고 있다. 여기저기 맨땅이 드러난 자리는 7월의 열기로 완전히 메말라, 잡초조차 뿌리를 내리지 못하고 있다. 오래전 담장을 수리하며 흙 속에 묻어두었던 바위와 자갈이 푸석푸석하고 건조해진 흙 사이로 하나둘 보인다. 흙이라기보다는 돌무더기 같은 모습. 흙의 표면이 지나치게 부석부석한 까닭에 작은 바람에도 흙먼지가 날려 화단 주변으로 흩어지며 하얀 메꽃 위에 고운 먼지가 내려앉았다. 잿빛 얼룩에 더럽혀진 눈처럼 하얀 악마.

나는 이 밭의 예전 모습을 머릿속에 떠올렸다. 그러다 지난해 밭 가장자리에 심었던 감자가 생각났다. 새로운 요리법으로 만들었던

---

* 찰스 디킨스의 소설 『위대한 유산』에 나오는 등장인물. 결혼식 날 약혼자에게 버림받은 충격으로 낡은 웨딩드레스를 입은 채 저택에서 은둔 생활을 한다.
** 흔히 '서양 대파'로 불리며 대파보다 줄기가 굵고 잎이 넙적하다. 익히면 단맛이 강해진다.

멋진 감자샐러드도. 만들기도 간단하면서 맛도 좋았다. 씨가 영근 리크를 보며, 씨앗을 받을 수 있을지 궁금했다. 세계 정복을 노리는 듯 빽빽히 들어찬 별꽃의 모습에 절로 한숨이 나왔다. 서둘러 씨를 뿌렸던 상추는 아무리 찾아봐도 흔적조차 보이지 않았다.

곰곰이 생각하다가 내가 적어도 5분이 넘게 채소밭 생각만 하고 있다는 걸 깨달았다. 5분 내내 한 가지 생각만 했다니. 어떤 잡념이나 자책도 없이, 가만히 한 가지 생각에 몰두한 것이다. 그저 존재하면서. 판단도 기대도 없이, 현재에 오롯이 머물렀다. 남들이 보기에는 그저 정원 가꾸기에 대한 하찮은 공상에 잠긴 순간이거나 멍하니 시간을 흘려보내는 모습처럼 보였을지 모른다. 하지만 내게는 변화가 시작되는 순간이었다. 작은 구명보트. 나는 그것에 매달렸다.

## 마음을 진정시키는 허브 오믈렛

몇몇 허브는 살아남아 있었다. 대개의 허브는 상추와 달리 사람의 손길이 거의 필요하지 않기 때문이다. 이렇게 스스로 잘 자라는 성질 덕분에, 나는 허브를 채소 재배의 '입문 마약'이라고 부른다. 파슬리나 민트(박하)처럼 키우기 쉽고 쓸모 있는 작물에 한번 빠져들면, 처빌 같은 조금 더 특별한 허브에도 눈길이 가기 시작한다. 그러다 완전히 매료되면 채소 재배에까지 도전하게 된다.

당연한 말이지만, 허브가 들어가면 어떤 요리든 한층 돋보인다. 그중에서도 허브를 주인공으로 내세운 간단한 오믈렛은 내가 허브 재배의 매력을 전파할 때 주로 선보이는 요리다.

오믈렛을 만들려면 먼저 우묵한 그릇에 달걀 두세 개와 약간의 소금을 넣고 거품기로 휘젓는다. 거기에 파슬리, 처빌, 회향, 차이브(골파), 히숍, 소렐(수영풀) 등 잎채소 허브를 잘게 다져 한 줌(약 3큰술) 넣고 잘 섞는다. 코팅된 프라이팬에 엄지손가락 한 마디 크기의 버터 한 조각을 넣고 지글지글 녹인 다음, 허브를 섞은 달걀물을 붓고 팬을 기울여 내용물이 골고루 퍼지도록 한다. 약불로 천천히 익히다가 달걀 가장자리가 익기 시작하면 반으로 접는다. 부드럽고 폭신한 오믈렛을 접시에 담고 포크를 든다. 만들 때도 먹을 때도 모두 마음이 차분해지는 요리다.

*

그날의 방문 이후, 나는 거의 매일 같은 길을 걸어 농장으로 갔다. 처음에는 그곳에서 특별히 무언가를 하지는 않았다. 가끔은 잡초를 뽑는 척 흙손과 양동이를 들고 가기도 했지만, 내 안의 진짜 바람은 그저 흙 속 세상에 나를 던져 넣는 것뿐이었다. 2주 정도 쉬고 다시 일터로 돌아가겠다는 야심은 이미 사라진 지 오래였다. 이제 광고계에서의 삶은 먼 나라의 이야기처럼 느껴졌다.

좋은 피난처를 발견한 셈이었다. 벌레와 지렁이, 쥐며느리와 민달팽이가 살아가는 또 다른 세계로 가는 탈출구. 옥수수 줄기를 갉아 먹고 부스러기 더미를 남기는 쥐들의 세계. 부리로 땅을 쪼아 지렁이를 꿰어내는 검은 새들의 세계였고, 자라나려면 조약돌을 밀어내야 하는 부숭부숭한 쓴냉이 새싹과 조약돌 사이에서 장대한 전투가 벌어지는 세계였다. 그 전투 옆에서 먼지 목욕을 하는 참새들의 세계였다.

나는 이 모든 광경을 지켜보곤 했다. 녀석들의 영역에 들어가 모든 싸움과 진행 상황을 높은 곳에서 바라보았다. 그들의 발버둥과 전쟁, 일상사를 관찰했다. 마치 새로운 행성에 도착한 거인이 한 걸음 떨어져서 작은 주민들을 넋을 잃고 바라보는 것처럼.

나는 쥐며느리가 특별한 즐거움을 주는 존재라는 사실을 알게 되었다. 어느 날, 나는 쥐며느리 한 마리가 자기 앞길을 가로막는 나무껍질 조각을 옮기려 애쓰는 모습을 보며 아침나절을 보냈다. 녀석의 작은 몸이 그 무게에 맞서 안간힘을 썼다. 작은 다리들을 바삐 움직이며 다시 한번 밀어보려고 버팀목을 찾았다.

문득, 이런 생각이 떠올랐다. '세상에, 이 쥐며느리는 나무껍질 조각을 옮기지 못해서 정말 속상해 보여. 엄청 짜증 내는걸. 아마 저 껍질이 집으로 가는 길을 막고 있나 봐. 아니면 집 입구를 막고 있든지. 하찮아 보이는 일에 전력을 다하는 모습 좀 보라지.'

나는 녀석의 마음을 잘 알았다. 다른 것을 전부 희생하면서까지 한 가지 일에 전적으로 집중하는 그 마음을 말이다. 녀석은 큰 그림에서는 그 일이 별로 중요하지 않다는 사실을 전혀 깨닫지 못하고 있었다. 마찬가지로 내게서 밤잠을 앗아가고, 나를 죽도록 일하게 만들고, 내 안의 비평가를 부추기고, 머릿속에 지옥을 불러오는 일들도 큰 틀에서 보면 전부 똑같이 하찮았다. 쥐며느리가 나무껍질을 옮기지 못해도 세상이 계속 굴러가듯, 내가 고객 워크숍에 빠지거나 업무에 최선을 다하지 못해도, 누군가를 실망하게 해도 세상은 여전할 터였다. 내가 완벽하지 않아도 성공하지 못해도 상관하지 않을 터였다. 세상은 정말 신경 쓰지 않을 거였다. 솔직히 말해, 내가 혼자서 회사와 고객 모두를 파산시킨다 해도 세상은 계속 돌아갈 것이었다. 쥐며느리가 나무껍질을 옮기지 못했을 때와 똑같이. 육체적으로나 정신적으로나, 이 쥐며느리와 나 둘 다에게 실패는 세상의 종말처럼 느껴진다. 하지만 높은 곳에서 거시적으로 바라보는 나는 쥐며느리의 세상이 결코 끝나지 않는다는 걸 안다. 그러니 아마 내게도 마찬가지가 아니었을까.

나는 쥐며느리를 지켜보며 많은 시간을 보냈다. 중요하게 보이는 일이 사실은 별일 아니라는 사실을 다시금 일깨워 주는 마음이 편안해지는 시간이었다.

\*

채소밭은 매일의 안식처가 되어 안전함과 편안함, 평화를 선물했다. 나만의 도피처. 내가 줄곧 갈망해 왔던 장소. 당시에는 미처 깨닫지 못했지만, 나는 몇 년이나 이런 조용한 위로를 찾아 헤매고 있었던 듯싶다. 우리 부부가 시골로 이사 온 이유도, 늘 휴가를 도시가 아닌 전원 지역으로 떠난 이유도, 이사 오면서 채소를 키우기 시작한 이유도 바로 이 때문인 듯했다. 평화가 바로 우리가 원하던 것이었다.

닭장 속에서 강제로 알을 낳도록 내몰린 닭처럼 정신없이 일하던 시절에도, 나는 마음을 달래주는 시골의 고요함을 조금이나마 누리려 애썼다. 출장을 갈 때도 존 베처먼*의 시집을 챙겼다. 시를 좋아해서라고 생각했지만, 실은 당장 현실에서 만나지 못하는 시골의 안식처에 끌리는 향수 때문이었다. 소박하고 평화로우며 안전한 영국의 시골이 그리웠다.

어쩌면 채소밭이 현실 속의 안식처가 될 수 있지 않을까? 이미 이곳은 내 런던 생활과 완전히 대조되는 것을 선사했다. 온종일 소음과 속도, 공격성과 콘크리트에 둘러싸여 있던 예전과 달리, 이곳은 고요하고 평온했다. 그리고 생명이 있었다. 정말 많은 생명이.

### 엄마의 과일 스콘

영웅적일 정도로 인내심이 강한 우리 엄마는 그해 여름을 하루도 빠짐없이 나와 함께 보냈다. 그러던 어느 날, 나를 구슬려 집 밖으로 끌어내서는 근처의 원예 상점 겸 카페로 데려갔다. 평범한 하루 같아 보

---

* 영국의 계관시인으로, 평범한 삶의 단면을 소재로 시를 썼다.

인다고? 코츠월드의 원예 상점 카페 대부분이 그러하듯, 그곳도 연한 홍차를 마시며 베고니아를 사는 보수적이고 나이 지긋한 여성이 가득할 터였다. 하지만 나는 거길 방문하는 일에 큰 각오가 필요했다. 너무 붐비고 너무 시끄럽고 너무 정보가 많은 곳이었기 때문이다. 정확히 이런 걸 피하고자 채소밭으로 달아났는데.

하지만 엄마는 나를 잘 알았다. 클로티드 크림*과 딸기 잼을 듬뿍 바른 과일 스콘, 그리고 씨앗 쇼핑을 향한 기대가 내게 강력한 동기를 부여했다. 최고의 스콘도 아니었고 불안감도 여전했지만, 그래도 한 걸음 나아간 셈이었다.

원예 상점 카페의 스콘보다 엄마가 평소에 만드는 스콘이 훨씬 맛있다. 엄마의 요리법은 오래되고 낡았지만 많은 사랑을 받아온 델리아 스미스**의 요리책에 나온 요리법을 약간 변형한 것이다.

### 재료
(열두 개 분량 기준)

버터 40g, 깍둑 썬 후 부드럽게 녹이기
밀가루 225g, 베이킹파우더가 첨가된 것
고운 설탕 25g
건포도 한 줌
일반 우유 150ml

---

\* 영국 데번과 콘월 지방의 특산품으로, 일반 생크림보다 농도가 더 짙고 꾸덕꾸덕하며 버터 같은 풍미를 지니고 있다.
\*\* 영국의 국민 요리사.

오븐을 210℃로 예열한다(정말 중요하다).

우묵한 그릇에 밀가루와 버터를 넣고, 손가락 끝으로 가볍게 비비듯 섞어 모래 같은 질감이 되도록 한다. 여기에 설탕과 건포도를 넣고 버터나이프로 다시 한번 섞어준다.

조금씩 우유를 부어가며 버터나이프로 반죽을 자르듯 섞는다. 이때 꼭 버터나이프를 사용해야 한다. 왜 그런지는 모르겠지만, 믹서기를 사용하면 실패하기 쉽다.

손에 밀가루를 묻혀 반죽을 동그랗게 뭉친 다음, 밀가루를 뿌린 작업대에 올려놓는다. 손바닥으로 두드려 반죽을 3cm 두께로 편 후, 지름 4cm의 쿠키 커터로 스콘 열두 개를 찍어낸다. 커터를 반죽에 대고 누를 때 비틀어 찍어내서는 안 된다. 스콘의 모양이 틀어지기 쉽다. 남은 반죽을 다시 모아 3cm 두께로 펴고, 스콘을 더 찍어낸다. 전문 제과사라면 반죽에 여러 번 손대는 과정에 질색할지도 모르겠다. 반죽을 필요 이상으로 주무르면 결과물이 딱딱해질 수 있기 때문이다. 하지만 여기가 '포트넘 앤 메이슨' 같은 고급 제과점도 아니니 괜찮지 않을까? 그냥 지나치게 주물럭대지만 말자.

스콘 생지를 논스틱 베이킹 시트 위에 올리고 10~12분간 혹은 부풀어 오르며 살짝 갈색이 돌 때까지 굽는다.

만든 날 다 먹기를 권한다. 어려운 일도 아니다.

# August

8월,
신선한 풀내음이 피어오른다.

## *August*
### 8월

## 해야 할 일은 하나뿐,
## 정해진 루틴이 주는 위안

**채소밭에서…**

바삐 움직이는데도 마음은 평화롭다. 게으름을 피우는데도 수확물이 넘쳐난다. 8월의 채소밭은 이렇듯 모순으로 가득하다. 풍성하게 달리는 채소를 쉴 새 없이 딴다. 돼지호박이 자라는 속도가 부담스럽기까지 하다. 비가 오지 않는 날에는 물 주기에 시간을 많이 들이느라 탐스러운 작물을 수확하고 관리할 틈이 부족할 때도 있다. 하지만, 바삐 해치워야 할 농사일은 더 이상 없다. 필요한 작물은 이제 전부 심었다. 겨울에 먹을 십자화과 채소는 물론, 내년에 먹을 리크까지. 이제 가을 추위가 시작되기 전에 재빨리 키워낼 수 있는 '틈새 작물'인 상추의 씨앗을 한 번 더 뿌리는 일 정도만 남아 있다.

물 주기, 수확하기, 잡초 뽑기 등 밭 관리에 필요한 자잘한 일거리만 남아 있기에 농사꾼은 이제 여유롭다. 하지만 나 같은 유기농 재배자에게는 잔손 가는 일이 늘 남아 있다. 해충을 막거나 거름을 줄 때, 화학 약품의 도움을 받지 못하고 오롯이 제 손으로 해결해야 하기 때문이다. 이를테면, 나는 십자화과 채소를 배추흰나비의 습격으로부터 막아주는 그물망을 매일 확인하고, 그 방어망을 (날개가 찢어질 정도로) 애써 뚫고 들어온 나비가 낳은 알 무더기를 잎에서 털어낸다. 고맙게도 형광 노란색의 알은 눈에 잘 띈다. 또, 매주 손이나 괭이로 잡초를 뽑고 (해조류 액비나 닭똥 비료로) 식물에 영양을 공급한다. 토마토에는 거의 날마다 물을 준다. 식물이 건강해야 해충 피해를 덜 입거나 병에 덜 걸리니까. 텃밭 농사를 시작한 이후 줄곧 이렇게 해왔다. 환경보호를 하겠다는 둥 거창한 생각에서 시작한 행동이 아니었다. 그런 생각은 나중에 들었다. 그저 경고 문구로 가득한 병 속에 담긴 화학물질을 뿌린다는 게, 그것도 나중에 내가 먹을 음식 위에 뿌린다는 게, 음, 그냥 어리석게 느껴졌기 때문이다. 굳이 그럴 필요도 없는데.

그래서 유기농 재배자는 여름에도 손이 바쁘다. 그래도 나무 그늘에서 느긋하게 보낼 시간이 부족하지는 않다. 나른한 여름 오후, 사과나무에 등을 기댄 채 거친 나무껍질이 찔러대는 동안 꾸벅꾸벅 졸기도 한다. 반짝이는 연두색 토마토 덩굴을 손끝으로 쓰다듬으면 신선한 풀내음이 피어오른다. 멍하니 향기에 취해 햇살에 데워진 토마토로 만든 저녁 샐러드를 꿈결처럼 떠올린다.

***

땅에 구멍을 낸다. 그 구멍에 리크를 심는다. 약 20센티미터 정도 옆으로 이동한다. 땅에 구멍을 낸다. 리크를 심는다. 약 20센티미터 정도 옆으로 이동한다. 같은 일을 반복한다. 앞으로 100개 더 심어야 한다.

그래서 지난 대화를 곱씹거나 스스로를 탓할 겨를이 없다. 내일 어떤 재앙이 닥칠지 걱정할 틈도 없다. 눈앞의 일에 적당히 집중해야 해서 마음이 자연스럽게 지금 여기 머문다. 그렇다고 너무 복잡해서 불안을 부를 정도는 아니다.

이게 바로 리크를 심을 때 벌어지는 일이다. 리크 심기는 꽤 고되다. 리크의 흰 줄기는 자연적으로 생기는 것이 아니라 빛을 억지로 차단하며 길러낸 결과다. 그 과정은 이렇다. 재배자는 퇴비 쟁반에 리크 씨를 뿌리고, 새순이 자라나면 뿌리째 뽑는다. 그리고 흙에 깊게 구멍을 파서 끝부분만 땅 위로 드러나도록 하나씩 심는다. 말하자면, 산 채로 묻는 셈이다. 그러면 식물은 당황해 빛을 찾아 에너지를 온통 줄기로 몰아준다. 한마디로, 리크의 달고 연한 줄기는 엽록소는 부족하고 스트레스는 가득한 삶의 결과물이다.

옮겨 심는 단계, 즉 소중하고 연약한 리크 순을 구멍에 파묻고 이렇게 연약한 것이 산 채로 묻혀서 정말 살아남을 수 있을까 하고 의아해하는 일은 모두 한여름에 이루어진다. 그리고 (확신컨대, TV 프로그램인 〈가드너스 월드〉처럼) 인턴들이 흙을 체로 곱게 쳐준 게 아니라면, 이 일은 정말 허리가 끊어질 정도로 힘들다. 이쑤시개로만 콘크리트에 구멍을 내는 일만큼이나. 온종일이 걸리고, 일을 마치고 나면 온몸이 햇볕에 타고 땀으로 범벅이 되어 탈진 상태가 된다. 선크림 때문에 눈은 따갑고 무릎에는 흙이 덕지덕지 묻어 있다. 빌어먹을 디버(구멍 뚫는 도구)를 땅속 깊이 박을 때면 근육이 덜덜 떨린다. 호스로 물을 흘려보내 흙이 리크 주변을 부드럽게 감싸도록 '흠뻑 물 주기'를 하고 있으면, 허리가 쑤시고 디버 끝을 누르느라 벗겨진 손바닥이 쓰라리다. 이럴 때는 개인 수영장에 몸을 담그고 있는 리크가 괜히 부럽다. 호스를 돌려 시원하게 물세례를 맞으며 잠시 쉬고 싶어진다. 힘을 아껴 구멍을 얕게 파고 싶은 유혹도 스멀스멀 올라온다. 하지만 지금 대충 심으면, 다가오는 겨울에 짤따란 리크라는 벌을 받게 될 것이다.

    이제 힘든 일은 끝났다. 교과서가 말하듯, 7월이 끝나기 전에 리크를 땅에 심었다면, 정신이 없다는 핑계로 한 달 늦게 허겁지겁 쑤셔 넣은 게 아니라면, 이제는 그저 편히 앉아 쉬며 크리스마스 무렵 수확할 날만 기다리면 된다. 보통 그날은 황량한 한겨울의 어느 날일 것이다. 그때쯤이면 제멋대로 무성해진 초록 식물로 뒤덮여 풍요롭던 텃밭은 한낱 꿈처럼 느껴지고 목덜미를 까맣게 태운 강렬한 태양도 도무지 떠올릴 수 없게 된다. 바로 그때, 여름날 고생하며 리크를 심었던 과거의 자신에게 고마운 마음이 든다. 포크로 얼어붙은 땅을 들춰 리크 몇 개를 캐내어 부엌으로 가져가, 달콤하고 부드러우며 마음을 따뜻하게 데워주는 치즈 리크 그라탕을 만들면서.

*

    리크 심기는 대부분의 채소 가꾸기와 마찬가지로 사람을 몰입하게 한다. 육체적으로는 힘들지만, 정신적으로는 오히려 편안하다. 그래서 원예는 재활 치료법의 하나로도 쓰인다. 예측 가능하고 반복적이며 몰입할 수 있는 이 활동은 마음이 복잡할 때 필요한 모든 요소를 갖추고 있다. 실제로 효과적이라는 연구 결과도 있다. 전문가들은 이를 '에코 테라피' 혹은 '원예 치료'라고 부르는데, 연구에 따르면 이런 프로그램에 참여하면 불안과 우울이 줄어들 뿐 아니라 취업 기회와 사회적 소속감도 함께 높아진다고 한다. 정신 질환을 앓는 사람들에게 원예 활동의 기회를 제공하는 자선단체도 여럿 있다. 예를 들어, 우리 집 채소밭 옆길 아래쪽에 자리한 '브라이드웰 오가닉 가든'은 담장으로 둘러싸인 정원과 채소밭, 포도밭을 갖춘 곳이다. 붉은 벽돌 담 사이에 있는 철제문을 열고 들어서면, 고요하고 아름다운 작은 에덴동산이 눈앞에 펼쳐진다. 놀랍게도 다정하고 자비로운 공동체가 아무것도 없는 데서 하나부터 열까지 손수 일구어낸 곳으로, 누구든지 이 낙원에 반갑게 맞아들일 준비가 되어 있다. 사람들이 이곳에서 평화와 희망을 찾는 것도 놀랄 일은 아니다.

 원예 프로그램이 효과적이라는 사례가 많고, 그 효과를 수치로 입증한 연구도 적지 않다. 하지만 *왜* 그런 효과가 나타나는지는 아직 베일에 싸여 있다. 원예의 어떤 점이 도움이 되는 걸까? 자연과의 연결 때문일까? 아니면 그로 인한 마음챙김 효과 때문일까? 운동이 되어서? 다 맞는 말처럼 들린다. 하지만 *왜* 그런지는 여전히 불분명하다. 내가 본 한 연구에서는 손으로 흙을 만지면 흙 속의 미생물이 우리 몸의 신경을 자극해 세로토닌 생성을 촉진하는데, 그 효과가 항우울제인 프로작과 맞먹는 수준이라고 한다.

내 생각엔, 과학이 인간과 자연이 연결될 때 나타나는 긍정적인 결과를 수치로 보여줄 순 있어도 그 이유까지 설명하지는 못하는 건 그것이 영적인 영역에 닿아 있기 때문인 듯하다. 나는 공식적으로 무신론자이며 비과학적인 것에는 알레르기 반응을 보이는 사람이지만, 채소밭 가꾸기에 몰입해 있을 때면 나 자신이 훨씬 더 크고 본질적이며 순수한 무언가와 연결되어 있다는 느낌을 받는다. 삶의 본질로 이어지는 무언가와. 그게 무엇인지 완전히 이해할 수는 없겠지만, 그 경이로움에 놀라고 그 안에서 위안과 기쁨, 희망을 찾을 수는 있다. 건축가 프랭크 로이드 라이트는 이렇게 말했다. "나는 자연의 첫 글자를 대문자로 쓰고, 그것을 나의 교회라 부른다." 그의 말에 전적으로 동감한다. 자연은 나를 위로하고 삶의 가치를 일깨운다. 여기에 신은 필요 없다. 내게 필요한 모든 위로는 자연 안에 있다. 나의 도덕적 나침반도 자연에서 비롯된다. 자연이야말로 진짜 현실이다. 초자연 따위는 무시하자. 중요한 것은 지구고, 자연이며, 생명이다. 그리고 우리가 그 일부임을 기억하는 순간, 마음이 치유되기 시작한다.

\*

그해 8월, 나는 작은 육묘 상자에 담긴 리크 모종을 샀다. 당시에는 4월에 미리 리크 씨를 뿌려 연필 굵기만큼 키워놨어야 했다고 자책했는데, 지금 돌아보면 그 생각이 우스울 따름이다. 하루하루 통근 열차에도 벌벌 떨며, 다락방 회의실에 숨어 지내고, 뉴욕으로 당일치기 출장까지 다니던 상황에서 그럴 겨를이 있었을 리가. 그래도 다행히 온라인에서 할인된 가격으로 모종 상자를 몇 개 살 수 있었고, 그것들을 8월의 뜨겁고 단단한 땅에 디버를 이용해 심었다. 한 달 늦긴 했지만, 어떻게든 리크 모종을 심었다는 사실 자체가 작은 위안이 되었다. 오믈렛조차 만들 기운이 없던 때였지만, 며칠에 한 번씩 밭에 가는 이 단순한 루틴은 아무 생각 없이 할 수 있었다. 그저 터벅터벅 발걸음을 옮긴 뒤, 조용히 일을 시작했다. 일종의 명상처럼. 해야 할 일은 하나뿐이었고, 그 일은 단순하면서도 만족스러웠다. 아무것도 결정할 필요 없이, 그저 구멍만 파면 되니까. 게다가, 무의미하지 않고 희망이 담긴 일이었다. 모종들이 자라리라는 희망. 그때는 뭐라 표현해야 할지 몰랐지만, 모종이 다 자랄 때까지 버텨야 한다는 생각은 어렴풋이 했다. 수확을 생각하면 미래에는 상황이 좋아질 거라는 막연한 느낌이 따라왔다. 좋은 일이 기다리고 있다. 밭일하는 동안, 나는 현재에 완전히 몰입했다. 지금 이 순간이 내 삶의 중심이었다. 평온하고 희망이 느껴지며 치유가 되는 순간이었다.

이 순간은 오랜 기간 쳇바퀴 돌듯 살아온 내게 꼭 필요했던 시간이었다. 과거의 나는 스스로를 멀티태스킹의 달인이라고 믿었다. 런던행 기차 안에서 노트북으로 파워포인트를 고치며, 특실 승객에게 제공되는 뜨거운 차를 급히 들이켰고, 블랙베리로 메시지를 확인하면서 동시에 이어폰으로 전화 회의에 참석했다. 그러면서 이 모든 게 별거 아니라고 생각했다(트위터와 인스타그램이 활발해지기 전이라 정말 다행이지 뭔가). 차를 쏟지도 않았고, 전화 회의 참석자들도 내가 세 가지 일을 동시에 하고 있다는 사실을 몰랐으니까. 나는 내가 잘하고 있다고 믿었지만, 실제로는 어느 것에도 온전히 집중하지 못하며 살고 있었다. 너무 많은 것을 한 번에 머릿속에 담으려 애쓰는 삶이었다. 동시에 너무 많은 프로그램을 실행 중인 낡은 컴퓨터처럼. 그러니 내 정신이 램 과부하로 멈춰버린 것도 당연했다.

하지만 채소밭에서의 삶은 훨씬 단순했다. 오직 한 가지 일에만 집중했고, 내 정신을 흐트러뜨릴 만한 다른 자극은 존재하지 않았다. 또, 밭일은 내게 위안을 주었다. 나는 수백 년 동안 나처럼 리크를 심고 모종 주변에 물을 듬뿍 붓던 다른 채소 재배자들을 상상하곤 했다. 수 세대를 거치는 동안 늘 똑같은 풍경 속에서 반복되어 온 일을 하니 시간의 흐름에서 벗어난 듯 느껴졌다. 런던에서의 삶과는 전혀 다른 세계였다. 만물이 끊임없이 변화하고 움직이는 그곳에서는 조그만 자극에도 재빨리 반응해야 했다. 반면 여기, 리크 옆에서 나는 이 땅, 이 풍경, 그리고 앞선 수 세대의 농부들과 이어져 있다는 느낌을 받았다.

채소를 기른다는 건 결국 '연결'을 경험하는 일이다. 밭일을 하다 보면 공간과 연결되어 있다는 감각이 밀려온다. 흙 옆에서 오랜 시간을 보내다 보면 흙의 성질에 대해 세세히 알게 된다. 어디가 점토질이고 어디가 물 빠짐이 좋은지. 메꽃 덩굴이 유독 잘 퍼지는 곳은 어디인지. 또, 지난해 귀찮음에 퇴비를 한꺼번에 쏟아부은 탓에 유난히 기름진 곳은 어디인지. 그렇게 땅뙈기의 구석구석을, 그곳 토양의 특성을 알게 된다. 오전 6시 32분발 패딩턴행 열차의 구석구석에 대한 지식보다 건강한 지식이다(참고로, C칸 43번 좌석에는 정체 모를 얼룩이 있고, F칸 중간 통로 좌석에는 코를 크게 고는 승객이 자주 앉으며……).

내가 느낀 연결감과 몰입감이 유독 강렬했던 건 내가 몰입한 *대상* 때문이었다. 어떤 이들은 음악이나 책 속에서 위안을 얻는다. 다른 세상으로 가는 탈출구가 되어 나름대로 도움을 주는 것들이다. 하지만 채소를 기르며 내가 몰입한 대상은 *생명*이었다. 삶 자체였다. 어딘가 다른 곳이 아니라, 지금 이곳의 삶. 가장 근본적이고 원초적인 삶. 씨앗이 자라 식탁에 오르기까지, 채소의 여정을 지켜보며 나는 창조의 본질을 가장 가까이에서 체험했다.

*

정원에서 내 마음이 최고로 환해지는 순간이 두 번 있다. 채소의 여정이 시작될 때와 끝날 때다. 먼저는 싹이 텄다는 사실을 알아차리는 순간이다. 하지만 그 장면을 딱 맞춰서 보기란 쉽지 않다. 처음에는 거의 매일 나가서 씨를 뿌린 자리를 들여다보곤 했다. 성공을 향한 욕망이 여전히 살아 숨 쉬며(강철 장화를 신은 발로 걷어차며) 나를 몰아붙였기 때문이다. 뚫어져라 땅을 쳐다보아도 보이는 게 하나도 없는 날들이었다. 끝내 싹이 트지 않는다면, 내 인생의 수많은 실패 목록에 하나를 더 추가하게 될 터였다. 우울증이란 늘 그런

식이다. 만사를 부정적으로 보게 한다. 인생에서 잘 풀리지 않은 일들을 개인적인 실패의 증거로 어두운 미래의 징후로 믿게 하며 스스로가 부족하다는 생각을 심는다.

"캐시는 상추 싹도 못 틔웠어요. 그걸 보면, 얼마나 쓸모없는 사람인지 알 수 있죠. 그럴 줄 알았어요. 최소한의 기준도 허구한 날 통과 못 하잖아요. 사실, 형편없는 인간이에요. 그냥 포기합시다."

물론 상추 재배 능력이 사람의 가치를 결정하지는 않는다. 나도 저 말이 헛소리라는 걸 안다. 하지만, 우울할 때는 전부 내 탓인 양 느껴졌다. 우울증은 그렇게 만사를 지독하게 왜곡했다.

그러니 상상해 보라. 지독한 자기혐오에 빠져 정원을 거닐던 어느 날, 널따란 화단 텃밭에서 초록색 얼룩 하나가 눈에 들어온다. 잡초겠지, 내 마음이 회의적으로 말한다. 하지만 더 가까이 다가가 들여다보니, 얼룩은 가느다랗고 연한 연두색 줄기로 반쯤 구부러져 있다. 흙을 뚫고 나온 지 몇 시간 되지 않은 것처럼 보인다. 줄기 끝에는 얇고 섬세한 떡잎 한 쌍이 말린 채 달려 있다. 갓 돋아나 깨끗하고 윤이 난다. 이 자그마하고 찢어질 듯이 가냘픈 생명체는 그 몸에 어울리지 않는 강한 힘으로 자기를 덮고 있던 흙더미를 밀쳐내고, 내가 상추 씨를 뿌리고 표시해 둔 줄 옆에 짠 하고 모습을 드러냈다. 표시한 줄을 따라 눈길을 옮기자, 같은 모양의 떡잎을 단 개척자가 둘, 아니 셋 더 있었다. 더는 부정할 수 없다. 상추가 싹을 틔웠다.

놀라서 소리를 질렀다. 상추다! 어머나 세상에! 어제까지만 해도 실패와 절망뿐이었다. 무생물 같은 고집불통 씨앗들만 있었다.

내가 쓸모없음을 증명하는 확실한 증거. 하지만 오늘, 생명이 나타났다. 그러자 내 안에서……. 잘 모르겠다. 너무 오래 느껴보지 못한 감정이다. 가슴 깊은 곳에서 불안도 두려움도 슬픔도 아닌 무언가가 끓어오른다. 짧은 순간, 낯선 감정 하나가 튀어나온다. 뭐지? 혹시…… 희망?

지금, 여기, 속눈썹만 한 초록빛 자투리에서, 세상에서 사라졌다고 생각했던 모든 빛을 발견한다. 이 순간, 나는 기쁨을 느낀다. 순수한 즐거움, 어린아이가 느낄 만한 경이를 경험한다. 자연의 굉장한 생명력과 창조성에 진심으로 놀란다. 작은 씨앗이 두터운 흙더미 속에서 아무 도움 없이 스스로 자라날 힘과 용기를 품고 있었다니 얼마나 대단한지. 잠자는 아기를 들판에 떨어뜨려 놓고는 스스로 먹고 입고 교육받기를 기대하는 것과 마찬가지인데.

나는 새싹을 보며 어떤 은유를 떠올리지는 않았다(이 책은 90년대 사무실에 걸려 있던 동기부여 포스터가 아니니까). 그보다는 자연의 가장 순수하고 비밀스러운 모습을 정면으로 마주했다. 그리고 거기에서 희망과 위로를 보았다. 세상의 숨겨진 작동 원리를, 무의미하고 어수선한 인공적인 삶 뒤에서 진짜로 무슨 일이 벌어지고 있는지를 들여다보도록 허락받았다. 이 땅의 진짜 모습을 보았다. 기쁨과 보살핌, 희망이 가득한 세계. 이곳에 내 머릿속 어둠을 치료할 해독제가 있었다. 내가 있어야 할 곳은 바로 여기였다.

새싹이 주는 환희에 사로잡힌 나는 채소 재배에 완전히 빠져들었다. 빈 땅만 보이면 씨를 뿌렸다. 파종하기에 이미 한참 늦은 시기였지만 아랑곳하지 않았다. 거의 광적으로 씨앗을 심었다. 땅에서 초록빛 새싹이 돋아나 세상에 여전히 생명과 희망, 기쁨이 존재한다는 걸 보여줄 수만 있다면 뭐든지 했다. 헛간에 버려진 바구니에서 찾은 유통기한이 지난 정체불명의 봉투 속 씨앗도 뿌렸고, 슈퍼마켓에서 먹으려고 산 허브 화분에서 허브 몇 줄기를 뽑아내 여기저기 심었다. 또, 온라인으로 모종판도 한 무더기 주문했는데, 몇 주뒤 택배가 도착할 때까지 어디서 뭘 샀는지도 잊고 있었다. 그래서 부랴부랴 그걸 심을 땅 한 귀퉁이를 찾아야 했다. 끝없이 하고 싶을 만큼 즐거운 일이었다. 진심으로 마음이 안정되는 경험이었다.

\*

마음이 치유되는 또 하나의 순간은 내가 기른 채소를 먹을 때다. 여기, 식탁 위에 상추가 있다. 넉넉한 크기의 잎 몇 장이 접시를 가득 채운다. 너무 손대지 않으려 조심한다. 소금 한 꼬집, 기름 약간, 레몬즙 조금. 상추의 싱싱한 맛을 방해해서는 안 되니까. 한입 가득 입에 넣으면 아삭한 식감과 함께 은근한 단맛이 부드럽게 퍼진다.

지금 먹고 있는 이 상추는 불과 4주 전만 해도 세상에 존재하지 않았다. 잠시 생각해 보자. 이 상추는 내가 씨앗을 땅에 심었기 때문에 지금 존재한다. 바늘구멍만큼 작던 씨앗이 햇빛과 흙만으로 이렇게 통통하고 즙 많은 상추로 자라났다. 그러니 나는 지금 햇빛과 흙을 먹고 있는 셈이다. 이런 생각을 하면 경외감에 절로 마음이 벅차오른다.

## 상추 샐러드 드레싱

초벌 상추에는 엑스트라 버진 올리브유와 소금, 신선한 레몬즙만 살짝 뿌려도 충분하다. 귀하고 특별한 맛이기에 더 이상의 양념은 필요하지 않다. 하지만 수확이 늘어나 상추가 넉넉해졌다면 맛있는 드레싱을 한번 만들어봐도 좋겠다. 다음의 재료를 병에 넣고 잘 흔들어 섞는다. 좋은 올리브유 3큰술, 사과 식초 1큰술(구할 수 있다면 사과 발사믹 식초처럼 약간 달콤한 식초도 좋다), 디종 머스터드 1작은술, 꿀 1/2작은술, 소금 한 꼬집, 뜨거운 물 1큰술. 기호에 따라 간 마늘이나 다진 허브를 추가한다.

샐러드 그릇에 드레싱을 적당히 붓고 상추를 넣은 후, 손으로 살살 버무린다. 드레싱 양이 과하지 않도록 주의한다. 양념 맛이 앞서는 샐러드만큼 최악인 요리는 없다.

\*

상추를 두 입째 먹으며, 나는 자연의 초능력에 감격한다. 진심으로 깊이 감사한다. 요즘은 감사를 이용한 감성팔이가 넘쳐난다. '감사하다'거나 '축복받았다'는 말이 내겐 오글거리고 공허한 상투어처럼 들릴 뿐이다. 감사한 일의 목록을 작성하라는 말을 들으면(인스타그램의 유명 전문가들은 하나같이 감사 일기를 쓰라고 충고하는데, 나는 절대로 싫다), 사람들은 대체로 뻔한 이유를 줄줄이 늘어놓는다. 내 생각에 이런 방법은 애초에 행복한 사람이 아니면 별 도움이 되지 않는다. 그래, 내게는 아름다운 집과 멀쩡한 사지, 사랑하는 가족이 있다. 나도 안다. 하지만 그렇다고 해서 내 기분이 좋아지지는 않는다. 나는 우울증 환자이기 때문이다. 그게 바로 우울증이다. 그러니 이런 식으로 자신이 지닌 축복을 하나하나 따지는 일은 무의미하다. 사랑, 건강, 자연 같은 대상을 추상적으로 바라보면, 그 범위가 너무 넓고 의미도 흐릿해져 결국 별 감흥을 주지 못한다.

채소는 다르다. 직접 기른 것을 먹는 순간, 막연했던 감정이 구체적으로 다가온다. 이 접시 위에 땅이 무(無)에서 유(有)를 창조해 낸 아주 순수한 증거가 놓여 있다. 그리고 그 과정을 나는 처음부터 끝까지 지켜보았다. 상추 한 입을 통해, 나는 인간과 땅 사이 수천 년간 이어져 온 가장 기본적이고 중요한 교환에 참여한다. 전 세계에서 날마다 무수히 일어나고 있는 흔한 일이지만, 본질적으로 이 교환이야말로 삶에 진정으로 필요한 전부다. 나는 그 과정을 처음부터 끝까지 작게나마 함께했다.

세 입쯤 먹자, 이 성공에서 어느 정도 내 몫을 인정할 마음이 든다. "내가 해냈어." 물론, 앞서 말했듯이, 전적으로 내 공로는 아니다. 하지만 내가 주체적으로 움직여 다소 이바지한 건 사실이니까. 밭을 갈고 씨를 뿌리고 물을 줬다. 적어도 보모 노릇 정도는 한 셈이다.

최근 나는 주체성이 매우 부족했다. 가장 마음이 어두웠던 시기에는 사실상 혼자 힘으로 아무것도 할 수 없었다. 가슴속의 납덩이가 너무 무거워서 침대에서 일어날 때도, 샤워할 때도, 토스트를 먹을 때도 항상 누군가의 도움을 받아야 했다. 그런데 지금 여기 내게, 나만의 상추가 있다. 참하고 매끈하고 깨끗한 상추 한 포기가 내 손을 거쳐 접시 위에 오른다. 깊고 근본적인 만족감이 느껴진다. 내가 무언가를 만들어냈구나. 아름답고 쓸모 있는 무언가를. 한때는 잘 만든 파워포인트 자료를 보며 뿌듯함을 느꼈다(그때는 파워포인트 자료도 아름답고 쓸모 있다고 생각했다). 또, 패딩턴 역 출구와 가장 가까운 열차 칸을 정확히 선택했을 때도 작게나마 주먹을 불끈 쥘 만큼의 만족감이 들었다. 이제 나는 똑같은 뿌듯함을 상추 한 접시에서 얻는다. 세상만사는 변하기 마련이다.

*

채소를 길러 먹는 일에 몰두하며 나는 잃어버렸던 세상과 다시 연결되었다. 자연을 가까이서 마주하면서 이게 진짜 삶이라는 사실을 깨달았다. 런던에서 내가 속해 있던 인위적인 세상은 진짜가 아니었다.

내가 그토록 집착했던 우선순위, 가치관, 권력 구조는 결국 사람이 만들어낸 것에 불과했다. 인간의 집단적 사고 속에서만 존재하는 허약한 발명품일 뿐이었다. 한때, 나는 그런 삶이 진짜라고 믿었다. 하지만 진짜 삶은 채소밭, 곧 자연 속에 있었다. 여기가 세상의 중심이었다. 내가 벗어난 그 거품 속이 아니라. 이곳에서는 만사가 단순하고 분명했다. 텃밭에 있으면, 우리가 살아가는 이 사회가 궁극적으로는 그다지 중요하지 않다는 사실을 계속해서 떠올리게 된다. 진짜 중요한 것은 우리를 둘러싼 자연이라는 사실을 깨닫게 된다. 진짜 삶은 자연 속에 있다. 내가 있어야 할 곳은 여기다. 여기가 나의 집이다. 이 모든 깨달음이 리크 하나를 심는 데서 비롯되었다니. 그러니 이 밭이 앞으로 또 무엇을 가르쳐줄지.

## 버섯과 밤, 리크가 들어간 파스티야

리크가 제철을 맞으면, 내가 가장 먼저 만드는 요리는 북아프리카 전통 요리 '파스티야'의 채식 버전이다. 원래 파스티야에는 잘게 찢은 고기(보통 비둘기 고기), 달걀, 향신료, 슈거파우더, 아몬드 슬라이스가 들어가는 만큼, 아래의 재료가 다소 낯설게 느껴질 수도 있다. 하지만, 맛은 정말 끝내준다. 리크와 밤의 단맛, 버섯의 깊은 감칠맛이 아름답게 어우러져, 편안하면서도 새로운 맛으로 탄생한다.

**재료** (넉넉한 4인분 기준)

버터 50g, 추가로 필로 반죽에 바를 녹인 버터 약간
버섯 300g, 대충 다지기
리크 큰 것 5개(보통 크기라면 6개), 얇게 썰기
달걀 3개, 풀어놓기
파슬리 1줌, 잘게 다지기
익힌 밤 150g, 대충 다지기

아몬드 슬라이스 4큰술
계핏가루 2작은술
슈거파우더 1큰술
필로 페이스트리* 생지 6장

---

프라이팬에 버터 40g을 녹이고 버섯을 중강불에서 3~4분간 볶는다. 불을 줄이고 리크와 소금 한 꼬집을 넣은 다음, 리크가 부드러워지고 단맛이 돌 때까지 10~15분간 은근히 익힌다. 갈색이 되기 전에 불을 끄고, 따로 식힌다. 그동안, 다른 프라이팬에 나머지 버터를 녹여 달걀을 약불에서 조심스레 스크램블로 익힌다. 달걀이 완전히 익기 전에 불에서 내려 소금과 후추를 넉넉히 넣고 잘게 썬 파슬리를 더한 뒤, 이것도 따로 식힌다. 우묵한 그릇에 익힌 리크, 채소, 달걀을 넣고 잘 섞은 다음, 익힌 밤, 아몬드 슬라이스, 계핏가루, 슈거파우더를 넣어 한 번 더 섞는다. 마지막으로 간을 확인한다. 대체로 싱거워서 소금을 더 넣어야 할 것이다. 잠시 식도록 놔둔다.

오븐을 180℃로 예열한다.

파스티야는 틀에 넣어 구워도 좋고, 자유롭게 모양을 잡아 구워도 좋다. 틀을 사용할 때는 바닥이 분리되는 지름 20cm 케이크 틀 안쪽에 녹인 버터를 약간 바르고, 필로 페이스트리 생지 한 장을 깐다. 여기에 다시 버터를 바르고, 또 다른 생지 한 장을 아래 것과 45도 각도로 겹쳐

---

* 얇게 겹겹이 쌓은 파이 반죽의 일종으로 바삭한 식감을 낸다.

올린다. 생지의 끄트머리는 케이크 틀 밖으로 늘어뜨린다. 이 과정을 세 번 더 반복한다. 준비한 파스티야 속 재료를 틀에 채운다. 그 위에 남은 생지 한 장을 덮고, 가장자리를 바깥으로 나와 있던 생지 끄트머리와 함께 위로 모아 주름지게 접어 파이 윗부분을 봉한다. 틀 없이 만들 때는 버터를 바른 필로 페이스트리 생지 5~6장을 45도 각도로 겹쳐 쌓고 가운데에 속 재료를 올린다. 그다음, 생지 가장자리를 위로 들어 올려서 자연스럽게 뭉쳐 속을 감싼다. 보자기를 엉성하게 묶거나 크리스마스 푸딩을 만들 때처럼 구기거나 뭉치면 된다. 표면에 녹인 버터를 바르고 파이에 황금빛 갈색이 돌 때까지 30~40분간 굽는다.

겉이 노릇노릇해지면 오븐에서 꺼낸다. 틀을 사용했다면 틀에서 꺼내 신선한 초록 샐러드와 함께 낸다.

# September

9월,
작은 기적, 마법 같은 변화

## *September*
### 9월

### 혼자 있으면서도 외롭지 않은
### 유일한 피난처

**채소밭에서…**

내가 가장 좋아하는 달이다. 새 학기가 시작되는 달. 상점들은 놀랍게도 벌써 핼러윈 준비를 시작한다. 사람들은 이제 시계를 한 시간 뒤로 돌려야 한다고 말한다. 여름이 막을 내렸다는 신호다. 게으른 8월과 작별하고 다시 일터로 돌아간다. 책상 앞에 앉아 멍하니 가을 축제의 캐러멜 사과를 떠올린다. 하지만 날씨는 여전히 화창하고, 때론 6월보다 더 온화한 날들이 이어진다. 바질, 토마토, 가지 같은 수확물의 향기는 지중해에서 보낸 휴가를 떠올리게 한다. 밖에서 점심을 먹을 때도 얇은 스웨터 하나만 걸치면 충분하다. 구운 채소에 모차렐라 치즈와 잘게 찢은 허브를 흩뿌린 화려하고 풍성한 샐러드가 접시를 채운다. 모두가 여름을 뒤로하고 떠난 사이, 나 혼자 남아 여름을 독차지하는 기분이다. 영화가 끝나고 자막이 다 올라간 뒤에도 자리를 지키는 사람처럼,

자연을 잘 아는 사람만이 누릴 수 있는 비밀 앙코르다.

9월 말이 되면 텃밭은 그 어느 때보다 풍성해진다. 여름 수확과 가을 수확이 잠시 겹치는 짧지만 찬란한 순간이다. 대개 완두콩은 이맘때쯤이면 수확이 끝나지만, 긴 여름 햇살을 듬뿍 받아 탐스럽게 영근 강낭콩, 돼지호박, 옥수수, 토마토는 아직 잔뜩 남아 있다. 여기에 짙은 청록색과 그을린 황토색을 띤 가을 채소들, 비트, 당근, 케일, 순무, 카볼로 네로(이탈리아 케일)까지 더해져 수확 바구니 안은 풍요로운 무지갯빛으로 반짝인다.

*　*　*

우울증을 치료하는 방법으로 친목은 그럴듯해 보이지만 적절하지 않은 방법이다. 친구들과 어울리면 기분이 좋아질 거라고들 흔히 말하지만, 헛소리다. 사람들이 나를 걱정한다는 사실을 아는 건 확실히 도움이 된다. 하지만 '밖에 나가 사람들과 어울리라'는 말은 '기운 내'만큼이나 마음을 다잡는 데는 전혀 도움이 되지 않는다. 내 말을 믿어주길. 그렇게 간단했으면 진작 그렇게 했을 것이다. 나에게 사람들과 함께 있는 자리는 수치심이 가득 든 판도라의 상자를 여는 일과 마찬가지다. 그들의 눈으로 나를 바라보며, 최악의 평가를 스스로 내린다. 이 사람들이 나를 어떻게 생각할까? 사랑도 성공도 돈도 다 가진 여자. 그런데도 행복하지 않단다. 분에 넘치는 특권을 누리면서도 감사할 줄 모르는 배은망덕한 인간. 분명 싫은 존재겠지. 사람들 곁에 있으면 위로를 받기는커녕, 오히려 그들에게 불편함과 실망감만 안겨주고 있다는 죄책감과 부끄러움에 짓눌렸다. 알몸으로 수녀와 마주 보고 대화를 나누는 기분이었다. 끔찍했다.

그 시절, 친구를 만나는 일은 시험과도 같았다. 운전이 힘들어진 데다가 기억력도 예전 같지 않아서 약속을 지키는 일 자체가 현실적으로 쉽지 않았다. 약속을 아예 기억하지 못하는 경우도 수두룩했기에, 모든 건 전부 내가 약속을 기억하냐 마냐에 달려 있었다. 그래도 다행히 이사 오던 무렵, 마을 잔디밭 광장 맞은편에 사는 여성과 가까운 친구가 되었다. 그녀는 한없는 공감 능력과 사그라지지 않는 활력을 지닌 데다 남을 쉽사리 재단하지 않는 사람이었다. 그래서 피해망상이 심한 나조차도 내 수치심을 그녀에게 투사할 수 없었다. 그녀는 자기 집 정원에서 차 한잔 마시자고 나를 불러내곤 했다. 아침이면 자주 '오늘 오후에 차 한잔하러 올래?'라며 가볍지만 거절할 수 없는 문자메시지를 보냈다. 그러면 나는 그 약속을 잊지 않으려 휴대전화의 알람을 맞췄고, 알람이 울리면 벌떡 일어나 문자를 다시 확인했다. 상상 속의 약속은 아니었는지 확인하려고 말이다.

한편, 나는 채소밭에서 누리는 고독에 자꾸만 마음이 끌렸다. 만약 그 밭이 주말농장처럼 사람의 발길이 잦은 곳에 있었다면 그런 마음은 들지 않았을 것이다. 남들의 시선이 신경 쓰였을 테니까. 내 밭의 특별함은 혼자 있을 수 있지만 외롭지는 않다는 데 있었다. 나와 함께하는 존재들이 있었기 때문이다. 나를 판단하지 않는 존재들이. 이웃 들판의 말은 나를 볼 때마다 호기심 가득한 눈을 하고 종종걸음으로 다가왔다. 농장의 고양이는 손수레 그늘 밑 안전지대를 차지하고서 나를 유심히 지켜보았다(고양이답게 녀석도 꽤 콧대가 높았다). 토끼들은 여전히 거리를 유지했다. 문 너머 과수원 은신처에 숨어 상추 모종을 탐내기만 할 뿐이었다. 이 채소밭에서는 다른 생명들과 함께 아무것도 불안해하지 않고 다정한 침묵 속에 잠길 수 있었다. 나에 대한 평가나 기대를 전혀 신경 쓰지 않아도 됐다.

\*

9월. 농장 채소밭에서 잡초를 뽑는다. 땅 위에 무릎을 꿇고 엎드려 자그만 황새냉이 수백 개를 솎아낸다. 녀석들이 밭을 뒤덮기 전에 서둘러야 한다. 손이 많이 가는 데다 땅을 가까이 들여다봐야 해서, 내 코는 흙에서 겨우 20센티미터 정도 떨어져 있다. 나는 이 일에 완전히 몰입해 있다. 전날 밤 먹은 수면제 탓에 아직도 머리가 약간 멍하다. 약기운은 다음 날까지 한참 이어진다.

그러다 문득, 누군가 나를 지켜보고 있다는 기분이 들기 시작한다. '말도 안 돼.' 속으로 중얼거린다. '피해망상이야. 제발 그 미친 길로만 들어서지 말자.'

하지만 근처에 뭔가가 있다는 느낌이 점점 선명해진다. 주변은 조용하고, 분명 나 혼자일 텐데. 그런데도 누군가의 강한 시선이, 움직이지 않고 나를 노려보는 위협적인 존재가 느껴진다. 목덜미에 콧김이 스친다. 나는 비명을 지르며 벌떡 일어나 몸을 돌린다. 긴 속눈썹, 촉촉한 눈, 까끌까끌한 분홍색 코가 눈앞에 있다. 소다. 녀석은 눈을 껌벅이며, 내 야단법석에도 전혀 당황하지 않고 나를 지긋이 바라본다.

심장의 쿵쾅거림이 잦아들고, 나는 다시 잡초 뽑는 일로 돌아간다. 녀석은 뒤로 물러나 돌담 너머로 고개만 들이민 채 내가 잡초 뽑는 모습을 지켜본다. 한 시간 가까이 꼼짝도 하지 않고. 나는 녀석과 함께 있는 시간을 즐긴다. 이따금 누군가 내게 우울증에 걸린 친구를 도울 방법이 있겠냐고 물어보면, 나는 이 암소처럼 행동해 보라고 답한다. 차분하고 믿음직한 존재가 되어, 청하지 않은 충고나 비판, 멋대로의 판단이나 해결 시도는 하려 들지 말고 그저 함께 있어주라고 말이다. 조용히 곁에 머물며 세상을 함께 살아가는 존재가 되어주면 그걸로 충분하다.

*

내 경험에 따르면, 우울증은 사람을 점점 자기중심적이 되게 한다. 너그럽게 표현하자면, 자신에게 지나치게 몰입하는 상태에 빠뜨린다. 다시 말해, 마음속에 자기 생각과 고통이 가득해 다른 게 들어올 틈이 없다. 무엇보다 자신의 고통에 사로잡힌 나머지, 다른 사람의 아픔에는 도무지 공감하지 못한다. 타인을 위해 슬퍼할 여유가 없다. 머릿속이 온통 뒤숭숭한 마음이 낳은 슬픔으로 가득하다. 남의 괴로움은 내 고통보다 뒤로 밀려난다. 더 나쁜 점은 공감을 건네지도 못할 뿐 아니라 받아들이지도 못한다는 것이다. 아무도 자기 상황을 제대로 이해할 수 없다고 느끼기 때문이다. 나만큼 힘든 사람은 어디에도 없을 거야. 이토록 괴로운 기분을 느끼고도 살아남을 수 있는 사람이 과연 있을까? 이런 일을 겪는 건 나 하나뿐이겠지. 다른 사람은 아마 견디지 못할 거야.

이런 상태에서는 누구와도 편하게 지내기 힘들어진다. 차라리 소가 낫다. 내게 무언가를 부탁하거나 기대하는 사람은 지나치게 뻔뻔한 사람처럼 여겨진다. 내 앞을 가로막거나 무심코 내 삶을 힘들게 하는(내 말은, 슈퍼마켓에서 쇼핑 카트를 제대로 밀지 않는 행동처럼 사소한 방해를 하는) 사람은 지독히도 배려심 없는 사람이다. 감히 어떻게! 내가 지금 세상에서 가장 힘든 삶을 살고 있다는 걸 모르는 거야? 어쩜 저렇게 이기적일까? 자기들의 시시한 용무 때문에 내 고통을 늘리다니. 잠시 쉬어보라는 남편의 조심스러운 권유를 내가 무능하다고 믿게 하려는 가스라이팅으로 받아들인다. 어처구니없다고? 하지만 세상 모두가 말도 안 되게 나를 괴롭히고 있는 것만 같다.

이런 생각은 열차가 지연되거나 택배가 늦어지는 상황부터 남편이 나를 돌보려 하는 행동까지, 일상의 귀찮은 상황은 물론 그 너머까지 끝도 없이 번져나간다. 심지어 나와 털끝만큼도 관련 없는 일도 전부 나를 둘러싼 음모의 일부처럼 느껴진다. 세상 모두가 내 삶을 어렵게 만들려고 작정한 듯 보인다. 어떻게든 내 감정을 깎아내리려 애쓰고 있는 것 같다.

한번은 퇴근길 패딩턴 역에서 내 앞에 있던 관광객이 지하철표를 찾느라 허둥거렸다. 나는 그녀를 밀치고 개찰구를 지나가며 크게 한숨을 쉬었다.

"어머, 쯧, 무례하긴." 그녀가 캘리포니아 억양으로 자기 친구에게 속삭였다.

그때 나는 '오, 세상에, 저 말이 맞아'라고 생각하지 않았다. 내 행동을 후회하지도, 나 자신을 돌아보며 내 삶의 우선순위를 되묻지도 않았다. 기분이 안 좋아서 그랬다고 진심으로 사과하거나 개찰구 사용법을 친절히 설명해 주지도 않았다.

대신, 이렇게 생각했다. '망할 미국인들, 너무 배려심이 없어. 내가 기차 놓치라고 일부러 저러는 건가?'

당연히, 이 모든 반응은 투사\*였다. 나는 내 자존감 부족을 타인에게 투사했고 그들은 자신도 모르게 그 감정을 나에게 되비추었다. 이런 '화나는 사건들'을 세상이 나를 하찮게 여긴다는 증거로 받아들였다. 나는 사랑받을 가치가 없다고 느꼈다. 나를 하찮게 대한다며 화를 내는 모습을 보고, 내가 더 나은 대우를 바란다고 생각했을지도 모르겠다. 하지만, 사실 내 분노는 사람들이 나를 소홀히 대하는 게 전적으로 옳다는 점을 강조하려는 비뚤어진 방식일 뿐이었다. 나는 내가 대접받을 자격이 없다고 믿었다. 내 눈에는 이런 모든 '사건'이 그 증거였다.

정신분석이 뭐라 말하든, 우울증은 나를 이기적이고 근시안적이며 심술궂고 배타적인 사람이 되게 했다. 이 병은 어떤 가르침도 안

---

\* 인정하기 싫은 감정이나 욕구, 특성, 생각을 무의식적으로 타인에게 돌리거나 전가하는 방어기제.

겨주지 않았다.

(요즘은 지하철에서 나를 밀치는 사람들에게 꽤 너그러워졌다. 이제는 그들이 나쁜 사람이라기보다, 아마도 아주 힘든 하루를 보내는 중일 거라고 생각하게 되었기 때문이다.)

*

그해 9월, 채소밭을 찾았을 때는 지하철 사건이 있던 때보다 심술궂고 배타적인 성향이 덜해지긴 했지만, 여전히 무딘 감정과 외로움으로 된 두터운 외투를 입은 채 '바깥세상'은 나를 반기지 않는다는 생각에서 헤어 나오지 못하고 있었다. 채소밭 안에 있으면 그런 차가운 세상에서 벗어날 수 있다고 믿었다. 이곳은 세상의 터무니없는 요구로부터 나를 지켜주는 유일한 피난처였다. 혼자 있을 수 있기에(암소는 빼고), 여기만큼은 유일하게 안전한 장소였다.

하지만 채소밭은 단순한 보호막 이상이었다. 미친 듯이 씨를 뿌린 데다 날씨 운까지 따라준 덕분에 다소 뒤죽박죽이긴 해도 갖가지 채소를 풍성하게 수확할 수 있었다. 너그러운 정원은 기뻐하며 엄청난 양의 돼지호박, 토마토, 강낭콩, 상추, 옥수수, 오이, 바질, 가지, 케일, 양파, 식용 꽃, 비트, 당근, 시금치, 파슬리, 회향을 넘치게 길러냈다. 옮겨 심은 리크 모종조차 무사히 살아남았다.

그저 싹이 났을 때 느꼈던 황홀감을 계속 느끼고 싶은 마음에 별생각 없이 마구 씨를 뿌린 결과였다. 기쁨과 목적을 지닌 삶이 어떤 건지 잊고 지냈는데, 농작물을 거둘 때마다 그 삶이 다시금 찾아왔다. 봐! 옥수수가 열렸어. 살아 있어. 진짜야. 놀라워. 다시 보여 줘…….

\*

텃밭에 소홀했든 정원 일이 처음이든, 수확물이 넘치는 상황을 피하기는 어렵다. 예를 들어, 오이 두 포기만 심어도 9월쯤이면 제철을 맞아 포기마다 두세 개씩 딱 먹기 좋은 오이가 달린다. 지금 따지 않으면 며칠 안에 너무 익어 껍질이 질겨지고 맛도 떨어진다. 결국, 일주일 안에 오이 여섯 개를 꾸역꾸역 억지로 다 먹어치우기보다는 몇 개는 나눠주는 쪽을 택하게 된다. 수확량이 많지 않아도 익는 시기가 겹치면, 나눔은 피할 수 없는 선택이다. 그런데 그해는 수확량마저 엄청났다. 혼자서는 도저히 다 먹을 수 없을 정도였다. 나눔만이 유일한 해결책이었다. 여전히 적대적으로 느껴지는 '바깥세상'과 마주하더라도 말이다. 수확물을 버린다는 선택은 생각조차 할 수 없었다. 그러니 나눌 수밖에.

### 오이와 진 소르베

수확물이 넘쳐나면 자연스럽게 그 재료를 듬뿍 쓸 수 있는 요리를 찾게 된다. 오이가 한창일 때 오이 샌드위치 하나로는 남아도는 오이를 도저히 다 해치울 수가 없다. 하지만 소르베는 다르다.

냄비에 골든 슈거(황금색 비정제 설탕) 300g과 글루코스 시럽(제과 코너에서 구할 수 있다) 40g, 물 300ml를 넣는다. 약한 불에서 설탕이 다 녹을 때까지 데운다. 절대 끓이지 않도록 주의한다. 전부 녹으면 불에서 내려 레몬 반 개로 짠 즙을 넣는다.

큰 오이 4개(약 600g)로 즙을 낸다. 착즙기가 있으면 착즙기를 사용하고, 없으면 나처럼 오이를 잘게 썰어 믹서기에 갈아 묽은 퓌레를 만든다. 체에 면포를 깔고 우묵한 그릇 위에 얹은 다음, 퓌레를 붓고 몇 분간 그대로 두면 즙이 아래로 천천히 떨어진다. 남은 퓌레는 면포를 주머니처럼 모아 부드럽게 짜낸다. 마지막 한 방울까지 즙을 짜낼 수 있다. 어떤 방법을 택하든 약 500ml의 오이즙을 얻을 수 있다.

이 오이즙을 앞서 만든 설탕물과 섞는다. 거기에 진 140ml를 붓고 냉장고에 넣어 차게 식힌다. 충분히 차가워지면 아이스크림 제조기에 넣고 돌린 뒤, 냉동실로 옮겨 완전히 얼린다.

(아이스크림 제조기가 없다면 넓고 얕은 트레이에 담아 두 시간 동안 얼린 후 포크로 긁어낸다. 입자가 거친 그라니타 스타일의 소르베를 얻을 수 있다. 다시 냉동실에 넣어 45분간 얼린 뒤, 포크로 긁는 작업을 3~4회 반복한다. 그러면 냉동실에 보관해도 부슬부슬한 식감을 유지하는 연두색 진 슬러시가 완성된다.)

*

예전 직장에서는 누군가의 생일이면 '비틀비틀 트롤리'라는 것이 등장했다. 수북이 쌓인 크리스피크림 도넛, 하리보 젤리, 감자칩, 샴페인과 맥주가 실린 트롤리가 생일인 사람의 책상 앞에 도착하면 (맙소사, 즐길 때조차 책상을 *떠나면* 안 되는 직장이라니), 우리는 설탕과 술을 마구 탐닉했다. 분위기는 아주 유쾌했지만, 지금 돌이켜보면 우리 모두 나름대로 스트레스를 달래려고 애썼던 듯하다. 트롤리가 비틀대며(이름의 유래) 복도의 카펫 타일 위를 지나올 때면 병이 서로 부딪치며 달그락거리는 소리가 났고, 우리는 서둘러 전화 회의를 끝내거나 이메일을 마무리했다. 샴페인이 아직 차가울 때 마시기 위해서였다. 비틀비틀 트롤리는 프레젠테이션이 성공적이었을 때나 상을 받았을 때도 등장했다. 때로는 그저 금요일 오후라는 경영진이 대충 만든 애매한 핑계로도 모습을 드러냈다. 내가 일했던 대부분의 회사에 비슷한 트롤리가 존재했다. 한 광고 회사가 이 트롤리 비용을 삭감했을 때 우리는 회사 사정이 빠듯해졌다는 걸 직감했다. 그 말은 회사가 망할 날이 머지않았다는 의미였다. 그날 오후 많은 동료가 헤드헌터에게 전화를 걸었다.

지금 내 정원에는 옆면이 접히고 앞바퀴 축을 조종할 수 있는 부드러운 손잡이가 달린 녹색 철망 손수레가 있다. 나만의 비틀비틀 손수레로, 사람을 끌어당기는 매력은 똑같지만 더 건강한 버전이다. 나는 내 수레에 김매기 통과 삽을 싣고는 집에서 브라운 씨의 농장까지 고샅길을 따라 밀고 갔다. 돌아올 때는 9월의 수확물이 수레를 가득 채웠다.

며칠에 한 번꼴로 그 녹색 손수레를 밀고 다녔다. 내 의지와 상관없이, 내 수레는 도넛과 샴페인이 실린 수레만큼이나 사람들의 관심을 끌었다. 수확한 채소들을 싣고 마을 잔디밭 광장을 덜컹거리며 지나갈 때면(이렇게 자연 친화적이고 평화로운 곳에 살면서, 도대체 왜 나는 행복하지 않았을까?), 개와 산책하던 이웃들이 지나가며 너무 예쁘다고 한마디씩 던졌다. 근처 이웃들이 불쑥 나타나 넘쳐나는 채소를 슬며시 약탈해가기도 했다.

사람들과의 만남과 대화가 이어졌다. 둘 다 썩 내키지는 않았지만, 내게는 먹거리가 가득 실린 손수레가 있었고 마을 잔디밭엔 넘쳐나는 수확물을 반기는 이웃들이 있었다. 채소밭은 자신의 풍성한 결실을 억지로 내게 안기며 그걸 나누도록 부추겼다. 기뻐하며 나를 단단한 껍질 속에서 끌어냈다. 풍성한 수확의 무게가 나를 흔들어 깨웠다. 나는 그 푸짐한 채소 덕분에 고립에서 벗어날 수 있었다.

많은 말이 오가진 않았지만, 마주친 이웃들과 몇 마디 한 것 자체가 내게는 큰 진전이었다. 우리는 채소로 뭘 해 먹을지, 날씨가 어떤지 이야기했다. 항우울제 탓에 감정이 둔해져 있어서, 깊은 이야기보다는 그저 평범하고 소박한 대화가 더 편했다. 그리고 그게 지금 내 삶이었다. 남의 도움 없이 혼자서 매주 상담 치료를 받으러 다니는 것과 혼자 있어도 괜찮은 시간이 점점 길어지는 것에 더해, 이제 내가 할 수 있는 '평범한 일' 목록에 잡담을 추가했다. 이런 변화를 늘 나를 지지해 주는 상사들에게 알리며 곧 복귀할 수 있다는 증거로 내세웠지만 돌아온 대답은 단호한 거절이었다. 그들 역시 내가 다소 나아진 건 맞지만 아직 완전히 회복되었다고는 할 수 없다는 걸 잘 알고 있었기 때문이다.

어쨌든 중요한 점은 내 수확물이 나의 새로운 '출퇴근길'에 마주치는 사람들에게 나눠주고 싶은 무언가가 되었다는 사실이다. 대부분 애호박이었지만, 그래도 나누고 싶었다. 나는 한 줌의 씨앗이 수레 가득한 먹거리로 변하는 이 작은 기적을 직접 목격했고, 그 경험은 나를 변화시켰다. 다른 사람들은 이미 알고 있었던 걸까? 나만 공지를 놓쳤나? 다른 사람들은 이미 '매트릭스'에서 깨어나 세상의 진짜 작동 원리를 봤던 걸까? 이 애호박을 본 걸까? 불과 석 달 전엔 씨앗이었지만 지금은 대단한 기쁨을 안겨주고 있는 이 애호박을. 커다란 가능성과 많은 희망을 품고 있는 이 애호박을. 이건 반드시 가져야 한다는 사실을 아는 걸까?

몇 달 만에 처음으로 내 안에서 너그러움이 느껴졌다. 지하철에서 관광객을 겁주던 괴물을 세상에나, 넘쳐나는 애호박이 물리쳐주었다.

나는 지금도 그 녹색 손수레에 수확물을 싣고 다닌다. 이제는 색도 좀 바랬고 타이어 하나는 갈라졌으며(알고 보니, 교체가 불가능했다), 부드러운 손잡이도 다 닳아 없어졌고 접이식 옆면은 제멋대로 펼쳐지곤 하지만, 버리기가 힘들다. 처음 산 자동차처럼 이 수레에 정이 들어버렸기 때문이다.

## 애호박 잼

손수레에 가득 담긴 채소 중에서 가장 안 팔리는 채소는 애호박이다. 아무리 열심히 권해도, 다들 가져가지 않을 핑계가 하나씩은 있는 듯하다. 이해는 간다. 맛이 별로 없는 채소니까 말이다. 질기고 질척질척한 데다가, 심하면 약간 씁쓸하기까지 하니까. 좋게 봐줘도 밍밍한 맛이다. 그래서 도움이 필요하다. 잼이 그 구제책이다.

우선, 가운데 있는 큰 씨를 뺀 애호박 1kg을 껍질째 갈아 잼 냄비나 커다란 스테인리스 소스팬에 넣는다. 냄비를 중불에 올리고 눌어붙지 않게 저어주면서 5~6분간, 또는 애호박에서 물이 나올 때까지 열을 가한다. 내가 본 바로는, 현명한 잼 장인은 이때 간 생강 3~4작은술과 레몬즙 약간을 더한다.

(펙틴이 함유된) 잼용 설탕 1kg을 넣고 완전히 녹을 때까지 저은 뒤, 불을 세게 해 팔팔 끓인다. 몇 분간 끓이거나 (잼 온도계가 있다면) 내부 온도가 104℃가 될 때까지 끓인다. 미리 깨끗이 씻어 열탕 소독한 유리병(잼이 1.2kg정도 나오므로 병이 3~4개 필요하다)에 뜨거운 잼을 국자로 퍼 담고 밀봉한다. 잼과 소독한 병이 모두 뜨거운 상태에서 밀봉했다면 몇 달 동안은 상온에서도 거뜬하다. 물론, 식힌 후 보관하지 않고 바로 먹어도 좋다. 개봉한 후에는 냉장 보관을 해야 한다.

*

　그렇다고 하루는 심술궂은 은둔자였다가 다음 날은 들떠서 애호박을 안겨주는 사교계 명사가 된 건 아니었다. 내가 정말로 나누고 싶었던 것은 내가 찾아낸 조용한 기쁨이었다. 여기서 중요한 건 '조용함'이다.

　채소밭에 있으면, 몇 시간이고 아무 말 없는 시간을 보낼 수 있었다. 머릿속 수다와 끊임없는 자기 비난이 잦아들면서 마침내 머릿속이 조용해졌다. 시끄러운 라디오 뉴스 채널이 꺼지고 방 안의 공기가 고즈넉해졌을 때처럼. 이제 내면의 고요함이라는 사치를 맘껏 누릴 수 있었다. 나는 정신의 고요한 공백을 '할 일 목록'이나 '기억할 일 목록', '앞날에 대한 불안' 등 다른 잡념으로 채우지 않았다. 흙 속에 파묻혀 자라나는 생명에 몰두했다. 내 안의 불안은 자연의 존재감에 덮여 사라졌다.

　명상하듯, 나는 지금 이 순간에 깊이 몰입했다. 조용해진 마음을 가만히 들여다보며 생각을 문장으로 만들 필요가 없을 때 마음이 얼마나 유연해지는지 알아차렸다. 스쳐 지나는 생각을 정리하거나 붙잡을 필요를 느끼지 못했다. 내가 할 일은 바로 여기, 흙 속에 있었다. 지금. 아무 방해 없이. 평화만이 있었다.

　자연에서 보내는 조용한 시간의 힘을 내가 진정으로 깨달은 순간은 몇 해가 지난 후 자연 속 침묵 명상 수련에 참여했을 때였다.

　휴직 기간 동안, 친구가 '헤드 스페이스'라는 명상 앱을 추천해 줘서 명상을 시작했다. 처음에는 10분 남짓한 세션 동안 앉아서 무너진 내 정신이 내는 불협화음을 공포에 질린 채 듣는 데 그쳤다. 그마저도 꾸준히 하지 못하고 수년 동안 제멋대로 그만두었다가 다시 시작하기를 반복했다. 나중에는 갖가지 명상 기법에 익숙해지긴 했지만, 솔직히 말해 명상이 나를 근본적으로 바꿔놓았다고 느끼지는 못했다.

그러던 어느 날, 별다른 이유도 없이 3일간의 침묵 수련회에 참가하기로 마음먹었다. 온갖 자극이 사라졌을 때 내게 무슨 일이 일어날지 궁금했기 때문이다. 휴대전화도, 펜도, 책도 없이 외부와 철저히 단절되면, 내 마음은 과연 어디로 향할까? 우울증이 처음 발병한 이후 이미 몇 년이 지났을 때였지만, 삶이 다시 버거워지면서 스트레스가 쌓여가는 걸 느끼고 있었다. 이제 나는 그런 경고 신호를 예전보다 더 잘 알아차릴 뿐 아니라, 상황이 걷잡을 수 없이 악화되기 전에 빨리 행동해야 한다는 것도 알았다. 끊임없이 경계하라. 회복 중인 우울증 환자라면 꼭 명심해야 할 좌우명이다. 게다가, 수련회가 열리는 대저택이 정말 근사해 보였다. 무엇보다도 그곳에는 채소 정원이 있었다.

\*

도착하자마자 채소 정원으로 향했다.

입구의 쇠문은 영화 〈비밀의 화원〉에서 바로 튀어나온 듯했다. 녹슬고 낡은 그 문은 야생 클레마티스 덩굴로 온통 뒤덮여 있어 경첩도 제대로 맞지 않았다. 그 분위기에 걸맞게 문이 삐걱거리며 열렸다. 전혀 작지 않은 소리로. 이 문은 아마추어가 아니라 프로였다. 매일 이 연기를 연습해 온 프로 배우. 문은 유령의 집이 낼 만한 끼익 소리를 만화처럼 최대 음량으로 질러대며, 보리스 칼로프\*도 자랑스러워할 만큼 신비로움과 극적인 긴장감을 뿜어냈다. 평소 같으면 이런 정통 고딕풍 스타일로 채소 정원에 내 도착을 알리는 게 즐거웠겠지만, 오늘은 몸이 움츠러들었다. 이 끼익 소리는 내가 오늘 종일 들은 소리 중 가장 컸다. 게다가 저택 영지 어딘가 가까운 곳에 숨어 있을 스무 명에게도 마찬가지일 터였다. 내가 막 그들의 평화를 산산조각 낸 셈이었다.

얼굴을 찡그리며 정원 안으로 들어섰다. '문을 닫아주세요'라는 팻말을 따르느라 조금 전의 멜로드라마가 다시 한번 반복되었다. 하지만 나는 곧 모든 걸 잊었다. 이곳은 완전히 다른 세상이었다. 제멋대로 무성히 자란 깍지콩 덩굴이 줄줄이 내 앞에 펼쳐졌고, 케일 한 무리가 군인처럼 질서정연하게 나비 방지용 그물망 아래 줄지어 서 있었다. 꼿꼿이용 꽃밭은 알록달록한 사탕 가게 같았다. 노란 회향꽃이 스위트피 지지대에 느긋하게 기대 있고, 그 아래에는 조용히 영역을 넓혀가는 레이디스맨틀이 피어 있었다.

눈길 닿는 곳마다 호박과 돼지호박, 비트, 완두콩 등 색색의 잎이 넘실댔다. 그 사이를 한련화와 금잔화, 보리지가 장난꾸러기 아이처럼 신나게 제멋대로 누볐다. 저 멀리, 정원을 둘러싼 긴 벽돌담에

---

\* 영국 출신의 공포영화 전문 배우로, 1931년 영화 〈프랑켄슈타인〉에서 괴물 역을 연기했다.

붙은 유리온실 하나가 보였다. 토마토, 가지, 오이로 이루어진 정글이 온실을 뚫고 삐져나올 듯했다. 그야말로 낙원이었다. 순수한 생명력과 자연스러운 풍요가 넘쳐흘렀다. 모든 게 너무 아름답고 좋아서 눈물이 날 것만 같았다.

돋움 화단을 나누는 잔디 길을 맨발로 직접 느껴보고 싶어 신발을 벗고 달리아 화단 끝에 놓인 벤치까지 사뿐히 걸어갔다. 벤치에 앉자, 완벽한 이곳 정원이 한눈에 들어왔다. 앞으로 며칠간 뭘 먹을지도 알 것 같았다. 이 채소 정원에서 자란 식재료로 대부분의 식사가 마련될 테니까. 이 공간에 얼마나 많은 식물이 빽빽이 들어차 있는지도 보였다. 이 정원의 생산성에 절로 감탄이 나왔다. 내 채소밭보다 규모도 더 크고 채소도 더 촘촘하게 심겨 있고 더 잘 관리되고 있었지만, 여기서도 나는 집처럼 편안함을 느꼈다. 그래서 잠시 이대로 있기로 마음먹었다. 그러다 결국 두 시간을 그 자리에 머물렀다.

두. 시. 간. 을. 믿어지는가? 그냥 앉아 있었다. 두 시간 내내. 실제로 그런 적이 있는가? 나는 없었다. 적어도 그때까지는. 당장 할 일도, 이뤄야 할 목표도, 생각할 일도, 방해가 되는 휴대전화도 책도 펜도 사람도 없었다. 오로지 자연만이 곁에 있었다.

처음에는 따뜻한 바람에 채소가 바스락거리는 소리만 들렸다. 고마운 내 조용한 친구들. 하지만 곧 고요 속에서 조금씩 작은 소리가 들려오기 시작했다. 이리저리 폴짝폴짝 뛰어다니며 벌레를 찾아 흙을 쪼아대는 검은지빠귀, 덤불 속에서 바삐 움직이는 정체 모를 무언가, 입안 가득 식량을 숨기고 발톱으로 벽돌 긁는 소리를 내며 정원 담장 위를 달려가는 다람쥐의 소리가 들렸다. 그러다, 너무 동화 같아 믿기 힘들겠지만, 오른편에서 날갯짓 소리가 나더니 울새 한 마리가 벤치 등받이에 내려앉았다. 녀석은 잠시 나와 함께 경치를 즐기다가 허브 정원 쪽으로 날아가 버렸다. 나는 혼자가 아니었다. 그리고 여긴 조용하지 않았다. 야생동물, 야생식물, 날씨, 자연의 모든 소리가 들렸다. 자연의 불협화음이 만들어내는 교향곡이 들렸다.

그 뒤로 사흘 동안, 이곳에서 나는 내 채소밭에서 이미 경험했지만 말로 표현하지 못했던 무언가를 비로소 깨달았다. 휴대전화, 수다, 사람, 머릿속을 끊임없이 웅성거리게 만드는 매일의 수많은 사소한 결정을 멈추고 나면, 내면의 소란을 불러오는 일상의 잡음을 없앤 정적 속으로 숨을 죽이고 들어가면, 자연의 소리가 도드라지며 돌비 서라운드 시스템이라도 켠 양 더 크고 또렷하게 입체적으로 들린다. 이 소리는 우울증 회복에 도움이 된다. 자연과 이어져 있다고 느끼게 할 뿐만 아니라, 무엇보다도 일상의 소음을 잠재워 주기 때문이다. 이런 자연의 소리가 흐르는 머릿속에는 잡념이나 걱정, 추측, 할 일 목록, 지금쯤이면 성취했어야만 하는 일 같은 고민이 더는 끼어들 틈이 없다.

게다가 자연의 불협화음은 그저 머릿속의 잡음을 잠재우는 데 그치지 않고, 그 수다를 다른 관점에서 들어보도록 이끈다. 나뭇잎이 바스락거리는 소리, 제비가 휙 날아가는 소리, 들판의 소가 느릿느릿 풀을 씹는 소리, 낙엽 사이로 바삐 움직이는 쥐가 내는 소리가 한데 어우러지며, 자연이 외치는 소리가 들린다. "여기예요. 이게 진짜 세상이에요. 이게 진짜 삶이에요. 인간들이 스스로를 가두는 온갖 장치와 인위적인 틀을 내려놓고 고개를 들면 찾을 수 있어요. 진짜는 바로 여기에 있어요."

얼마 후 참석한 또 다른 침묵 수행에서(도저히 그만둘 수가 없어 몇 번이고 다시 갔다), (말할 수 있는 유일한 사람인) 수행 지도자가 불교의 *사티* 개념을 설명해 주었다. 팔리어인 '사티'는 일반적으로 마음챙김이라 번역되는데, 글자 그대로의 뜻은 *바라보는 것을 마음에 새기라*이다. 자연에 둘러싸여 있을 때 느끼는 내 감정을 설명하기에 완벽한 단어라는 생각이 들었다. 나는 온 마음을 다해 자연을 바라보았다. 장담컨대, 누구든 한 시간만이라도 자연 속에 조용히 앉아 있으면, 어떤 자연이든 그 아름다운 자연 속에서 마음이 맑아지고 정신이 깨어나는 경험을 하게 될 것이다. 지구의 일부가 된 듯한 연결감을 느끼게 될 것이다.

이렇게 고요하고 특별한 방식으로 자연에 둘러싸여 가만히 앉아서 자연을 받아들이고 *지루해질 여유를* 스스로에게 허락하면, 누구나 깨닫게 된다. 자신 또한 자연의 일부라는 사실을. 나도, 담 위의 작고 통통한 다람쥐도, 저기 있는 다른 참가자도, 언덕 위의 양이나 강가의 왜가리도 모두 똑같이 하나의 생명체라는 사실을. 우리는 모두 그저 하나의 존재이며, 우리가 할 일은 단 하나, 존재하기다. 그게 다다. 우리는 지상에서 그저 존재하는 것만으로도 충분하다. 그 외 다른 건 인간이 만들어낸 허구일 뿐이다.

## 양고기, 하리사\*, 살구로 속을 채운
## 돼지호박

채소밭에서 많은 교훈을 배웠지만, 아직도 완전히 깨치지 못한 교훈이 하나 있다. 같은 실수를 몇 번이나 되풀이하고도 말이다. 바로, 돼지호박은 두어 그루만 심어도 충분하다는 가르침이다. 한 그루만 있어도 여름 내내 네 식구가 물리도록 먹을 수 있다. 그런데도 해마다 꼭 여덟 그루는 심고 만다. 이건 거의 강박에 가깝다. 그래서 매해 가장 많이 남아도는 채소는 언제나 돼지호박이다. 다행히, 나는 돼지호박 요리를 많이 알고, 그중에서도 속을 채운 돼지호박 요리를 가장 좋아한다.

양고기 다짐육으로 속을 채우면 맛이 없을 수가 없다. 자연은 참 절묘한 방식으로 균형을 맞춘다. 내가 아팠던 그해 9월, 자비로운 농부 브라운 씨는 양 몇 마리를 도축장으로 보냈다. 마침, 양 떼가 풀을 뜯던 들판 옆 채소밭에선 돼지호박이 제철을 맞아 주렁주렁 달리기 시작했다. 그래서 양고기가 손에 들어오자, 이 둘을 함께 요리하는 게 당연하게 느껴졌다.

양들이 도살장으로 떠날 때면 농장 전체에 어딘가 숙연한 분위기가 감돈다. 게다가 양고기를 손에 들면, 봄날 돼지호박을 심을 때 나를 조용히 바라보던 양들이 떠올라 마음이 조금 무거워지기도 한다. 하지만

---

\* 북아프리카 지역의 매운 고추 양념으로 붉은 고추, 마늘, 올리브유, 향신료, 소금 등을 넣어 만든다.

녀석들은 소중하게 길러지고 인도적인 방식으로 도살되었다. 그러니 마지막 예우로, 감사하고 존중하는 마음으로 정성껏 요리해 먹는 것이 도리라고 생각한다. 때로는 이렇게 육식의 윤리적 딜레마를 마주하는 것도 필요하다. 그래야 도덕적으로 무감각해지는 위험에서 벗어날 수 있으니 말이다.

그래서 그해 9월의 어느 저녁, 농장의 풍요에 감사하며 식탁을 차렸다. 근사한 양고기와 그 곁에서 나란히 자란 탐스러운 돼지호박으로 만든 요리가 함께했다.

### 재료
(4인분 기준)

돼지호박(큰 것) 4개
엑스트라 버진 올리브유 3큰술
양고기 다짐육(지방 함량 20%) 400g
자타르* 1작은술
붉은 양파 1개, 잘게 다지기
으깬 마늘 2쪽
토마토퓌레 1큰술
장미향 하리사 양념 1~1½작은술(좋아하는 맵기 정도에 따라 조절)
말린 살구 6개, 잘게 썰기
토마토 3개(중간 크기), 다지기

---

* 중동과 북아프리카 지역에서 널리 사용되는 허브와 향신료 혼합물로, 타임, 오레가노, 마조람, 숨막 열매 가루, 참깨, 소금, 커민 등이 들어 있다.

레드 와인 100ml

잣 30g

---

오븐을 190℃로 예열한다.

돼지호박은 세로로 반을 갈라 씨를 파내고, 배처럼 움푹한 모양을 8개 만든다. 올리브유 2큰술을 고루 뿌리고 소금과 후추로 간한다. 베이킹 트레이에 올려 예열한 오븐에서 30분간 굽는다.

그동안 양고기 다짐육에 자타르를 뿌리고 소금과 후추로 간한 뒤, 기름 없이 달군 프라이팬에서 고기가 바삭하고 갈색이 돌 때까지 볶는다. 구멍 국자로 건져내 그릇에 따로 담아둔다.

약불로 줄이고, 같은 프라이팬에 남은 올리브유 1큰술을 두른다. 다진 붉은 양파를 넣고 10분간 천천히 볶다가, 준비한 마늘과 토마토퓨레, 소금 한 꼬집을 넣고 몇 분간 더 볶는다.

여기에 볶은 양고기, 하리사, 살구, 토마토, 적포도주를 더한 다음, 10~15분간 보글보글 끓인다. 소스가 걸쭉해지고 윤기가 돌면 불을 끄고 간을 본다.

30분간 구운 돼지호박을 오븐에서 꺼낸다. 속을 파낸 곳에 양념이 된 양고기 속을 채운 뒤, 맨 위에 잣을 솔솔 뿌린다. 다시 오븐에 넣고 15분간 더 익힌 후, 바로 먹는다.

# October

10월,
그렇게 나는 천천히 다시 세상과 화해했다.

## *October*
### 10월

### 끝없는 선택의 폭격을 피해
### 단순함으로 무장하기

**채소밭에서…**

10월은 특별한 달이다. 다른 달과 달리, 상징이 채소이기 때문이다. 12월이 크리스마스트리, 7월이 테니스공,* 1월이 설강화라면, 10월을 대표하는 건 다름 아닌 호박이다.

채소가 이렇게 주인공 자리를 차지하다니 반가운 일이다. 어떤 채소든 주목받는 건 좋은 일이다. 다만, 명성에는 대가가 따른다. 눈부신 주황색을 띤 둥근 핼러윈 호박은 물컹하고 맛도 없지만 해마다 수백만 개가 길러진다. 그러고는 조각칼의 희생물이 된다. 슬픈 일이다. 그것도 두 가지 이유로.

첫째, 세상에는 수백 가지, 말 그대로 수백 가지 품종의 겨울 호박이

---

* 영국의 유명한 윔블던 테니스 대회가 매년 7월에 개최된다.

존재한다. 대부분은 핼러윈 호박보다 더 예쁘고 신기하게 생겼다. 초록, 파랑, 주황, 노랑, 호랑이 무늬 등 색깔도 다양하고, 동그랗거나 길쭉하거나 울퉁불퉁하거나 나팔 혹은 개코원숭이의 엉덩이처럼 생기는 등 모양도 다양하다. 이름도 아주 별나고 멋지다. '스펙클드 하운드', '골든 허버드', '턱스 터번'. 제일 내 맘에 드는 이름인 '스위트 덤플링'.* 이 호박들을 한데 모아놓으면, 열정적인 초현실주의 조각가의 작품처럼 보인다. 화려하고 괴상하며, 어딘가 괴기스럽다. 핼러윈에 딱 어울리는 으스스한 모습이다. 하지만 녀석들은 주목받지 못한다. 미국 대통령을 닮은 주황색 괴물의 두터운 그림자에 가려, 대부분의 소비자에게 무시당한다.

둘째, 나는 낭비가 싫다. 핼러윈 호박을 그다지 좋아하지는 않지만(다른 호박만큼 풍미가 좋지 않다), 농사짓는 사람으로서 음식 낭비는 본능적으로 싫다. 그리고 우락부락하게 생긴 이 녀석도 어쩌면 감정이 있을지 모른다. 평생을 세이지 잎에 사랑스럽게 쓰다듬어지고 정성껏 구워지길 바랐는데, 아니면 적어도 수프 정도는 되고 싶었는데, 결국 아이의 서툰 손에 난도질당해 현관 앞에서 썩어간다면 어떤 기분이겠는가?

나는 해마다 다른 품종의 호박을 재배한다. 호박 덩굴은 옥수수 아래 맨땅을 이리저리 기어다니거나 여러 개의 장대로 만든 지지대를 타고 올라가기도 한다. 호박 무게를 견딜 만큼 튼튼하게 만들었다고 생각하지만, 기대는 매번 빗나간다. 10월 말에 수확한 호박은 겨우내 연장 창고에 보관된다. 그러면 이제 누가 먼저 먹느냐를 두고 나와 창고 속 쥐

---

* 각각 차례대로 점박이 사냥개, 황금색 호박, 터키인의 터번, 달콤한 만두라는 뜻이다.

들 사이의 치열한 경쟁이 시작된다.

## 살사 베르데 버터빈을 곁들인
## 파르메산 치즈 호박 요리

둘이 먹을 저녁을 만들려면, 작은 서양 호박 하나를 준비한다(양파호박, 밤호박, 모자호박, 땅콩호박 등 500g 정도 되는 호박이면 적당하다. 땅콩호박은 절반만 써도 충분하다). 호박을 부채꼴로 썰어 씨를 파낸다. 껍질은 너무 질기지 않으면 그대로 둔다. 올리브유를 넉넉히 두르고 소금과 후추로 간한 뒤, 베이킹 트레이에 올려 미리 예열한 오븐(200℃)에서 30분간 혹은 살짝 갈색이 돌 때까지 굽는다.

넓은 그릇에 파르메산 치즈 한 줌(50g)을 갈아 담고, 뜨거운 걸 조심하며 구운 호박 조각을 넣어 가볍게 뒤적거린다. 전체 호박 표면에 치즈가 잘 달라붙도록 손으로 살짝 눌러준다. 오븐 온도를 210℃로 올린 후, 호박 조각을 다시 트레이에 올려 15분간 더 굽는다. 치즈가 바삭하게 구워져 누구도 거부할 수 없는 맛이 된다.

그동안 익힌 버터빈 한 병(통조림 말고 병 제품으로, 물기 제거 후 400g 정도의 콩이 든 제품)과 엑스트라 버진 올리브유 1큰술을 냄비에 넣고 데운다. 내용물이 따뜻해지면, 다진 파슬리, 민트, 바질, 차이브를 각각 1큰술씩, 다진 안초비 4마리, 베이비 케이퍼 1작은술, 마늘 가루(그다지 세련된 맛은 아니지만, 이 요리에는 완벽하게 어울린다. 정말이다)를 넣고 고루 섞는다. 식탁에 내기 직전, 레드 와인 식초를 한 바퀴 두른다.

따뜻한 버터빈을 접시에 담고 바삭하게 구운 호박을 소복이 올린다. 소스를 떠먹을 수 있게 빵 한 조각을 함께 낸다.

*

런던에서 멀지 않은 서리 지역에는 유서 깊은 대저택이 한 채 있다. 한때는 위풍당당했지만 쇠락한 끝에 결국 팔려나가 지금은 골프장 겸 고급 스파 호텔로 변모했다. 이곳에 묵으면, 조끼를 입은 직원이 아침 식사와 함께 손님의 의사와는 무관하게 《데일리 텔레그래프》*를 가져다준다("다른 신문은 모릅니다, 마담"). 저녁 식사 자리에서는 남성에게는 가격이 적힌 메뉴판과 와인 리스트를, 여성에게는 가격이 없는 메뉴판을 건넨다. 여성은 눈물 나는 가격의 속물스러움을 견디기엔 너무 연약하고, 술을 마시기엔 너무 고결한 존재라도 된다는 듯이. 이 호텔의 객실 대부분은 본관 옆에 기생충처럼 생뚱맞게 덧붙은 밋밋한 현대식 증축 건물에 자리해 있다. 쿠션과 장식 커튼만 걷어내면 보안 등급이 낮은 교도소로 착각해도 이상하지 않을 정도의 건물이다. 본관 입구에는 저택이 한창 번성하던 시절, 잔디밭 위 고리버들 의자와 크로케 경기를 기억하는 레바논 삼나무 한 그루가 당시를 상징하며 서 있다. 지금의 끔찍한 광경을 내려다보며 좌절한 듯 어깨를 축 늘어뜨리고서……

---

* 영국의 유명한 보수 언론지.

사실, 잉글랜드 남부에는 이런 식으로 과거의 위용을 잃은 대저택을 개조한 호텔들이 꽤 있다. 골프 손님이 뜸할 때는 기업 워크숍을 유치해 짭짤한 수익을 올린다. 그리고 지금 내가 그런 곳에 붙들려 있으며, 때는 2009년으로 이틀짜리 마가린 워크숍의 마지막 날이다.

내가 있는 방의 벽은 회갈색이며, 커튼과 쿠션은 희뿌연 버섯색, 욕실은 황토색이다. 비슷한 호텔 방을 너무 자주 다니다 보니, 방이 바뀌어도 전혀 눈치채지 못할 지경이다. 분명 오늘 밤도 내가 지금 어디 있는 건지 헷갈린 채 잠에서 깰 터였다. 나는 검은색의 '나를 진지하게 대하시오' 재킷을 벗고, 고객과의 저녁 식사에 참석하기 위해 '편안해 보이지만 여전히 업무 중입니다'라는 분위기의 드레스로 갈아입는다. 저녁 식사 자리에서는 고객의 가족, 나라, 그리고 이 호텔 건물의 뛰어난 아름다움에 관한 대화를 나누게 되겠지. 네, 영국은 정말 〈해리 포터〉 영화랑 똑같죠. 오, 아이들이 해리 포터를 좋아한다고요? 몇 살인가요? 질문하기도 귀찮고 듣는 쪽도 대답하기 싫을 질문들. 그럼에도 우리는 즐겁게 대화를 나누는 척할 것이다.

이번 워크숍에는 주요 국가에서 일하는 우리 고객사의 모든 최고 마케팅 책임자가 참석했다. 모서리 사무실을 쓰고 비서도 두 명 이상 거느리는 고위 임원들이 델리, 싱가포르, 두바이, 뉴욕, 슬라우*(영

---

\* 영국 버크셔 북동부의 공업도시. 영국판 〈더 오피스〉 드라마의 배경으로 지루하고 특색 없는 도시의 대명사다.

국 지사는 늘 노잼 도시에 있다)에서 날아왔다(물론, 일등석으로). 여러 리서치 기관도 조사 결과를 발표할 대표이사를 보내왔고, 우리 쪽에서는 CEO까지 데려왔다. 나는 디자인팀을 며칠간 닦달하며 파워포인트 자료를 때깔 나게 꾸몄다(이번 자료는 내 미적 감각으로도 감당이 안 될 만큼 번쩍번쩍 눈이 부셨다). 그야말로 엄청난 돈이 들어가는 행사다.

이제 우리는 질문 하나에 답해야 한다. 매우 중요한 질문이다. 그 답변에 수많은 사람의 일자리와 우리 같은 광고 회사의 수수료가 달려 있다. 답 하나를 찾는 데 수십만 달러가 쓰였다. 어떤 이는 그 답이 브랜드의 성패를 가를 수 있다고까지 말한다. 답변에 따라 브랜드가 팔리거나 공장이 폐쇄되기도 하며, 반대로 기업의 핵심 브랜드로 자리 잡을 수도 있다. 위험 부담이 크다. 팽팽한 긴장감이 감돈다. 진짜 중요한 질문일 것이다, 그렇지 않은가? 이렇게 많은 돈과 똑똑한 인재들이 동원될 정도니.

질문은 이것이다.

*이 마가린의 목적은 무엇인가?*

의미심장하게도 그 순간에는 '토스트에 바르려고'라는 단순한 정답이 전혀 떠오르지 않았다. 나 역시 세뇌당한 상태였기 때문이다. 우리는 단순히 문자 그대로의 용도를 알고 싶은 게 아니었다. 우리는 *마가린의* 존재 이유, 사명, 철학, 신념을 찾으려 했다. 업계는 사람들이 물건이 아니라 가치를 산다고들 했다. '토스트에 잘 발라져서' 사는 게 아니라 '나를 좋은 엄마로 만들어주니까' 산다는 이야기다. 어쨌든, 사람들은 그렇게 말했다.

나는 리서치 자료를 꼼꼼히 살폈고, 소비자의 근본적인 욕구도 파악했으며, 모든 가능한 대답의 미묘한 차이와 숨은 뜻도 찾아냈다. 이틀 동안 워크숍을 진행하며 세계 각지에서 모인 최고 마케팅 책임자들 앞에서 바늘 끝에서 계속 위태로운 춤을 추듯 조심스럽게 발표를 이어갔다. 남들 못지않게 내 일자리도 이 질문에 제대로 답하는 데 달려 있었으니까.

우리 중 누구도 이런 야단스러운 행사가 꼭 필요한지, 혹은 철학적으로 말하자면 마가린에 정말로 어떤 '신념'이 존재할 수 있는지 따져보지 않았다. 우리 모두가 얼마나 업계의 잘못된 통설에 깊이 빠져 있는지 잘 보여주는 대목이다. 솔직히 말해, 나도 최근에서야 그 모든 일이 얼마나 어처구니없었는지 깨달았다. 하지만 당시에는 수백만 파운드의 매출과 수많은 일자리가 걸린 만큼, 워크숍의 열기가 대단했다.

각국의 최고 마케팅 책임자는 나라마다 다른 구매 동기, 시장의 요구, 문화적 특성을 이야기했다. 이들 다양한 요소를 모두 만족하는 마케팅 전략을 찾기란 애초에 불가능했다. 시장마다 달라서 생기는 수많은 작은 차이를 없애줄 하나의 해결책 따위는 존재하지 않았다. 게다가 최고 마케팅 책임자들은 자기 나라가 '특별하다'는 점에 유난히 집착하는 경향이 있었고, 다른 나라 시장이 자기 시장보다 우선시되면 금세 툴툴대기 일쑤였다. 그 나라의 매출이 다섯 배나 많더라도 말이다. 또, 불만을 드러내는 방식 역시 문화마다 달랐다. 이탈리아인의 동의 표현은 중국인의 동의 표현과는 전혀 달랐다. 어이쿠. 이런 민감한 문제를 조율하면서 모두를 한 방향으로 끌고 가는 동시에 수많은 변수를 조정하는 일은 유엔 평화유지군에게도 힘든 일일 터였다. 뭐, 평화유지군은 지금쯤 정말 중요한 일로 바쁠 테지만.

*

워크숍을 마치고 금요일 오후에 집으로 돌아왔다. 흙 묻은 청바지로 갈아입고는 곧장 정원 안 작은 새 채소밭으로 향했다. 그때는 그저 노끈과 텐트 말뚝으로 표시해 놓은 네모난 땅에 지나지 않았다. 막 런던에서 이사 온 터라, 아직 (나중에 방치될) 돋움 화단을 만들지 못한 상태였다.

방울무 한 줄을 심었다. 그렇게 애썼는데도 지난 이틀 동안 거의 아무것도 이루지 못했기에 뭔가 단순하고도 확실한 일을 하고 싶다는 욕구가 들끓었다. 흙에 얕게 줄을 긋고 씨앗을 뿌리고 흙을 덮고 물을 주었다. 선택도, 결정도, 무의 위대한 목적에 대한 질문도 없었다. 그저 간단한 행동 하나, 그리고 무언가를 해냈다는 느낌뿐이었다. 그때는 이 행위가 약이라고 생각하지 않았지만, 분명 일종의 치료제였다. 한 주 내내 쌓인 좌절감을 씻어내는 해독제.

방울무는 4~5주가 지나자 다 자랐다. 그 무렵까지 마가린의 목적을 묻는 물음이 내 머릿속을 계속해서 맴돌았다. 방울무를 부엌으로 가져와 흙을 털어내고 부드럽고 진한 버터에(아이러니하게도)

찍어, 소금을 뿌렸다. 한입에 넣고 우걱우걱 씹으며 짭짤한 지방 맛이 방울무의 알싸한 맛으로 바뀌는 순간을 기다렸다. 하나의 식물을 심고 길러서 먹기까지, 한 자연의 온전한 생애가 지나도록 우리는 마가린 브랜드에 대한 어떤 결정도 내리지 못했다.

 방울무를 심는 행위는 곧장 마음을 진정시켰다. 먹는 행위 또한 단순했지만 만족을 주었다. 그때 알아차렸어야 했다. 몇 년 뒤 채소가 내 구세주가 되리라는 것을.

### 방울무(래디시)를 위한 소스

 기름에 담긴 안초비 병조림 100g을(50g짜리 통조림이라면 2개) 기름째 그대로 믹서기에 붓는다. 여기에 올리브유 40ml, 큼직한 마늘 한 톨, 디종 머스터드 1작은술, 사과 식초 2작은술, 고춧가루 한 꼬집, 뜨거운 물 5~6큰술을 넣고, 부드러운 소스가 될 때까지 곱게 간다. 완성된 뒤에는 맛의 균형이 잘 잡혔는지 확인한다. 맛이 다소 강하므로, 입맛에 맞게 재료를 조절하는 편이 좋다. 시간이 지나 소스가 분리되면, 다시 저어 섞는다. 방물무 한 단을 보기 좋게 얼음 위에 올리고, 소스는 따로 작은 그릇에 담아 함께 낸다.

\*

우울한 사람에게는 너무 많은 선택지를 주면 안 된다. 그건 오히려 그들을 얼어붙게 한다. 선택 자체가 나쁘다는 말은 절대 아니다. 여러모로 선택은 자유가 주는 특권이니까. 하지만 요즘은 선택의 폭이 지나치게 넓고, 우리는 늘 이런저런 결정의 압박 속에 산다.

대부분의 일이 그렇겠지만 내 일도 끝없는 선택의 연속이었다. 게다가 직급이 올라갈수록 결정해야 할 일이 점점 많아졌다. 이를테면, '이 마가린을 어떻게 해야 할까?' 같은 문제들. 이런 결정들은 그다지 중요하지도 생사가 걸린 문제도 아니지만, 사무실이라는 압력솥 안에서는 이상하리만치 중요하게 여겨지며, 정답을 찾아야 한다는 기대감에 짓눌린다.

직장 밖에도 선택할 문제는 수두룩하다. 삶이 힘겨울 때는 철학적인 질문까지 쏟아진다. 인생을 어떻게 살아야 할까? 어디에서 살아야 할까? 머리를 염색할까? 등. 거기에, 매일 내려야 하는 사소한 결정도 수천 개에 이른다. 출근도 하기 전부터 이미 고민이 시작된다. 무슨 옷을 입지? 지하철 아니면 버스? 벤티와 그란데 중 뭘 고를까? 두유, 아몬드유, 귀리유, 일반 우유 중에서는? 샷 하나? 샷 추가? 거품은 풍성하고 우유는 적게? 무지방, 무설탕? 디카페인? 플랫 화이트? 초콜릿 시럽을 뿌릴까 말까? 여기서 마실까 가져갈까? 먹고 싶은 크루아상을 먹을까 아니면 몸에 좋은 코코넛 요구르트를 먹을까?

우리에게 주어지는 선택지가 늘어나면서, 매일 내려야 할 사소한 결정도 해마다 기하급수적으로 증가한다. 초콜릿 바만 봐도 그렇다(나는 초콜릿 브랜드 일을 많이 했다). 과거에는 초콜릿 바의 형태가 한 가지였지만 요즘은 수십 가지에 달한다. 두 개 들이, 소형 사이즈, 여러 개 들이 작은 봉지, 대형 사이즈, 디저트 컵, 마시멜로가 들어 있는 것, 마시멜로가 없는 것, 단백질 강화형, 견과류 많은 것, 견과류 적은 것, 한정판, 부드럽게 녹아내리며 모서리가 둥글고 먹기 쉬운 1인분 용량이지만 다시 닫아놓을 수 있는 것까지. 게다가 제품을 고르기 전에 사회적 판단도 거쳐야 한다. 내가 이걸 먹어도 되나? 먹고 나서 후회하진 않을까? 윤리적으로 생산된 카카오를 썼을까? 재활용할 수 있는 포장인가? 이 브랜드를 선택하면 내가 어떻게 보일까? 사람들이 내가 이걸 먹는 걸 보고 뭐라고 생각할까? 이 초콜릿 구매가 인간으로서 나의 도덕성에 영향을 미치는 건 아닐까?

이게 내 일이었다. 사람들의 구매 선택에 영향을 미치는 질문을 생각해 내는 일. 나는 선택을 최대한 복잡하게 만드는 일을 하며 경력을 쌓아왔다.

참고로, 나는 선택의 폭이 제한적이고 만사가 단순했던 옛날의 삶이 더 좋았다고는 생각하지 않는다. 그 시절에는 삶이 더 단순했을지 모르지만, 단순한 것이 항상 더 좋은 것은 아니다. 예를 들어, 과거 여성들의 삶은 지금보다 훨씬 단순했다. 직업도 투표권도 재산도 가질 수 없었기 때문이다. 그러니 선택은 곧 진보며 자유다. 이건 부정할 수 없다.

다만, 이런 세상을 상대하려면 정신을 바짝 차려야 한다. 선택의 폭이 너무 넓은 까닭이다. 그래서 우울증에 걸리자, 나는 순식간에 압도당했다. 마가린 브랜드의 정체성이나 초콜릿 모양 등 중대한 업무 결정은 물론, 일상의 사소한 일조차 결정할 엄두가 나지 않았다. 끝없이 쏟아지는 작은 선택의 폭격에 완전히 넋이 나가서 중요한 결정을 내릴 자신감마저 사라졌다. 차 한 잔으로도 갈팡질팡하는 상황에서 어떻게 감히 직장을 관두겠다는 선택을 하겠는가?

사이비 심리학자가 득실대는 광고업계에서는 이를 '선택 마비'라고 부르는데, 선택지가 지나치게 많을 때 그걸 저울질하는 헤라클레스급 과업에 도전하기보다는 아예 결정을 회피하게 되는 공황 상태를 뜻한다. 우울증이 덮쳐오자, 나는 모든 일에서 선택 마비를 겪었다. 건강할 때는 단지 약간 귀찮던 사소한 결정이 정신적으로 피폐해지자 넘지 못할 거대한 장벽처럼 느껴졌다. 토스트에 뭘 올릴지, 무슨 옷을 입을지, 언제 샤워할지 정하기가 숨 막히도록 어려웠다. 어느 날은 빨래조차 널지 못했다. 무슨 옷을 어디에 널지 결정하는 일이 너무나도 큰 과제처럼 느껴졌기 때문이다. 팬티만 한데 모아 널어야 하나? 양말을 함께 널어도 되나? 셔츠는 옷걸이에 걸어서 말릴까 아니면 그냥 빨랫줄에 널까? 이 스웨터는 평평하게 말려야 하나? 이런 질문에 내 머리는 이렇게 답했다. '세상에, 모르겠어. 진짜 모르겠어. 어떻게 해야 하지? 계산 불가. 경보 발동.' 그냥 빨래를 너는 간단한 일조차 내게는 불가능했다.

하지만 채소밭에서는 전혀 그렇지 않았다. 그곳에서는 어떤 선택이나 결정도 할 필요가 없었다. 만사가 아주 간단하고 바뀌지 않는 규칙에 따라 움직였기 때문이다. 물을 주면 자라고, 물을 주지 않으면 죽는다. 해야 할 일을 하면 일이 잘 풀리고, 하지 않으면 그렇지 않다. 물론, 때로는 예상치 못한 해충이 나타나 농작물을 먹어치우거나 갑작스러운 무더위 탓에 작물이 말라 죽는 등, 자연이 심술을 부리기도 한다. 하지만 이것은 내 통제 밖에 있는 일이다. 내가 선택할 수 있는 문제가 아니다. 내 직급을 넘어서는 일이다. 그냥 일어나는 일인 것이다. 채소 정원에서는 골대가 움직이지 않는다. 따라야 할 질서가 존재하고, 그냥 그걸 묵묵히 따르기만 하면 된다.

당근을 예로 들어보자. 4월 어느 날을 골라, 모래가 섞인 흙에 씨앗을 드문드문 뿌린다. 물을 준다. 그리고 기다린다. 물론, 어떤 품종을 어디에 심을지는 선택해야 한다. 하지만 그건 성공을 좌우하는 요소라기보다 단지 취향의 문제로 여겨졌기에 그다지 부담스럽지 않았다. 누구도 내 당근 재배 능력을 평가하지 않을 터였다. 당근의 표준 재배 방식이 당근이 자라는 도중에 바뀔 일도 없을뿐더러, 어떤 최고 마케팅 책임자도 내가 수확한 당근의 색이 시장의 흐름에 맞지 않는다고 지적하지 않을 터였다. 나는 자연이 내게 원하는 바를 명확히 이해했다. 그 요구를 따르는 한, 내 당근은 잘 자랄 터였다. 정원에서는 만사가 분명해 보였다. 광고업계에 있을 때와 달리, 나는 이곳의 작동 원리를 제대로 파악하고 있었다. 여기에는 당근을 기르는 도중 불현듯 어디선가 튀어나와 이제까지의 노력을 물거품으로 만드는 뜻밖의 추가 조건 따위는 없었다. 흙에 손을 대고 있으면 만사가 단순해졌다. 서리의 감옥 같은 호텔 별관에 있을 때는 전혀 몰랐던 사실을 이제야 비로소 알 수 있었다.

*

 어째서 나는 이렇게 직감적으로 자연을 이해한다고 느꼈을까? 언덕진 들판에서 벌레를 잡고 구덩이를 파며 자란 아이도 아니었는데. 나는 교외에서 자랐고, 자연보다는 쇼핑센터에서 더 많은 시간을 보냈다. 캠핑을 간 적도 없고, 『제비호와 아마존호』*에 나오는 자연 속에서의 모험과는 거리가 먼 어린 시절을 보냈다.

 이 책에 필요한 자료를 조사하던 중, 마침내 이 질문에 대한 답을 찾을 수 있었다. (요한 하리의 책 『물어봐줘서 고마워요』를 통해) '바이오필리아', 즉 생명애(生命愛)라는 말을 처음 접했다. 1980년대 생물학자 에드워드 윌슨이 대중화한 개념으로, 인간에게는 자연과 연결되고자 하는 본능적 욕구가 선천적으로 내재해 있다는 이론이다. 윌슨은 자연 속에서 시간을 보내면 혈압과 코르티솔 수치가 낮아지고 주의력이 회복되어 기분이 좋아진다고 주장한다. 요한 하리의 말처럼, 이건 너무나 자연스러운 현상이다. 우리 인간도 동물이기 때문이다. 그것도 사무실 건물 속에서 살아온 시간보다 자연 속에서 살아온 시간이 수천 배는 더 긴 동물 말이다. 자연 속에 있으면 집에 온 듯한 기분이 들었던 것도 당연했다. 그곳이 진짜 내 집이

---

* 아서 랜섬이 쓴 고전 아동소설 시리즈의 첫 번째 책으로, 어린이들이 작은 섬에서 해적과 원주민 놀이를 하며 모험과 우정을 경험하는 내용이다.

었으니까. 비록 자연에서 자라지도 않았고 원예 전문가도 아니었지만, 진화적 관점에서 보면 이곳이 내 본래 서식지였다.

그래서인지 기분이 바닥을 칠 때면 나는 본능적으로 정원을 찾았다. 이렇게 정기적으로 '진짜'를 몸속에 투약하면 '만들어진' 현대 사회의 삶도 그럭저럭 감당할 수 있었다. 이를테면, 그달 나는 옛 직장 동료들과 점심을 먹기 위해 열차를 타고 런던으로 향했다. 내 사정을 잘 아는 친구들이 패딩턴 역까지 마중을 나와주었다. 또, 새로 개봉한 제임스 본드 영화를 보러 극장에도 갔는데, 시끄러운 소리를 피해 좌석 아래로 숨고 싶은 충동이 일어나지 않았다. 그 무렵에는, 두 외출 모두 일종의 연수처럼 느껴졌다. 내가 감당할 수 있는 세상이 너무나 쪼그라들어 버린 상황이었기에, 표를 예매하는 과정조차 나를 불안하게 했다. 폴이 대신 예매를 확인하고 카드 정보를 입력했다. 당시 내 능력으로는 일을 순서대로 처리하기가 쉽지 않았다. 하지만 지금은 일주일에 두세 번 정도의 '외부' 활동은 무리 없이 해낼 수 있게 되었다. 그저, 그 사이사이에 고요하고 단순한 공간인 채소밭에서 자연이라는 주사약을 맞고 오면 된다.

채소밭에서는 만사가 단순하게 느껴졌다. 이곳에서는 전부를 완벽하게 이해할 수 있었기 때문이다. 이해할 수 있었던 건 전부 친숙해서였고, 전부 친숙했던 건 자연이어서였다. 자연은 우리의 원래 집이니 말이다. 그래서 마가린 워크숍이 끝난 뒤, 나는 위안을 얻기 위해 방울무를 찾았다. 채소밭은 인내심 깊고 현명한 정신과 의사처럼 조심스럽게 나를 도왔다. 단순하고 안전한 공간이라는 약으로 복잡한 세상을 다시 감당케 할 힘을 길러주었다. 그렇게 나는 천천히 다시 세상과 화해했다.

## 페타 치즈 소스를 뿌린 방울무와 오이 샐러드

방울무의 장점은 성장이 빠르다는 점이다. 따뜻한 날씨와 적당한 바람만 있으면 5주 후에는 작고 붉은 보석 같은 수확물을 얻게 된다. 앞서 말했듯, 똑똑한 사람들이 마가린의 *존재 이유*를 알아내는 시간보다도 짧은 기간이다.

이 요리는 쉽고 간단하다. 복잡한 소스나 곁들임이 없어서 재료 본연의 순수하고 깨끗한 맛이 살아 있다. 방울무의 알싸한 맛과 오이의 싱그러운 맛을 잘 느낄 수 있어 내가 좋아하는 요리다. 만드는 과정도 워낙 쉽고 편안해서 거의 명상처럼 느껴진다. 채소 자체가 너무 예뻐서 다른 장식이 전혀 필요하지 않다. 광고 회사의 접대 식탁에 오르던 지나치게 꾸며진 화려한 요리와는 완전히 딴판이다. 나는 언제든 해초 농축 소스를 곁들여 거품을 얹은 바닷가재 비스크보다 집에서 기른 채소로 만든 이 샐러드를 먹을 것이다. 설령 그 요리에 '튀일(얇고 바삭한 프랑스식 과자)'이 장식되어 있더라도 말이다.

**재료** (2인분 기준)

방울무 8~10개
오이 1/2개
차이브 1작은술, 다진 것
엑스트라 버진 올리브유 1큰술
레몬 1/2개, 즙과 껍질
페타 치즈 200g
파슬리 1큰술, 다진 것
크렘 프레슈(프랑스식 발효 크림) 2큰술

---

감자칼이나 채칼로 방울무를 아주 얇고 둥글게 썬다. 오이는 감자칼을 사용해 얇고 길게 저며낸다. 이 둘을 우묵한 그릇에 담고 품질 좋은 천일염 한 꼬집과 차이브, 올리브유, 레몬즙을 넣어 가볍게 버무린다.

페타 치즈를 허브 다지기나 블렌더에 넣고 레몬 껍질, 파슬리, 크렘 프레슈를 더해 부드러운 연두색 크림 형태가 될 때까지 간다. 완성된 페타 치즈 소스를 접시에 담고, 그 위에 방울무와 오이를 소복이 올린다. 후추를 살짝 갈아 뿌리고 올리브유를 한 번 더 둘러 마무리한다. 정말 간단하다.

# November

11월,
자연은 내게 삶의 고삐를 다시 넘겨주었다.

# *November*
## 11월

### 내 삶의 작은 부분만큼은
### 스스로 책임질 수 있도록

**채소밭에서…**

 내게 11월은 성대한 파티가 끝난 다음 날 아침 같다. 끝내주는 밤을 보냈으니, 이제 거실을 돌아다니며 검은 쓰레기 봉지에 빈 병을 주워 담고 숙취를 달래야 할 때다. 여름내 키운 작물의 수확도 다 끝났다. 호박은 헛간에 쌓여 있고 옥수수도 이제 딸 것이 없다. 즐거웠던 여름의 흔적이라곤 갈색으로 말라비틀어져 지지대에 얽혀 있는 콩 덩굴과 호박 덩굴뿐이다. 이제 정리할 시간이다. 서리를 맞아 끈적해진 돼지호박 줄기를 걷어내다 보면 잎사귀 아래에서 깜빡 빠뜨린 콜라비 하나를 발견하기도 한다. 전날 손님이 남기고 간 외투 더미 밑에서 자는 누군가를 발견하는 것처럼.

 몇몇 텃밭 농사꾼은 밭을 정리하는 이때를 흐뭇하게 즐긴다. 어수선한 곳을 치우는 일에서 기쁨을 느끼는 사람들로, 1950년대의 부지런한 가정주부처럼 정리정돈에 매달린다. 하지만 나는 그렇지 않다. 내게는 그저 귀찮은 집안일일 뿐이다. 단지 밖에서 한다는 것만 다를 뿐.

그래도 고되고 따분한 일만 있는 건 아니다. 여름내 배추흰나비 애벌레를 그물망과 대나무 막대로 막아낸 십자화과 채소밭에는 이제 11월이 되어 다 자란 양배추, 케일, 카볼로 네로가 수확을 기다리고 있다. 당근과 비트도 아직 몇 개가 땅속에 남아 있다. 땅은 성장을 마친 뿌리채소를 저장해 두기에 좋은 장소다. 하지만 조심해야 한다. 서리를 좋아하는 리크나 파스닙과 달리, 당근과 비트는 냉해를 입으면 냉장고에서 얼었을 때처럼 물러져 버린다. 그래도 밭을 잘 살피면, 여전히 먹을거리를 얻을 수 있는 달이다. 자급자족이 주는 소박한 맛.

* * *

어린 시절, 나는 드라마 〈굿 라이프〉를 즐겨 봤다. 1970년대에 방영된 시트콤으로, 리처드 브라이어스와 펄리시티 켄들이 연기한 톰과 바버라 굿 부부가 런던 외곽에 살며 지루한 사무직을 그만두고 자급자족하는 삶을 살아가는 이야기다. 이들은 집 뒷마당에서 염소(제럴딘)를 키우고 앞마당은 텃밭으로 바꾼다. 경쟁에 몰두하던 같은 골목의 속물적인 이웃들이 충격에 휩싸이면서 여러 웃음 나는 사건이 벌어진다. 내가 주로 좋아한 부분은 펄리시티 켄들이 입고 나오는 옷과 그가 어른인데도 어린 나처럼 낡은 신문지나 시리얼 상자로 무언가를 만드는 것이었다. 하지만 동시에 굿 부부가 자신들만의 행복을 만들어가는 방식에 나도 모르게 마음이 끌렸다. 그때는 겨우 일곱 살이라 그 이유를 똑 부러지게 설명할 수 없었지만 말이다. 굿 부부의 행복은 이웃인 레드베터 부부처럼 돈이나 소유물 같은 외적인 요소에 달려 있지 않았다. 백화점에서 장식품이 오지 않았다고 해서 굿 부부가 크리스마스 파티를 취소하지는 않았을 터였다(크리스마스 특집에서 그런 일이 일어났을 때 마고 레드베터는 파티를 취소했다). 톰과 바버라는 음식뿐 아니라 여러 면에서 자급자족하는 사람들이었다. 둘은 주체성과 통제력을 지니고 전적으로 스스로 행복을 만들어갔다. 그런 정신적·육체적 자립성은 어린 나에게도 깊은 인상을 남겼다.

우울증은 자립심을 앗아간다. 그래서 그때 나는 완전히 무기력해졌다. 하지만 돌이켜 보면 이미 그 전부터 그런 기분을 느꼈던 듯하다. 그 무렵, 나는 일 때문에 너무 바빠서 개인적인 일은 모조리 남에게 맡기고 있었다. 옷 세탁, 다림질, 장 보기, 여행 예약, 잔디 깎기까지. 설거지 대행 앱이 있었다면 그것도 사용했을 터였다. 나는 남이 재배한 작물을 먹는 데 그치지 않고, 내가 먹을 음식을 고르고 요리하고 배달하는 일까지 남에게 시켰다. 넉넉한 보수를 주는 직업 덕분에 그렇게 살 여유는 되었다. 하지만, 그 직업을 유지하려면 내 시간을 모두 바쳐야 했다. 결국, 회사 일을 제외한 나머지 일을 전부 남의 손에 맡겨야 했다. 흔한 악순환이다. 열심히 일할 시간을 확보하기 위해 돈을 쓰고, 그 돈을 마련하려면 열심히 일해야 하는 삶. 그 결과, 내 손으로 직접 하는 일이 하나도 없게 돼버렸다. 톰과 바버라의 삶과는 전혀 딴판이었다.

마이클 폴란은 저서 『요리를 욕망하다』에서 현대사회의 분업을 이야기하며 "머지않아 우리는 무언가를 스스로 해보겠다는 생각조차 하지 않게 될 것이다"라고 썼다. 그에 따르면, 분업은 일반적으로는 유익하다. 그 덕분에 그는 물론이고 나 역시 점심 샌드위치용 빵을 구우려고 밀을 빻거나 차에 넣을 우유를 얻으려고 소젖을 짜는 대신, 컴퓨터 앞에 앉아 글을 쓸 수 있다. 하지만 지나친 분업화는 우리에게 학습된 무기력을 안겨준다.

지금 이미 조금 무력하고 통제력을 잃은 듯 느껴진다면, 여기에 우울증까지 겹치면 어떨지 상상해 보길 바란다. 우울증에 걸리면, 정신이 더는 내 뜻대로 움직이지 않는다. 모든 걸 잊어버리고 때로는 아예 없는 일을 지어내기도 한다. 주변에서 무슨 일이 일어나는지도 제대로 알아차리지 못한다. 그해 11월에 누가 몇 월인지 물었다면 나는 바로 대답하지 못하고 천천히 되짚어 봐야 했을 것이다.

"음, 저녁이면 빨리 어두워지고, 어젯밤엔 벽난로를 뗐고, 곧 내 생일이라고 하니, 11월일 거야." 빙고.

그해 가을의 많은 부분이 내 머릿속에 공백으로 남아 있다. 이 글을 쓰면서, 나는 가족들과 기억을 맞춰봐야 했다. 이를테면, 내 기억으로는 엄마가 낮에 와서 나를 돌봐준 기간이 1~2주 정도였는데, 실제로는 석 달이었다. 여전히 그 시기의 사건과 대화는 순서대로 정리되지 않는다. 그때의 기억은 실은 내 것이 아니었다.

수면제는 오히려 상황을 더 안 좋게 만들었다. (순전히 내 경험에 바탕을 둔 생각이지만) 잠을 제대로 자지 못하면 기억이 제대로 작동하지 않는다. 시차, 젖니가 나는 아기, 돈 걱정, 슬픔 등 어떤 이유에서든 간에 잠을 자지 못하는 상황은 정신 질환으로 이어질 수 있다. 그러니 의사들이 수면제를 왜 처방하는지 아주 이해되지 않는 건 아니다. 수면 문제를 해결하면 나머지도 다 해결될 거라고 생각해서 그러는 것이다.

다만, 수면제에는 부작용이 따른다(물론, 개인차가 크며 부작용이 전혀 없는 사람도 있다). 하지만 내 경우에는 부작용이 이득보다 더 컸다. 그래, 기술적으로는 수면 상태에 들긴 했다. 하지만 마비된 듯한 상태에서 잠이 들며, 몸속의 에너지가 여전히 팔다리를 들쑤시고 돌아다녔다. 가만히 있으려 해도 몸이 근질거려 버둥거려 봐도, 이상하게 내 뜻대로 움직여지지 않았다. 그러다 겨우 잠이 들면, 온전한 정신이 남아 있는지 의심스러울 만큼 끔찍하게 폭력적이고 무서운 악몽을 꿨다. 도대체 어떤 종류의 뇌여야 저런 섬뜩한 상상을 할 수 있단 말인가? 아침이 되면 악몽 탓에 멍하고 몽롱한 상태에서 기진맥진한 채로 잠에서 깼다. 꿈으로 인한 트라우마가 실제처럼 남아 하루 종일 나를 따라다녔다. 시간 감각이 흐려지면서, 막 눈을 감은 듯한데 어느새 날이 밝아 있어 처음 눈을 뜨는 순간이 낯설고 혼란스러웠다. 직접 경험한 적은 없지만, 마취에서 깨어날 때도 이렇다고 한다.

그런 아침 중 한번은 엄마가 나를 옥스퍼드의 애슈몰린 박물관으로 데려갔다. 나를 집 밖으로 나오게 하려는 용감한 시도였고, 장소 선택도 좋았다. 차분하고, 붐비지 않으며, 시끄럽지도 않은 곳. 자극은 되지만 너무 과하지는 않은 곳. 잘했어요, 엄마. 하지만 전날 밤 먹은 수면제 탓에 기면증 환자처럼 졸렸다. 서 있기가 힘들었다. 눈동자가 풀리고 말도 어눌하게 나왔다. 결국, 유명한 조각상 앞에 여유롭게 작품을 감상하라고 놓아둔 푹신한 벤치에 주저앉았다. 머리를 늘어뜨린 채 멍하니 입을 벌리고 앞으로 고꾸라졌다.

사람들이 엄마를 안쓰러운 눈으로 바라보았다. '저런 짐을 안고 살다니, 안됐네'라는 말이 그들의 표정에 쓰여 있었다.

한 선생님이 긴장했는지 쉽게 영향받는 자신의 새끼 오리들을 이상한 미친 여자에게서 멀리 떼어놓으며 말했다. "얘들아, 우리 저기 가서 석관을 그리자."

그렇다, 수면제는 내게 도움이 되지 않았다. 오히려 자기통제력을 앗아가기만 했다.

### 편안한 밤을 위한 수제 홀릭스*

잠자리에 들기 전, 따뜻하고 달콤한 음료를 마시면 수면에 도움이 된다는 글을 어디선가 읽고부터 매일 밤 홀릭스 한 잔을 들고 침대로

---

* 우유에 타서 마시는 맥아유 브랜드. 영국에서는 자기 전 마시는 음료로 인기가 있다.

향하는 습관을 들였다. 실제로 효과가 있었는지는 알 수 없지만, 확실히 위안이 되긴 했다. 하지만 최신 연구에 따르면, 밤늦은 시간의 단 음식 섭취는 야간 혈당 수치와 장내 미생물 건강에 매우 나쁘다고 한다. 그래서 여기, 덜 가공되고, 조금 덜 단 대안을 소개한다.

작은 냄비에 귀리유 200ml(일반 우유도 괜찮지만, 귀리유가 더 달콤한 데다 구운 곡물의 고소한 향이 나 홀릭스와 더 비슷하다)와 맥아 추출물 1작은술, 코코아 가루 1작은술, 필수는 아니지만 풍미를 더하는 으깬 카다몬 꼬투리 2개, 계피 스틱 1개(여러 번 재사용이 가능하다)를 넣고 섞는다. 약한 불로 몇 분간 뭉근히 끓인 뒤, 머그잔에 따라 침대로 가져간다.

*

그해 가을, 채소를 키우면서 나는 약간의 통제력, 다시 스스로 해낼 수 있다는 작은 감각을 되찾았다. 건강했던 시절에도 대부분의 일을 남에게 맡겼지만, 아프고 나니 더 많은 일을 남이 대신해야 했다. 예를 들면 이런 거다. 11월이 되자, 영화 한 편 정도는 끝까지 앉아서 볼 수 있게 되었다. 머릿속이 부글부글 들끓어 안절부절못하는 일도 없었고, 등장인물에게 일어난 가슴 아픈 일을 보며 히스테리가 일어난 것처럼 눈물을 쏟는 일도 없었다(진전이었다). 다만, 무엇을 볼지 혹은 보고 싶은 게 있는지 결정할 능력은 아직 없었다. 대신, 꽉 찬 DVD 서랍을 여럿 갖고 있는 영화광인 아빠가 매일 엄마가 방문할 때마다 DVD를 보내주셨다. 나는 TV 앞에 우두커니 앉아 아무 생각 없이 영화를 보곤 했다. 영화 한 편을 고르고 보는 일은 정말 사소한 선택이고 그 자체가 즐거운 일이겠지만, 나는 그런 결정을 대신 내려줄 사람이 필요했다. 아이처럼 수동적으로 남이 골라준 영화를 보는 편이 오히려 더 행복했다.

하지만 자연은 내게 삶의 고삐를 다시 넘겨주었다. 저녁거리가 없어 빈 바구니를 들고 아무 계획 없이 채소밭으로 올라가 케일, 양배추, 비트, 볼로티 콩을 수확해 돌아올 때면 내 머릿속은 요리에 대한 아이디어로 가득 찼다. 수확도 요리도 다 내가 했다. 그 모든 일을 해내는 사람이 바로 나였다. 지금 돌이켜 보면, 영화 한 편 고르기도 벅찼던 머리로 어떻게 밭을 가꿀 수 있었는지 의아하기만 하다. 아마도 밭에는 자연이 정해놓은 순서가 있었기 때문일 것이다. 자연이 이미 모든 걸 결정해 놓은 덕분에 그저 내 할 일을 하면 일이 저절로 굴러갔다. 자연이 남겨놓은 내 몫을 하기만 하면 말이다.

나는 바로 이 점 때문에 먹거리를 직접 기르는 일이 정신 건강에 긍정적인 영향을 미친다고 생각한다. 단순히 정원을 가꾸거나 시골로 나갈 때와는 다른 점이다. 여기에는 주체적인 삶의 태도가 있다.

설명하자면 이렇다. 먹거리를 직접 생산한다는 건 삶의 통제권을 되찾는 일이다. 혼자 힘으로, 누구의 도움도 없이, 다른 사람에게 의지하지 않고, 나는 스스로 나 자신을 위한 한 끼를 마련해 냈다. 삶에 가장 필수적인 일 중 하나를 해낸 셈이다. 스스로를 먹여 살렸다. 그렇게 하며 나도 할 수 있다는 사실을, 자기 자신을 돌보고 삶의 근본 토대를 다스릴 수 있다는 사실을 확인했다(비록 영화는 못 골랐지만).

마이클 폴란은 이런 행동의 의미를 이렇게 설명했다. "우리가 먹는 음식의 일부라도 직접 생산하고 조리하는 행동은 책임감을 조금이나마 되찾는 일이며 (……) 우리의 학습된 무기력을 되돌리는 일이다."

다시 말해, 우리는 톰과 바버라처럼 되어야 한다. 삶의 주체가 되어 하나의 씨앗이 한 끼 식사로 이어지는 그 모든 과정에 스스로 참여할 때, 깊은 자립심이 따라온다.

그래서 채소를 기르는 일은 '단순히' 자연 속에서 시간을 보내는 것 이상의 의미를 지닌다. 먹거리를 키워내는 행위가 정신적·신체적 안녕에 미치는 영향은 일반적인 정원 가꾸기나 자연과 교감하는 활동과는 본질적으로 다르다. 이 일은 우리에게 힘을 부여하고 독립심을 길러준다. 꽃을 가꾸거나 언덕을 산책하는 일도 더 큰 존재와의 연결감을 느끼게 해줄 수 있지만 우리에게 자립심을 더해주는 건 먹거리를 키워내는 일뿐이다.

이는 더 독립적인 사람이 될 수 있게 도와주며, 우리를 의존하게 만드는 시스템을 해체하는 일이기도 하다. 다시 말해 먹거리를 스스로 마련할 수 있다면, 지구를 해치고 생산자를 착취하는 관행에 덜 기대게 될 것이다. 또 필요하지도 않고, 어쩌면 건강에도 좋지 않은 물건을 원하게 하는 (예전의 나 같은) 광고쟁이들의 손아귀에서 조금은 벗어날 수 있을 것이다. 아주 작은 규모라 해도 먹거리를 직접 키워낼 수 있다면, 지금의 시스템으로부터 한 걸음 떨어질 수 있다. 채소를 기르는 일은 자급자족을 향한 작은 발걸음이자 조용한 저항의 몸짓이다.

나는 이런 생각에 잠길 때마다 미래를 배경으로 한 픽사 애니메이션 〈월E〉가 떠오른다. 이 영화에서 무력한 비만 아기의 형태로 '진화'한 인간은 로봇이 주는 식사 대용 셰이크를 먹으며 호버보드를 타고 이리저리 돌아다닌다. 기괴한 유람선 휴가라도 온 양 주어지는 여가 활동(예를 들면, 로봇이 보여주는 영화만 본다…… 어딘가 익숙하게 들리는데)을 수동적으로 소비하며 산다. 직접 먹거리를 생산해 삶의 주도성을 되찾는 것만이 이러한 디스토피아적 세계에서 우리를 구해낼 수 있다. 그럼으로써 우리는 다른 미래를 꿈꿀 수 있다.

채소. 채소가 이렇게 정치적인 존재일 줄, 미처 몰랐죠?

### 힘을 북돋는 케일 페스토

남아도는 작물을 저장해 두면 종말에 대비하는 사람이라도 된 듯한 기분이 든다. 물론 좋은 의미에서다. 기본적인 요리를 넉넉히 만들어 냉동하거나 병에 담아두면, 혁명이 일어나더라도 끼니는 걱정 없을 것이다.

케일 페스토는 이런 목적에 안성맞춤이다. 푸드프로세서에 케일을 가득 넣고, 간 파르메산 치즈(꼭 갈아서 넣어야 한다. 깍둑 썬 덩어리째 넣으면 나중에 자갈처럼 씹힌다), 마늘 몇 쪽, 견과류 한 줌(헤이즐넛, 호두,

잣, 혹은 호박씨)에 올리브유를 듬뿍, 소금을 약간 넣고 갈아준다. 맛과 농도는 취향껏 조절한다. 작은 용기에 나눠 담아 냉동해 두고, 필요할 때마다 하나씩 꺼내서 뜨거운 파스타나 데운 버터 콩에 섞거나, 생선이나 닭고기에 발라 먹는다. 설령 재난이 닥쳐 먹을 게 마땅치 않을 때도 걱정 없다. 집에 있는 웬만한 재료에는 다 잘 어울리니까. 통조림으로 가득 찬 지하 저장고보다 훨씬 든든하다. 전기가 계속 들어오기만 한다면…….

\*

하지만 너무 앞서 나가지는 말자. 정신 건강을 위해 전 재산을 다 팔아치우고 산속에 들어가 자연인이 되자는 말은 아니니까. 나도 그렇게 순진한 낭만주의자는 아니다. 자급자족 생활을 5분도 못 버틸 나인 걸 안다. 그런 삶은 고되고 스트레스도 만만치 않을 테니 말이다. 게다가 완전한 자급자족이 꼭 필요하지도 않다. 우리가 생각보다 자립성이 강하다는 점을 일깨우는 것이 목표라면, 방울무를 기르는 일처럼 아주 작은 행동만으로도 충분히 효과가 있다.

그렇다. 그해 가을, 내게는 정말 그랬다. 감정적으로 여전히 취약하고 타인에게 많은 걸 의존하고 있었지만, 내 삶의 작은 부분만큼은 스스로 책임질 수 있다는 사실을 깨달았다. 특히, 무엇을 먹을지 결정하면서.

## 자급자족 스튜

자급자족과 거리가 멀고, 펄리시티 켄들만큼 멜빵바지가 잘 어울리지도 않지만, 가을에는 되도록 집에서 기른 먹거리만으로 식탁을 차리는 도전을 즐긴다. 여름에는 쉽지만, 제철 채소가 귀해지는 11월에는 바버라 굿을 본받아 좀 더 창의력을 발휘해야 한다.

이 스튜는 가을의 의식 같은 요리다. 10월 말에 수확해야 하지만 대개 11월까지 내버려두는 볼로티 콩과 함께 밭에 남은 온갖 채소를 이것저것 넣어 만든다.

**재료** (2인분 기준)

판체타 75g
양파 1개, 잘게 다지기
셀러리 줄기 1개, 잘게 다지기
당근 1개, 잘게 다지기
어린 리크 2개, 잘게 다지기 (수확 시기라면)
닭 육수 500ml
생 볼로티 콩 250g(말리지 않은 것), 혹은 물기 제거한 400g 짜리 통조림 1개
사보이 양배추 150g, 곱게 채 썰기
어린 카볼로 네로 잎 100g
케일 잎 몇 장, 줄기를 제거하고 채 썰기
마늘 2쪽
파슬리 2큰술, 다진 것

레몬 1/2개, 껍질만
엑스트라 버진 올리브유 1큰술

---

캐서롤 냄비에 판체타를 넣고 센 불로 노릇노릇해질 때까지 볶는다. 불을 줄이고 양파, 셀러리, 당근, 리크, 소금 한 꼬집을 넣는다. 판체타에서 나온 기름이 충분하지 않으면, 올리브유를 약간 추가한다. 채소가 부드러워지고 반투명해질 때까지 10~15분간 약불로 볶는다.

그다음 육수를 붓고, 볼로티 콩, 양배추, 카볼로 네로, 케일을 넣어 뭉근하게 끓인다. 뚜껑을 덮고 5~10분간, 혹은 콩이 부드러워지고 잎채소의 숨이 죽을 때까지 보글보글 끓인다(생콩을 썼다면 통조림 콩보다 몇 분 더 오래 익힌다). 간을 보고 입맛에 맞게 조절한다.

절구에 마늘과 파슬리, 소금 한 꼬집을 넣고 찧는다. 거기에 레몬 껍질과 올리브유를 넣고 섞어 되직한 페이스트를 만든다. 제대로 된 맛을 내고 싶다면 이 페이스트는 꼭 필요하다.

완성된 스튜를 우묵한 그릇에 나눠 담고 마늘 페이스트를 위에 끼얹는다. 바삭한 빵을 곁들인다면 금상첨화다.

# December

12월,
우울에서 벗어나며…

# *December*
## 12월

## 다시 시작된 연결

**채소밭에서…**

　채소 재배를 시작한 첫해, 나는 크리스마스 시즌에 방울양배추를 길러보려 했다. 실패했다. 다음 해에도, 또 그다음 해에도 다시 도전했지만, 결과는 마찬가지였다. 나는 방울양배추를 좋아한다. 크리스마스도 좋아한다. 그러니 크리스마스에 방울양배추를 먹을 수 있다면 더없이 행복하겠지만, 솔직한 심정으로는 1년 중 언제라도 먹을 수만 있다면 그것만으로도 감사할 따름이다. 성공적으로 기를 수만 있다면 말이다. 하지만 방울양배추는 내 능력을 넘어서는 채소다.

　방울양배추는 꽤 까다로운 녀석이다. 터놓고 말해서, 까탈스럽고 심술궂기까지 하다. 일단, 다 자라는 데만 거의 1년이 걸린다. 이른 봄, 씨앗 판에 파종한 뒤 6주가 지나면 개별 모종 화분에 옮겨 심어야 하고, 6월이 되면 다시 최종 장소로 옮겨 심어 돌보아야 한다. 그러고서도 수확하려면 12월까지 기다려야 한다. 채소밭에서도 녀석들은 자리 욕심이 많아, 서로 60~70센티미터씩 떨어뜨려 심어야 한다. 또, 어찌나 예민한지 바람에 흔들리거나 흙을 제대로 다져주지 않아서 뿌리가 땅에 단단히 고정되지 않으면 몸으로 분노를 '터뜨린다'(즉, 단단하고 동그란 공 모양으로 자라지 않는다). 그래서 지지대도 세워줘야 한다. 서리를 맞고 나면 단맛이 오르는데, 그래서 아마 크리스마스 식사에 주로 먹었을 것이다. 그때까지 살아 있다면 말이지만.

12월에 먹으려면 케일렛, 일명 '꽃 방울양배추'를 키우는 편이 낫다. 케일과 방울양배추를 교배한 채소로(짐작했어요?), 대충대충 키우는 내 재배 방식과도 잘 맞고 바람이나 해충에도 덜 예민하다. 방울양배추처럼, 통통한 줄기에서 작은 아기 양배추들이 자란다. 하지만 케일렛의 작은 양배추는 단단한 공 모양이 아니라 잎이 느슨하게 풀어진 배추 모양이다. 버터헤드 상추를 닮았는데, 꼭 인형의 집 텃밭에 있을 법하게 자그마하다. 맛은 방울양배추보다 훨씬 달아서 식탁에 내놓아도 찡그린 얼굴과 마주칠 걱정이 없다.

방울양배추는 내 실력으로는 버거운 채소라는 사실을 받아들인 후, 나는 케일렛으로 방향을 틀었다. 그 뒤로는 꽤 성공적이었다. 워낙 오랫동안 크리스마스 시즌마다 먹다 보니, 이제는 명절 식탁의 단골손님이 되었다.

## 고소한 씨앗 그래놀라를 곁들인
## 케일렛 국수 샐러드

그래놀라를 만들 때 꼭 기억해야 할 경고 하나. 필요한 양보다 넉넉히 만들어야 한다. 어쩌면 두 배쯤. 중독성 있는 맛이라, 식탁에 오르기도 전에 사라질 위험이 있기 때문이다. 게다가 밀폐 용기에 보관하면 며칠은 거뜬히 두고 먹을 수 있다. 물론, 그렇게 오래 남아 있는 일은 드물지만. 들어가는 국수의 종류는 상관없으며, 아예 넣지 않아도 괜찮다. 케일렛만 들어간다면.

**재료** (2인분 기준)

에다마메 콩국수 75g (나는 유타카 제품을 사용한다), 혹은 원하는 국수 아무거나
케일렛 170g
아보카도 1개, 얇게 썰기
사과 1개, 씨를 제거하고 얇게 썰기
블루베리 2큰술, 말린 것
참기름 1큰술
맛술 2작은술
라임 1/2개, 즙내기

**매콤한 씨앗 그래놀라 재료:**
해바라기씨 1큰술

호박씨 1큰술
치아씨 1/2큰술
참깨 1/2큰술
간장 1작은술
꿀 1작은술
우스터소스 1작은술
타바스코소스 1방울(혹은 2방울)
올리브유 1큰술

----

먼저 그래놀라를 만든다. 모든 재료를 우묵한 그릇에 넣고 고루 섞은 후 기름을 두르지 않은 코팅 프라이팬에서 3~4분간 계속 저어가며 볶는다. 씨앗이 진하고 짙은 갈색으로 변할 때까지 볶는다. 순식간에 탈 수 있으니 주의하며 계속 지켜본다. 실리콘 시트(혹은 코팅된 베이킹용 종이 포일이 깔린 트레이)에 펼쳐서 식힌다. 식으면서 바삭하게 굳어 뭉쳐진다. 필요할 때까지 밀폐 용기에 담아 보관한다(며칠은 바삭함이 유지된다).

샐러드에 들어갈 국수는 포장지에 적힌 방법대로 삶은 뒤 찬물에 헹구어 따로 둔다. 케일렛은 가능한 한 짧게(최대 2분) 찐 다음, 지나치게 익지 않도록 찬물에 담근다. 가볍게 흔들어 물기를 제거한 후 샐러드 볼에 담는다.

볼에 아보카도, 사과, 블루베리, 삶은 국수를 더하고 참기름, 맛술, 라임즙, 소금 한 꼬집을 넣는다. 조심스레 버무려 접시에 담고, 씨앗 그래놀라를 샐러드 위에 흩뿌려 마무리한다.

\*

그해 가을, 내게 삶의 목적의식을 되찾아 준 공을 전부 채소에만 돌려서는 안 될 듯하다. 당연히 침 치료와 정기 심리 치료, 항우울제 복용도 계속했다. 상사들의 세심한 배려와 지원도 이어졌다. 그들은 금전적 지원을 지속하며, 창의성의 출구가 되어주는 텃밭 가꾸기를 장려했다. 1월까지는 일터에 복귀하겠다고 말했을 때도 조용히 경청한 뒤, 일주일에 하루 정도만 일하는 편이 현명한 선택일지 모른다고 조심스레 대답했다. 하지만 무엇보다 큰 변화는, 바로 그 무렵 우리 부부에게 반려견이 생겼다는 사실이다.

우리는 늘 개를 키우고 싶어 했다. 벌써 몇 해 전부터 이름까지 정해두었을 정도였다. 헤이들리. 저먼 포인터나 잉글리시 스프링어 스패니얼 같은 일하는 개를 원했다. 하지만 직장이 런던에 있고 출장도 잦다 보니 현실적으로 어려운 일이었다. 이제 집에 있게 되었으니 그런 제약들이 사라졌다. 물론, 우울증 초기부터 강아지를 들여야겠다는 생각이 떠오른 건 아니었다. 그때는 옷 입는 방법조차 기억나지 않았었으니까. 그러다 어느 날, 폴이 제안했고 나는 곧장 동의했다. 이성이나 판단력이 없었던 것이 오히려 도움이 된 유일한 순간이었다. 제정신이었다면 절대 저지르지 않았을 일일 테니.

수컷 스프링어 스패니얼이 제일 좋겠다는 폴의 말에 나는 고개를 끄덕였다. 원래라면 이런 결정을 쉽게 내리지 못했을 터였다. 온갖 가능성을 따져보고 나름의 뚜렷한 의견을 내세웠을 텐데, 당시엔 그런 판단을 할 수 있는 상태가 아니었기에 그냥 폴의 말에 동의

한 뒤 괜찮은 번식업자를 찾아보겠다고 말했다.

브리스틀 근처에서 다섯 달 전에 한배에서 태어난 새끼 중 두 마리가 남아 있는 번식업자를 찾아냈다. 당시 그 번식업자는 내게 한 마리는 새끼 중 가장 약골이고 한 마리는 너무 말썽꾸러기라 아무도 데려가려 하지 않았다는 사실을 말해주지 않았다.

엄마가 운전하는 차를 타고, 당시에는 몰랐던 찬밥 신세인 강아지들을 보러 브리스틀로 향했다. 내가 방향 감각을 잃은 데다 휴대전화의 지도 앱도 쓸 줄 몰라 결국 우리는 길을 잃고 말았다. 내가 당황하자 엄마가 말했다. "얘야, 넌 지금 지도도 못 보는데 정말로 개를 제대로 돌볼 수 있겠니?"

아, 이성의 목소리. 하지만 반려견을 입양할 때 이성 따위는 누구의 머릿속에도 들어오지 않는 법이다. 개를 데려오기에 완벽한 때란 절대로 없다. 그래서 그 약골 쪼꼬미가 걸어와 내 발 위에 앉더니 나를 바라보며 나처럼 풀죽은 모습을 보이자마자 나는 사랑에 빠졌다. 결국, 다음 주말에 다시 그곳으로 가서 녀석을 데려왔다.

처음 몇 주는 지옥 같았다. 헤이들리는 별나고 신경질적이며 예민한 강아지였다. 게다가 완전히 천방지축이었다. 목줄을 질색했고, 세상 모든 걸 무서워했으며, 실내에 있으면 왠지 안절부절못했다. 집에 온 첫날, 하루 종일 아무 소리도 내지 않아서 나는 녀석이 벙어리인 줄 알았다. 그런데 우리가 녀석을 아래층에 남겨두고 문을 닫자, 완전히 겁에 질려 미친 듯이 짖어대며 문에 몸을 부딪혔다. 전에 집 안에서 살아본 적이 없어 갇히는 게 무서워서인 듯했다. 또, 자꾸만 유리문에 부딪혔다. 밖이 보이는데 나갈 수 없다는 사실이 녀석에겐 혼란스러웠던 모양이다. 우리가 녀석을 위층으로 데려가려 하자, 녀석은 계단을 바라보다가 우리를 올려다보며 '도대체 나보고 저걸로 뭘 하라고요?'라는 표정을 지었다.

하지만 강아지는 원래 처음엔 손이 많이 가는 법이고, 그 수고로움까지가 사랑스러운 부분이다. 문제는 헤이들리에 대한 내 반응이었다. 녀석이 짖을 때마다 나는 내가 실패하고 있다고 생각했다. 짖는 소리가 들리면 온몸이 떨렸다. 처음으로 목줄을 풀어주었을 때는 너무 긴장한 나머지 숨이 쉬어지지 않았다. 녀석이 도망치거나 누군가를 물지도 모른다고 생각해 겁에 질렸다. 집 안에서 혹시 소변이라도 볼까 봐 지나치게 걱정이 돼서 틈만 나면 강박적으로 녀석을 집 밖으로 데리고 나갔다. 별것 아닌 실수 하나하나가 고장 난 내 머릿속에서는 대재앙으로 부풀려졌다. 전부 내가 실패자이자 무능한 인간이라는 증거였다. 헤이들리가 유난히 짖어대던 어느 밤에는 피해망상에 사로잡혀, 녀석이 나와 함께 있는 걸 싫어한다고 확신하기까지 했다. 녀석이 내가 미쳤다는 사실을 알아챘다고. 그러니 가장 좋은 해결책은 아침에 이웃집으로 녀석을 데려가 (여전히 차 한잔하자는 꾸준한 문자를 부지런히 보내오는) 이웃에게 맡기는 것이었다. 그녀에게는 전일제 직장이 있고, 강아지를 키우겠다고 한 적도 없으며, 그럴 의향도 전혀 없었지만 말이다. 하지만 내 머릿속에서는 그 방법만이 내 정신병에 알레르기가 있는 강아지라는 아주 현실적인 문제를 처리하는 완벽하고 유일한 해결책이었다.

\*

　헤이들리가 집에 오면서 강아지 산책이라는 새로운 도전이 시작되었다. 첫 번째 과제는 침대에서 나오는 일이었다. 어떤 날은 그 사소한 행동조차도 너무 벅찼다. '너무 벅차다'니 무슨 뜻이냐고? 나는 이런 무기력함이야말로 우울증을 겪어보지 않은 사람이 가장 공감하기 어려운 감정 중 하나라고 생각한다. 슬픔이나 비탄, 불안은 대부분의 사람이 이해할 수 있는 감정일 것이다. 하지만 침대에서 일어날 의지도 그럴 인지능력도 스스로에게서 찾을 수 없다는 느낌은 아마 상상하기 어려울 것이다. 팔다리가 욱신거리는 독감이나 수면 부족 혹은 근육통에서 오는 피곤함과는 전혀 다른 종류의 마비였다. 부분적으로는 뇌 기능의 문제였다. 나는 더 이상 뇌에서 다리를 움직이는 스위치를 찾을 수 없었다. 누군가가 그걸 꺼버린 듯했다. 또, 부분적으로는 감정의 문제였다. 애써서 뭘 해? 어차피 또 잘못될 텐데. 그리고 주체성에도 문제가 있었다. 이 팔다리, 이 몸이 진짜 내 것처럼 느껴지지 않았다. 나라는 존재는 내 머릿속에 갇혀 있는 혼란스러운 정신일 뿐이었고, 내 몸은 더 이상 내 지배 아래 있지 않았다. 게다가, 이불 속은 따뜻하고 안전했다. 그러니 그냥 여기 머물러 있는 편이 더 나아 보였다. 그렇다. 일어나기가 너무 어려웠다. 불가능했다.

　그리고 내가 현관문을 나섰다 치자. 만약 누군가를 마주친다면? 남에게 내보일 만한 상태가 아니었다. 꼴이 형편없었다. 모르는 사람이 보면 흠칫 놀라 뒷걸음질 칠 정도였다. 우울증에 걸린 게 부끄러워서가 아니라(처음에는 그랬지만), 그보다는 이 끔찍한 몰골을 다른 사람에게 보여주는 게 예의가 아닌 듯했다. 눈도 못 마주치고 말만 걸어도 움츠러들며 횡설수설하는 슬픔에 찌든 폐인. 사람들이 민망해할 터였다. 이런 꼴을 보고 싶어 할 사람은 없다. 특히 개를 산책시키는 장소에 초대받지 않은 유령처럼 내가 불쑥 나타난다면 더더욱 그럴 터였다. 아침도 아직 안 먹었을 텐데.

하지만 더 끔찍한 건 아는 사람을 마주치는 상황이다. 낯선 사람은 예전의 나를 잘 모르니 지금의 내가 정상이라고 착각할 수도 있다. 그러나 이웃이라면 떨리는 손, 창백한 얼굴, 체중 감소를 금세 눈치챌 것이다. 거기다, 직장은 어떤지, 출근은 왜 안 했는지 묻는다면? 하느님 맙소사, 절대 진실을 말해서는 안 된다. 왜 그들의 하루까지 망쳐야 하지? 어쨌든, 개 산책 중에 우연히 마주친 이웃에게 털어놓을 만한 이야기는 아니지 않나?

"안녕 캐시, 잘 지냈어요? 새 강아지예요? 오늘 날씨 정말 좋죠?"

"잘 못 지냈어요. 예, 새 강아지예요. 혹시 키우고 싶으세요? 날씨가 딱히 화창하지는 않네요. 아무튼, 이제 가볼게요. 오늘은 하루 종일 당신이 날 이상하게 쳐다본 건 아닌지 걱정하면서 시간을 보낼 생각이거든요."

나가지 않는 게 최선일 것이다. 그냥 집에 있어야지.

\*

상황은 안정되었다. 언제나 그렇듯이. 나는 헤이들리의 훈련에

많은 시간을 쏟아부었다. 처음에는 형편없는 주인이자 나쁜 사람이라는 죄책감을 덜고 싶어서 시작한 일이었다. 하지만 훈련은 우리 둘 다에게 질서와 목적의식을 안겨주었다. 마침내 결과가 나타났다. 부르면 달려와 나를 올려다보며 앉는 헤이들리의 모습을 보며 느끼는 만족감은 잘 키운 양배추를 수확할 때의 뿌듯함과 꼭 닮아 있었다.

"내가 해냈어." 나는 혼잣말로 중얼거렸다.

다음 해 여름, 헤이들리에게 텃밭을 밟지 않고 옆으로 돌아서 내게 오는 법을 가르치는 데 고작 5분밖에 걸리지 않았을 때, 나는 이 어두웠던 12월을 되돌아보며 녀석을 훈련하느라 기울인 노력에 뿌듯함을 느꼈다.

헤이들리는 충직하면서도 겁이 많은 독특한 성격을 지닌 개로 자라났다. 녀석은 주변에 늘 재앙이 도사리고 있다고 믿었다. 그래서 아무리 괴롭더라도, 가능한 한 재앙을 피하고자 항상, 정말 항상 명령을 따랐다. 녀석은 열 살이라는 어린 나이에 세상을 떠났다. 너무 이른 죽음이었다. 반려견을 떠나보낸 경험이 있는 사람이라면 누구나 그 죽음이 불러오는 아픔과 새로운 개를 입양할 때 찾아오는 달콤씁쓸한 가슴 저림을 알 것이다. 그래도 우리는 다시 한번 용기를 냈다. 여전히 슬픈 가운데, 이번에도 스프링어 스패니얼을 들였다. 험프리. 이 녀석은 세상을 기쁨이 넘치는 즐거운 모험의 세계로 여겼다(상당한 문화 충격이었다). 그제야 나는 헤이들리가 단순히 위안이나 보살핌의 대상이 아니라, 가장 필요했던 순간에 내 편이자 동지가 되어준 존재였음을 깨달았다. 우리는 마음이 잘 통했다. 녀석은 필립 풀먼의 『황금 나침반』 시리즈에 나오는 '데몬' 같았다. 데몬은 등장인물의 내면을 동물 형태로 나타낸 존재로, 등장인물과 평생을 함께한다. 우리는 둘 다 재앙이 곧 닥칠 거라고, 분명히 안 좋은 일이 틀림없이 일어날 거라고 믿으면서도, 서로가 있었기에 덜 외로웠다. 나는 헤이들리를 잃고 나서야 녀석이 내 데몬이었다는 걸 깨달았다.

많은 면에서 헤이들리는 채소밭과 비슷한 치유 효과를 주었다. 둘 다 내게 자연과 연결되는 경험을 선물해 주었다. 내가 돌본 덕분에 자연은 자라고 성장했고, 그렇게 다 자란 후에는 내 주체성과 능력을 보여주는 매일의 증거가 되었다. 헤이들리도 마찬가지였다. 그러니 어쩌면 나는 그렇게까지 무력한 존재도, 생각만큼 고독한 존재도 아니었는지 모른다. 내가 보기엔 국민건강보험에 텃밭이 포함되어야 한다. 그리고 내 마음대로 할 수 있다면 반려견도 포함하고 싶다.

*

크리스마스쯤이 되자 상황이 한층 나아졌다. 샤워기의 수도꼭지를 다시 다룰 수 있게 되었고, 차도 끓일 수 있게 되었다(획기적 사건!). 헤이들리도 내 말을 잘 따랐다. 게다가 우리는 삶에 대한 태도도 비슷했다. 이제 내 걱정을 함께 나눌 누군가가 생긴 셈이었.

수면제의 도움 없이 잠을 자기 시작했다(실제로 '도움'을 줬는지도 의문이지만). 항우울제, 인지 행동 치료, 명상, 침술(나처럼 회의적인 사람에게도 효과가 있었다), 그리고 여름 내내 채소밭에서 보낸 시간이 내 머릿속의 소란을 조금씩 가라앉혔다.

우울증을 이겨내는 방법은 사람마다 다르며, 정말 완전히 이겨낼 수 있는 사람이 있는지도 확신할 수 없다. 그러니 '관리한다'는 표현이 더 정확할지도 모르겠다. 내 경험상, 우울증은 급성기를 지나도 오랫동안 흔적을 남기기 때문이다. 예를 들어, 나는 항우울제에 늘 양가적인 감정을 느낀다. 복용 권고를 들었을 당시는 반박할 수 있는 상태가 아니었다. 고통만 덜어준다면 뭐든 할 수 있을 만큼 절박했기에 부작용 따위는 상관하지 않았다. 약물은 가장 지배적이던 감정인 우울감을 없애주었다. 하지만 그와 함께 사랑, 관심, 공감, 욕망, 즐거움, 분노, 의욕 등 다른 감정까지 앗아갔다. 감정의 스위치가 꺼지며 내 인간성마저 함께 꺼져버린 듯했다.

인지 행동 치료는 과거를 되씹거나 앞날을 부정적으로 상상하는 습관에서 벗어나도록 도와주었다. 하지만 약물과 마찬가지로, 이 역시 근본적인 해결책이라기보다 증상을 잠시 덮는 미봉책에 가까웠다.

내 경우에는 비의료적 치료법이 정체성을 되찾는 데 가장 큰 도움이 되었다. 약물과 심리 치료 덕분에 우울증이 더 악화되지는 않았지만, 명상, 침술, 반려견, 그리고 채소밭이 없었다면 고통의 뿌리를 찾지 못했을 터였다.

\*

　여러 치료법의 조합은 효과가 있었다. 이제 완전히 선명하진 않더라도 반투명하게나마 세상이 보이기 시작했다. 마침 크리스마스였기에 더 기뻤다. 원래의 나는 크리스마스만 되면 짜증 날 정도로 아이처럼 들뜨곤 했기 때문이다.

　앞으로는 어떤 일에도 설레지 않을 거라고, 즐거움을 느끼는 능력을 영영 잃어버렸다고 믿고 있긴 했지만, 어차피 한가했고 뽑을 잡초도 없는 데다 뇌도 어느 정도 정상적으로 작동하고 있었기에, 나는 축제 준비에 몰두했다. 놀랍게도, *재미있었다.*

　음식이 준비의 핵심이었다. 겨울 폭풍만 불지 않는다면 케일렛, 붉은 양배추, 파스닙, 케일, 셀러리악\*을 식탁에 올릴 생각이었다. 나는 거의 매일 밭을 찾아가 작물의 상태를 살폈다. 셀러리악의 뿌리가 다소 작았지만, 많이 심어두었기에 양은 충분할 터였다. 꼭 진흙 투성이 테니스공만 한 크기였지만 말이다.

　어느 날, 비둘기 한 마리가 우연인지 고의인지 케일을 보호하려고 쳐놓은 그물망 안에 갇히는 사건이 벌어졌다. 이참에 화려하게 생을 마무리하기로 작정한 듯, 녀석은 케일을 배 터지게 먹어치운 뒤 과식으로 정신을 잃고 줄기만 남은 케일 밑동 아래에서 죽어버렸다. 덕분에 크리스마스에 사용할 몫을 남겨놓으려면 그때까지 케일을 아껴 먹어야 했다.

---

\* 뿌리셀러리 혹은 덩이셀러리라고 불리는데, 야생 셀러리의 변종으로 주로 뿌리를 먹는다.

예전 어디선가 크리스마스 날 집에서 기른 햇감자를 먹는 방법을 읽은 기억이 있다. 저지 로열 품종을 비롯한 햇감자는 보통 여름에 수확하지만, 그것을 비스킷 깡통에 넣어 땅에 묻으면 크리스마스까지 신선하게 보관할 수 있다는 내용이었다. 문제는 내가 그 깡통을 묻었을 때가 정신이 오락가락하던 8월이었다는 점이다. 그래서 우리가 크리스마스 날 집에서 기른 감자를 먹을 수 있을지 없을지는 전적으로 내가 그 기억을 되살릴 수 있느냐에 달려 있었다. 표시도 없이 땅속 어딘가에 묻어둔 크리스마스 보물을 찾아야 했다.

(몇 해 뒤에 더 쉬운 방법을 알게 되었다. 8월 말에 빨리 자라는 전통 품종 감자를 심고, 꽃이 피면 흙을 북돋아 덮은 뒤 크리스마스까지 플리스 천으로 덮어두면 된다. 땅에 물이 고이지 않는 한, 감자는 크리스마스까지 땅속에서 행복하게 있을 것이다. 이 방식을 쓰면, 깡통에 보관한 햇감자보다 구웠을 때 맛도 더 좋고, 무엇보다 묻은 장소를 잊어버릴 염려가 없다.)

처음 시도한 해의 크리스마스 감자 수확은 대성공이었다. 이후로 그런 풍작은 다시 없었다. 내 인생 최고의 수확이었다. 무언가를 돌보고자 하는 욕망이 처음 움튼 순간이었기 때문이 아닐까 싶다.

\*

기분이 바닥일 때는 요리가 무가치한 일로만 여겨졌다. 너무 귀찮았고 관심도 없었다. 누군가 내 앞에 음식을 가져다주면 먹긴 했지만, 그게 고급 초밥이든 값싼 생선 튀김이든 아무런 상관이 없었다. 어차피 둘 다 먹고 싶지 않았기 때문이다. 챙겨주는 사람이 없을 때는 토스트로 대충 끼니를 때웠다. 그러다 의욕이 서서히 돌아오기 시작했고, 그해 크리스마스에는 오랜만에 요리에 온갖 정성을 쏟아부었다.

텃밭에서 거둔 수확물이 내게 아이디어를 불어넣었다. 붉은 양배추는 푹 삶고, 사보이 양배추는 베이컨과 고소한 스펠트 밀과 함께 볶고, 초벌 파스닙은 된장을 발라 굽고, 셀러리악은 가염버터를 넣고 으깨서 사슴고기에 곁들일 생각이었다. 크리스마스 분위기가 나도록 돼지고기를 양배추 안에 세이지와 밤을 곁들여 채워 넣기도 했다. 수확한 채소들이 영감을 불어넣은 덕분에 하고 싶은 요리가 넘쳐났다.

폴은 내가 끝없이 만들어내는 요리들을 기꺼이 그리고 열심히 먹어주었다. 어느 화요일 퇴근하고 돌아온 그에게 내가 "저녁으로 돼지 족발을 푹 조렸어. 이 사보이 양배추에 넣을 속으로 딱 좋아 보여"라고 말했을 때도 그는 표정 하나 바꾸지 않았다.

### 돼지 족발로 채운 양배추

음, 말이 나온 김에 얘기하자면, 이 요리는 뚜껑 덮은 캐서롤 냄비를 오븐(150℃)에 넣어 은근히 끓이는 방식이다. 냄비에 돼지 족발 4개, 양파 1개, 당근 2개, 셀러리 줄기 2개, 말린 버섯 30g, 월계수 잎 몇 장을 넣고, 전부 푹 잠기도록 육수를 부은 다음, 오븐에서 약 세 시간 정도 익힌다. 익힌 족발은 건져 식힌 뒤, 뼈에서 고기를 발라낸다. 이 고기를 냄비 속 양파 전부, 당근 1개, 셀러리 줄기 1개, 버섯 몇 개와 함께 잘게 다진 후, 소금으로 간을 한다. 이 다진 고기 혼합물을 사보이 양배추 4장에 채워 넣고, 단단히 말아준다. 남은 육수를 겉면에 조금 바른 뒤, 180℃에서 20분간 굽는다. 그사이, 남은 육수를 졸여 20% 정도가 남았을 때 불을 끈다. 불을 끄기 직전에 달콤한 셰리주 약간과 소금을 넣어 윤기 나는 소스를 만든다. 속을 채운 양배추를 으깬 감자, 고기국물 소스와 함께 내면 딱 2인분이다. 이렇게 쉬울 수가…….

*

하지만 한 사람만으로는, 아무리 열심히 먹어준다고 해도, 내가 수확한 작물을 다 요리할 수는 없었다. 그래서 친구들을 집으로 초대했다. 몇 달 만에 처음으로 손님을 맞아 시간을 함께 보냈다.

놀랍게도, 나는 친구들과 가족이 식탁에 둘러앉아 내가 직접 기르고 요리한 음식을 먹는 것 말고는 더 바라는 것이 없다는 사실을 깨달았다. 겨울 수확물이 무척 자랑스러워 그것들을 마음껏 뽐내고 싶었다. 잘 자란 호박은 몸과 마음이 비교적 멀쩡했을 때도 큰 성취감을 줬지만, 몇 달 동안 무기력한 시간을 보내고 나니 그야말로 기적처럼 느껴졌다. 내가 소파에서 몸도 제대로 일으키지 못하던 시절 차와 토스트를 챙겨주던 친구들에게 나는 집에서 기른 호박에 양배추와 베이컨, 보리 리소토로 속을 채운 근사한 요리를 대접했다.

다만, 여전히 조심스러운 마음에 한 번에 두 사람 정도만 초대해 힘에 부치지 않도록 했다. 슈퍼마켓에 장 보러 갈 때도 붐비는 시간대는 피했다. 북적이는 인파 속에 있으면 여전히 공황 상태에 빠질 수 있었기 때문이다. 나는 자극의 양을 조절하고 내 속도에 맞춰 살아가는 법을 배우는 중이었다.

항우울제는 처음엔 내 모든 감정을, 긍정적인 감정이든 부정적인 감정이든 전부 무디게 만들었다. 하지만 이제는 기쁨이나 즐거움을 느끼고 싶다면 그런 환경이나 순간을 의도적으로 만들어보되, 준비 과정에서 스스로를 너무 몰아붙이지만 않으면 된다는 사실을 알게 되었다. 이때 내 곁에 있는 좋은 사람들이 긍정적인 감정을 다시 불러오는 데 큰 역할을 해주었다. 그래서 오랫동안 내 안에서 죽어 있었던 사랑과 고마움의 감정을 표현하고 싶었다. 오랜 시간 나는 멀리 떠나 있었고 완전히 그들 곁에서 사라졌었는데도, 다시 돌아왔을 때 모두가 그대로 머물러준 모습을 보고 나는 마음 깊이 안도했다. 그래서 그들을 내 곁에 모아 꼭 끌어안고 기다려줘서 고맙다고 말하고 싶은 충동이 일었다. 그런데 내가 아는 사랑의 표현 방식은 오직 하나, 음식뿐이었다. 그래서 나는 요리했다.

누군가를 위해 시간을 들여 식사를 차리는 일은 곧 사랑을 건네는 행동이다. 낯선 상대에게도 시간과 노력, 배려가 담긴 음식 한 접시를 제물처럼 내밀며 그가 기뻐하기를 바란다. 게다가, 그 음식의 재료를 직접 기르기까지 했다고 생각해 보자. 씨앗부터 지난 여덟 달 동안 정성껏 돌봐온 파스닙에 된장을 발라 굽고 김 가루를 솔솔 뿌린 요리 한 접시를 대접하는 일은 놀랍도록 깊은 의미를 지닌 행위인 셈이다.

그런 식사 자리에서 내 눈이 전도자의 눈처럼 반짝였다는 사실을 부정하지는 않겠다. 나의 새로운 교회인 자연이 나를 설교자로 삼은 이상, 나는 모두에게 자연의 경이로움을 보여주고 싶었다. 친구들은 내가 그들에게 속을 채운 호박을 권하고 있다고 생각했겠지만, 내가 진짜로 하려던 말은 이거였다. "보라! 이것을 보시라! 이 호박은 몇 달 전만 해도 새끼손톱만 한 씨앗이었는데, 지금은 보라. 이렇게 크고 멋지구나. 자연의 기적이도다. 이 속 채운 호박을 경배하라. 이것이 곧 생명 그 자체니라."

나는 그들을 개종시키고 싶었다. 그들에게 기적을 목격하게 하고 내가 찾은 회복의 원천, 즉 자연이 주는 경외감도 그들과 함께 느끼기를 바랐다. 언젠가는 이 맹목적인 열정이 옳다는 사실이 밝혀지리라.

### 개종을 부르는 속 채운 늙은 호박

속을 채운 늙은 호박 요리는 사실 속셈이 뻔히 드러나는 요리다. 너무 성대하고 화려하며 극진한 환대의 느낌까지 들기에 가장 완고한 사람조차 채소의 기적 앞에 무릎을 꿇게 만든다. 식탁 한가운데 놓인 이 요리는 크기만으로도 신성하고 경이로운 분위기를 자아내, 첫입을 먹기도 전에 이미 새로운 신도가 탄생한다.

다음은 호박 속을 채우는 방법이다. 우선 넓적하고 둥근 호박을 골라 뚜껑이 될 윗부분을 잘라낸다. 씨를 파낸 뒤, 뚜껑과 몸체 둘 다 자른 면이 위로 향하게 로스팅 팬에 올린다. 호박 안팎에 올리브유를 바르고 소금과 후추로 간한 뒤, 200℃ 오븐에서 완전히 익을 때까지 약 한 시간 정도 굽는다.

속재료로는 곡물이 좋다. 나는 껍질 벗긴 스펠트 밀이나 보리를 좋아하지만, 통귀리(호드메도스 사(社)의 농산물을 추천)도 재미있는 식감을 선보이며 프리카*도 잘 어울린다. 렌틸 콩이나 일반 콩처럼 익었을 때 흐물흐물해지는 재료는 안 된다(단, 씹는 맛이 유지되는 카를린 콩은 괜찮다. 역시, 호드메도스 제품을 추천한다). 조리 후 물기를 제거한 곡물 약 250g이면 4~6인분 분량의 중간 크기 늙은 호박 하나를 채우기에 충분하다.

익힌 곡물에 천천히 볶아낸 샬럿/양파/리크/셀러리/마늘(이 중 아무거나 혹은 전부), 볶은 판체타나 소시지 고기, 버섯(된장을 약간 넣으면 풍미가 더해진다) 등 감칠맛 나는 재료, 세이지, 로즈마리, 타임 등 진한 향이 나는 허브, 그리고 바삭한 식감을 주는 견과류나 씨앗(호두, 헤이즐넛 등 가을 느낌이 나는 것)을 넣고 잘 섞은 다음, 맛을 본다. 이때, 한 입 더 먹고 싶을 만큼 맛있어야 한다. 그렇지 않다면, 감칠맛을 더하기

---

* 이집트와 중동의 전통 곡물. 익기 전에 수확한 초록색 밀을 불에 그슬린 뒤 말린 것으로 고소한 맛과 훈제 향이 난다.

위해 된장과 소금을 조금 더 넣는다.

따뜻한 호박에 속을 채우고 '뚜껑'을 덮은 뒤, 속까지 전부 따뜻해지도록 오븐에 다시 넣어 20분간 더 익힌다. 마침내 완성된 이 기적의 요리를 식탁으로 가져가 기다리던 신도들에게 나누어주면서 그들이 호박의 영광에 굴복하는 모습을 지켜본다.

덜 화려한 버전이나 어쩌다 보니 채식이 되어버린 버전도 있다. 시중에 파는 땅콩호박을 사용하면 된다. 땅콩호박을 사용한 버전은 다음과 같다.

**재료** (4~6인분 기준)

땅콩호박 1개
엑스트라 버진 올리브유 4큰술
밤양송이 500g, 잘게 다지기
현미 일본 된장 2작은술
양파 1개, 잘게 다지기
셀러리 줄기 2개, 잘게 다지기
마늘 2쪽, 으깨기
세이지 잎 8장, 잘게 썰기
타임 잎 1큰술, 다진 것
볶은 헤이즐넛 60g, 으깨기
호박씨 50g
통밀 스펠트 205g(혹은 다른 곡물), 익힌 것

오븐을 200℃로 예열한다.

땅콩호박을 세로로 반 자른다. 껍질은 벗기지 않아도 된다. 씨를 제거한 뒤, 엑스트라 버진 올리브유 2큰술을 뿌리고 넉넉하게 소금 간을 한다. 45분에서 한 시간 정도 오븐에서 구워 단면이 부드럽고 캐러멜화가 되게 한다. 두 반쪽이 충분히 익으면, 속살을 일부 파내어 움푹한 배 모양으로 만든다. 파낸 속살은 나중을 위해 따로 둔다.

오븐 온도를 180℃로 낮춘다.

큰 프라이팬을 센 불에 올리고 버섯에 소금을 크게 한 꼬집 넣어 수분이 날아갈 때까지 5분간 볶는다(소금이 버섯의 수분을 끌어내므로 기름은 필요 없다. 기름을 넣으면 버섯 맛이 기름져질 뿐이다). 된장을 넣어 잘 섞는다.

불을 중약불로 낮추고, 남은 올리브유 2큰술과 함께 양파, 셀러리, 마늘, 세이지, 타임을 추가해 양파가 부드러워질 때까지 8~10분간 은근히 볶는다. 여기에 헤이즐넛, 호박씨, 스펠트 통밀, 따로 둔 호박 속살을 넣고 잘 섞은 후, 간을 본다. 아마 후추를 좀 넣고 싶을 것이다.

준비된 속 재료를 숟가락으로 떠서 속을 파낸 땅콩호박에 채운다. 이때 속을 채운 호박은 냉장고에 넣어두었다가 나중에 사용해도 된다(채식 저녁 식사를 미리 준비해 두기에 좋은 방법이다). 바로 먹고 싶다면, 오븐에 넣어 15~20분간 완전히 데워서 먹는다.

\*

음식을 요리하고 먹는 일은 우리를 자연과 이어준다. 『야생의 숨결 가까이』의 저자 리처드 메이비는 글쓰기와 문화가 인간과 자연 사이의 경계면이자 다리라고 말한다.

**나는 언어나 상상력이 우리를 자연에서 멀어지게 하는 것이 아니라, 오히려 자연과 다시 이어주는 가장 강력하고도 본질적인 도구라고 믿는다. (……) 문화는 자연의 반대도 대립물도 아니다. 그것은 인간과 비인간 세계 사이를 잇는 다리이자, 인간세계를 둘러싼 얇고 반투명한 피막이다.**

나는 요리에도 그런 기능이 있다고 생각한다. 지역의 제철 식재료로 요리하는 일은 그 재료를 길러낸 자연과 우리가 다시 만나는 일이다. 그런 요리는 말 그대로 접시 위에 놓인 자연이다. 자연은 시골에 가서 잠시 들여다보는 무언가가 아니다. 우리의 냉장고 안, 부엌, 장바구니, 혹은 저녁 식탁 위에 존재한다. 하지만 슈퍼마켓에서 세척되고 다듬어져 비닐에 싸인 채소를 사느라 이 진실을 종종 잊는다. 이들 채소의 고르고 반들거리는 자태는 녀석들이 자란 들판과 너무 동떨어져 보인다(정말 들판에서 자랐는지도 의심스럽지만).

그해 12월, 계절상 날마다 밭에 나가지는 못했지만, 수확물을 요리하는 행위를 통해 나는 여전히 자연과 이어져 있었다. 채소 재배와 요리, 둘 다 내게는 자연과의 연결 통로였다.

*

다시 한번, 채소밭이 조용히 나를 우울의 침잠에서 건져주었다.

나를 자연과 다시 이어주더니 나 자신과 타인을 돌볼 용기를 북돋아 주었다. 당시에는 내가 채소를 돌보고 있다고 믿었지만, 지금 돌아보니 오히려 채소들이 나를 돌보고 있었다. 그러면서 내 안에 타인을 대접하고 싶어 하는 마음이 있다는 사실까지 일깨워 주었다.

그해 크리스마스, 우리 식탁 위에는 채소밭에서 거둔 수확물이 가득했다. 나는 요리할 메뉴를 전부 미리 계획해 두었다. 아침으로는 시금치 프리타타*나 (우리 가족의 크리스마스 전통 음식인) 영국식 팬케이크와 직접 만든 야생 열매 잼을, 점심으로는 비트 수프, 텃밭 채소로 만든 처트니**를 곁들인 햄, 가을에 따서 얼려뒀던 사과로 만든 사과 크럼블***을 준비했다. 크리스마스와 새해 사이의 한갓진 시기에는 석류 알을 뿌린 생양배추 샐러드나 헛간 속 생쥐로부터 지켜낸 호박을 구워 곁들인 리소토를 먹을 생각이었다.

대망의 크리스마스 날, 가족들이 식탁에 빼곡히 둘러앉아 감자를 찾아 요리를 뒤적이고(내가 찾았다), 붉은 양배추 조림을 서로 덜어주었다. 물론, 그 양배추도 내가 키운 것이었다. 파스닙은 크기는 작았지만 집에서 길러서 그런지 더 달콤했다. 아, 성공의 맛. 식사 자리는 훈훈하고 만족스러웠으며, 나는 정말로 행복했다. 스트레스가 전혀 없었고, 작물 수확에서부터 메뉴 계획, 요리, 설거지까지 모

---

\* 이탈리아식 달걀 요리로, 오믈렛과 비슷하지만 속 재료를 넣은 달걀물을 접거나 말지 않고 펼쳐서 요리한다.
\*\* 인도에서 유래한 소스로, 과일과 채소에 식초, 설탕, 향신료를 넣어 오랫동안 졸여 만든다.
\*\*\* 향신료를 넣고 졸인 사과 필링 위에 버터, 밀가루, 설탕으로 만든 바삭한 크럼블 토핑을 얹어 구운 영국식 과일 디저트.

든 과정이 즐거웠다. 전부 기쁨과 창의성이 깃든 일이었고, 베풂을 실천하는 기회이기도 했다.

그리고, 이 경험은 내 머릿속에 어떤 생각의 씨앗을 심었다.

## 방울양배추를 사용한 타르티플레트*, 일명 '수프라우티플레트'

직접 기른 식재료라면 당연히 식탁의 주인공 자리를 내주고 싶다. 어쨌든 몇 달 전만 해도 희망 어린 눈빛으로 바라보던 씨앗에 불과했는데, 지금은 기적처럼 자라났으니 말이다. 칠면조는 조연으로 밀려날 수밖에. 특히, 키우기가 불가능하다고 선언했던 이 악명 높고 까다로운 채소를 결국 열 달이나 정성껏 키워냈다는 사실을 생각하면 더더욱 그래야 한다. 그래서 방울양배추가 마땅한 관심을 받지 못하면 괜히 속상하다. 더 나쁜 건, 아예 대놓고 무시당하는 경우다. 전통상 어쩔 수 없이 식탁에 올릴 뿐, 맛있게 요리하려는 정성조차 들이지 않는 사람도 있다. 15분이나 삶아 흐물흐물해진 방울양배추의 맛은 분명 역겨울 거라 생각해 처음부터 포기하는 것이다. 하지만 애정을 듬뿍 쏟고 스포트라이트를 비춰주면 녀석들도 보답한다. 은혜를 잊지 않고 훌륭한 겨울 저

---

\* 프랑스 알프스 지방의 전통 요리로, 감자, 르블로숑 치즈, 베이컨, 양파 등을 넣고 오븐에 구운 감자 캐서롤 요리.

녁 식사로 변신해 준다.

    프랑스 오트사부아 지방의 낙농업자라면, 내가 타르티플레트에 전통 재료인 르블로숑 치즈 대신 카망베르 치즈를 넣었다는 사실이 몹시 언짢을지도 모르겠다. 하지만 어차피 감자를 방울양배추로 바꾼 순간부터 그들의 경멸쯤은 감수할 각오가 되어 있었다. 게다가, 르블로숑 치즈는 구하기도 쉽지 않다.

### 재료

(1인분 기준)
\*심장병 전문의에게는 비밀이다.

방울양배추 175g(손질 후 무게), 다듬은 뒤 반으로 자르기
훈제 라르동\* 80g
버터 10g
샬럿\*\* 50g, 얇게 썰기
크고 통통한 마늘 한 쪽, 으깨기
타임 잎 1작은술, 다진 것
드라이 화이트 와인 50ml
더블 크림 50ml
숙성 카망베르 치즈 125g(보통, 원판의 1/2), 구할 수 있다면 르블로숑 치즈로 대체 가능
함께 먹을 바삭한 빵과 아삭한 샐러드

---

\* 돼지의 삼겹살이나 등 지방을 소금에 절인 프랑스식 베이컨.
\*\* 작은 양파처럼 생긴 채소로, 양파보다 맛이 부드럽고 은은한 마늘 향이 난다.

방울양배추는 과하게 익지 않도록 반드시 딱 2분간만 소금물에 데친 뒤, 곧바로 얼음물에 담가 식힌다. 물기를 빼고 살짝 마르도록 놔둔다.

중강불로 달군 팬에 라르동을 넣고 기름이 빠져나오며 베이컨이 노릇하게 익을 때까지 볶는다. 구멍 숟가락으로 라르동만 건져 따로 두고, 나온 기름은 그대로 팬에 남겨둔다.

불을 살짝 줄이고 버터를 넣어 지글지글 끓기 시작하면 샬럿을 넣고 부드러워지되 갈색이 되기 전까지 10분간 은근히 볶는다. 마늘과 타임을 넣고 2분간 더 볶는다.

이제 다시 중불로 올려 팬을 달군다.

팬에 화이트 와인을 넣고 거의 다 졸아 없어질 때까지 부글부글 끓인다. 불에서 내려 더블 크림, 따로 두었던 라르동, 방울양배추를 넣고 소금과 후추로 간을 맞춘다.

전부 오븐용 그릇에 옮겨 담는다. 방울양배추가 한 겹으로 퍼질 만한 크기의 그릇이 좋다. 치즈를 5mm 두께로 썰어 방울양배추 위에 고루 올린다. 그릴이나 그릴 기능을 켠 오븐에 넣고 치즈가 녹아 황금빛으로 지글댈 때까지 8~10분간 굽는다. 아삭한 샐러드와 함께 빵을 곁들여 그릇까지 싹싹 닦아 먹는다. 요리에 쓰고 남은 화이트 와인을 시원하게 한 잔 곁들이는 것도 잊지 말자.

# January

1월,
그것은 씨앗 한 알과 함께 시작되었다.

## *January*
### 1월

## 완벽하지 않아도,
## 실패해도 괜찮아

**채소밭에서…**

지금은 정원을 가꿀 때가 아니다. 꿈을 꿀 때다. 좋아하는 의자에 앉아 담요를 두르고 차 한 잔을 손에 든 채, 발치에 누워 있는 헤이들리의 온기를 느끼며 생각에 잠긴다. 봄이 오면 어디에 어떤 채소를 심을지 그려보는 시간이다. 평소 1월의 내 기분답지 않게, 드물게 희망차고 낙관적인 상상에 잠긴다.

계획은 아주 중요하다. 특히, 나처럼 정원의 이곳저곳에서 주로 한해살이 채소를 씨앗부터 키우는 사람이라면 더 그렇다(루바브, 아티초크, 아스파라거스 등 다년생 채소는 마법처럼 매년 다시 그 자리에 돌아오지만). 해마다 나는 모눈종이에 어떤 채소를 어디에 심을지 계획한 텃밭 지도를 그린다. 계획이 완성되면 보란듯이 캘리그래피로 예쁘게 다시 쓴다. 때로는 코팅까지 해두곤 한다. 과한 줄 알면서도.

코팅된 계획이든 아니든, 미리 계획을 세우지 않으면 열정만 앞서 씨앗을 터무니없을 만큼 많이 사게 된다. 말려줄 어른 하나 없이 사탕 가게에 혼자 들어간 아이처럼, 씨앗 카탈로그 더미 앞에서 신이 나서 어쩔 줄을 모른다. 그러다 순식간에 흥청망청 용돈을 다 써버리고 만다.

"괜찮아." 나는 중얼거린다. "토마토 다섯 종류쯤은 어떻게든 욱여넣을 수 있겠지. 오오, 전통 품종 멜론이네. 재밌겠는데? 온실이 필요하다고 쓰여 있긴 하지만 없어도 괜찮을 거야. 어머, 유기농 붉은 퀴노아라니, 키우기 쉬워 보여. 잠깐, 오크라잖아!"

나는 정말이지 주의가 산만하고, 반짝이는 새 품종에 쉽게 홀리는 사람이다. 그러니 계획을 세우지 않으면, 내 텃밭은 희귀하고 까다로우며 시간만 잔뜩 잡아먹는 식물로만 가득할 터였다. 그리고 나는 쌓여가는 좌절감과 텅 빈 저장고만 얻겠지.

또, 내게는 공간 낙관주의라는 고질병도 있다. 예전에 누가 나를 시간 낙관주의자라고 부른 적이 있었는데, 알고 보니 그 말은 주어진 시간 안에 할 수 있는 일보다 더 많은 일을 할 수 있다고 착각하는 망상 환자라는 뜻이었다. 공간 낙관주의자도 비슷하다. 지금의 공간이 허락하는 양보다 더 많은 채소를 심을 수 있다고 믿는다. 현실적으로는 다른 차원의 공간을 이용하지 않는 이상 불가능한데도.

계획이 이런 바보짓을 막아줄 터였다. 하지만 계획은 흐지부지된다. 십중팔구는 지켜지지 않고, 거짓말이 되어버린다. 나는 계획한 자리를 바꿀 것이 분명하고, 막상 때가 되면 뭔가를 또 끼워 넣을 것이다. 또, 기억보다 식물이 더 크거나 작을 수 있기에, 그에 따라 공간을 다시 조정해야 한다. 하지만 원래의 계획을 너무 고집할 필요는 없다. 계획의 목적은 과한 구매를 막는 데도 있지만, 그보다는 아름답고 풍요로운 미래를 상상하는 데 있다. 그중 절반이라도 실현될지 모른다는 희망이 1월의 우울한 분위기 속에서 빛과 위안을 선사한다.

그래서 벽난로 옆에 앉아 무기력한 잿빛을 띤 새해 햇살을 받으며, 씨앗 카탈로그에 둘러싸인 채 자와 모눈종이로 내 과도한 열정을 억누르려 애쓴다.

카탈로그는 반드시 우편으로 받는 종이로 된 책자여야 한다. 온라인 검색은 성에 차지 않는다. 씨앗 카탈로그를 뒤적이는 일은 우리 정원사와 농사꾼들이 수세대에 걸쳐 즐겨온 전통이다. 서툴게 인쇄되고 어지럽게 편집된 소책자를 들여다보며 성경책처럼 얇은 페이지를 넘겨보는일, 마지막 장에 있는 공항 출입국 신고서를 만든 사람이 했을 법한 복잡한 디자인의 주문서를 보며 감탄하는 일 등 모든 과정이 매력적인 전통의 일부다.

* * *

으윽. 새해다. 새해 결심들이 넘쳐난다. '해야 할 일'과 '하지 말아야 할 일'이 산더미처럼 쏟아진다. 지금보다 더 완벽한 자신이 되기 위한 약속과 프로그램이 너무 많다. '최고의 삶을 살자'거나 '새로운 내가 되자'는 다짐. 온갖 규칙이 세워진다. 이 주말 특집 기사에 나온 규칙을 모두 따르기만 하면, 내 문제도 전부 해결될 것 같다. 상태가 좋을 때조차 이런 새해 분위기는 내 심기를 건드린다. 내가 새출발의 매력에 약하기 때문이다. 더 나아질 수 있다는 약속은 언제나 매혹적이다. 새출발이나 새 공책의 첫 장보다 내가 더 좋아하는 것은 없다. 새롭게 시작하자고, 새해는 속삭인다. 작년의 후회스러운 기억은 다 잊고 이번에는 더 잘해보자고. 그냥 더 열심히 하라고.

그런데, 애초에 과거의 내가 그렇게 문제였나? 과거의 나도 작년 이맘때면 더 나아지려고 노력했었다. 걔는 실패했나? 그럼 다시 처음부터 전부 다 반복해야 하나? 나는 이 시험을 절대 통과할 수 없는 운명인 건가? 나는 여전히 결심하고 개선되고 고쳐지고 정화되어야 하는 존재인 건가?

과거의 나는 새해마다 열렬히 고개를 끄덕이며 새 헬스장에 등록하고 다이어트 프로그램을 시작하고, 올해 읽을 100권의 책 목록을 만들고, 하루 물 섭취량을 기록하는 앱을 찾아보곤 했다(이런 유독한 '자기 계발'이 나를 늘 부족하다고 느끼게 했다는 사실이 이제 와선 그리 놀랍지 않다). 하지만 올해는 다르다. 올해 나는 새해 다짐이라는 유혹을 물리칠 준비가 완벽하게 되어 있다. 부분적으로는, 내게 불완전함을 받아들이는 법을 가르쳐준 채소밭 덕분이다.

또한 이제 나는 지금이 진짜 새해가 아니라는 걸 안다. 적어도 자연에게, 그리고 나에게는 말이다. 우리에게 새해는 3월, 봄이 오는 때 비로소 시작된다. 실제로, 많은 고대와 중세 문화권에서는 현명하게도 3월 말에 새해를 축하했다. 그레고리력 도입과 함께 1월 1일을 새해로 삼는 관습이 점차, 그리고 종종 마지못해 받아들여지기 시작한 것이다. 봄이야말로 정원이 새로운 한 해를 시작하고 생명이 다시 깨어나는 때다. 나도 이때 겨울잠에서 깨어난다. 정원에는 1월이라고 해서 새로울 것이 없다. 만물은 여전히 잠들어 있다. 나를 포함해서.

\*

이달의 채소밭은 한 해 중 가장 지저분하고 어수선한 모습이다. 정원이란 데가 늘 어딘가 부족하긴 하지만. 5월에는 누에콩에 검은 진딧물이 끼고, 7월에는 완두콩 그물이 끊어진다. 쥐들은 1년 내내 묘목을 갉아 먹고, 잡초는 쉬지도 않고 뻔뻔하게 자라나 곱게 괭이질해 놓은 이랑을 어지럽힌다. 한번은, 배추흰나비 한 마리 때문에 십자화과 작물을 몽땅 잃은 적도 있다. 내가 직장에 간 사이, 나비 한 마리가 그물 아래로 몰래 들어와 애벌레 한 부대를 낳았고, 그 녀석들이 작물을 죄다 먹어치웠다. 돌아왔을 때 남은 거라고는 줄기와 그 주변을 해자처럼 에워싼 초록색 애벌레의 배설물뿐이었다. 지저분함과 불완전함만이 눈에 띄었다. 온 사방에서.

또 한번은 아침이 되어 농장에 도착해 담장 정원으로 향하는데, 자비로운 농부 브라운 씨가 부엌에서 달려 나와 나를 불러세웠다.

"잠깐 집으로 들어오세요." 그가 말했다.

"무슨 일 있으세요?" 내가 물었다. 브라운 씨의 얼굴이 누가 죽기라도 한 것처럼 굳어 있었다.

"정말 미안해요, 캐시. 블로섬과 그녀의 남자 손님이 어젯밤 탈출했어요."

알고 보니, 블로섬이라는 암퇘지를 수퇘지가 '방문'하는 중이었다. 새끼를 낳게 하려고 데려온 것이다. 이 수퇘지는 꽤 낭만적인 친구였던 듯하다. 그날 밤의 로맨스를 위해 분위기를 잡으려면 근사한 식사가 필요하다고 생각할 만큼. 그리고 데이트 상대에게 신선한 유기농 채소를 대접하기에 채소밭보다 더 좋은 곳이 또 어디 있겠는가? 그래서 이 카사노바는 돼지 울타리를 머리로 계속 들이받아 무너뜨린 뒤, 기뻐하는 블로섬을 채소 정원 입구로 안내했을 것이다. 그곳에서 녀석은 (상상컨대) 윙크를 하고 근육을 뽐낸 뒤, 문을 경첩째 부숴버렸겠지.

그때 블로섬은 아마 이렇게 생각했을 것이다. '세상에, *저이는* 정말 남자답네.'

하지만 그는 한 걸음 더 나아가 그녀의 (아마도) 족발을 붙잡고 채소밭으로 이끈다. 그곳에서 입맛을 돋우는 식전 요리로 달콤한 옥수수를 먹은 뒤 달빛조차 비치지 않는 캄캄한 밤중에도 선명히 보이는 밝은 물체를 그녀에게 소개한다. 나의 거대한 주황색 호박들. 마음을 완전히 빼앗긴 블로섬은 체면을 버리고 달려들어, 보이는 족족 영롱하고 달콤한 호박을 한 입씩 맛본다. 둘은 우걱우걱 먹어치우며 채소밭을 짓이기고는 모험이 선사한 포만감과 황홀감에 취해 돼지우리로 돌아간다. 그리고…… 뭐, 다음은 상상에 맡기겠다. 어쨌든 블로섬은 그해에 새끼를 낳았다. 나는 아기 돼지 모두에게 '호박'이라는 이름을 붙였다.

채소밭에는 늘 문제가 생긴다. 그래도 세상은 끝나지 않고 여전히 수확이 있고 기쁨이 있다. 수확물이 좀 울퉁불퉁하게 자라기도 하고, 오물오물 먹히거나 때로는 우걱우걱 먹히기도 하지만, 그럴 때도 성취감은 사라지지 않는다.

*

버릇없는 돼지들의 연애 소동으로부터 실패와 불완전함을 받아들이는 법을 배우지 못했다면, 정원 가꾸기 책에서 배울 수도 있다.

처음 채소를 키우면서는 원예 지침서를 열심히 들여다보았다. 무작정 시도하기보다는 먼저 교과서적인 방법을 알고 싶었다. 나는 어쩔 수 없는 범생이였다. 그래서 가정에서 채소를 기르는 '방법'에 관한 책을 닥치는 대로 읽었다. 그런데, 세상에, 규칙이 정말 많았다. 게다가 전부 꽤 복잡했다.

채소밭을 시작하고 처음 몇 해 동안은 흙 위에 버티고 선 채, 귀퉁이가 접히고 손때 묻은 지침서의 (당연히 전날 밤에 형광펜으로 표시해 둔) 지시 사항을 짚어가며 한 치의 어긋남도 없이 그대로 따랐다. 토양의 산성도를 측정하는 도구까지 샀다. 토양이 너무 산성이나 알칼리성이면 안 되니까. 책에 따르면, 감자가 선호하는 산성도 5.8의 토양이 아니라 산성도 6.5의 토양에 모르고 감자를 심는 일은 재앙을 초래할 터였다. 그리고 진짜 자를 대고 씨앗 사이의 간격을 쟀다. 비트 씨앗은 너무 붙여서 심으면 호두보다 작게 성장한다고 쓰여 있었기 때문이다. 또 다른 재앙의 그림자가 드리울 뻔했다.

또, 십자화과 채소에 해를 끼치고 토양 속에 수십 년간 머무르며 아무 작물도 심을 수 없게 만드는 곰팡이병인 뿌리혹병에 대해 너무 많이 읽은 나머지, 겁에 질려 십자화과 채소를 아예 심지 못한 적도 있다. 모험을 할 이유가 있나?

이것이 지침서의 문제다. 책을 읽으면 정원 가꾸기가 복잡하고 어려운 일처럼 보인다. 비트를 심는 데도 식물학 박사 학위가 필요할 것처럼 느껴진다. 지나치게 엄격한 규칙은 보기만 해도 기가 꺾인다. 특히 초보자라면 더더욱 그렇다. 모든 게 너무 복잡해 보여 포기하고 손을 들고 싶어진다. 그러다 헛간 문을 닫아걸고 대신 낚시를 하러 가버리는 것이다.

원예계가 인정하지 않으려는 커다란 비밀이 있다. 바로 이 규칙들을 다 *지키는* 사람은 없다는 사실이다. 취미용 텃밭의 자기 창고 옆에 앉아 남의 달리아꽃을 품평하고 거대한 호박을 길러 마을 전시회에서 우승하는 일이나 전전긍긍하는 늙은 고집쟁이들 말고는 말이다. 이들은 청경채나 브로콜리같이 유행하는 새로운 품종에 예민하게 반응하는 꼰대들이다. 그러니 용서해야 한다. 변화하는 세상 속에서 방황하는 외로운 영혼들로, 그들에게 규칙은 구명보트 같은 존재니 말이다.

어쨌든, 병가를 낸 첫 몇 주 동안 채소밭을 찾았을 때 나는 지침서를 볼 상태가 아니었다. 그래서 그냥 상추와 무 씨앗을 대충 밭에 뿌렸다. 씨앗 사이의 간격을 재지도, 씨앗을 덮기 전 흙을 체로 거르지도 않았다(사실은, *아예* 흙을 덮지도 않았던 것 같다). 물 주는 시기도, 어떤 종류의 토양을 사용했는지도 기록하지 않았다. 심지어 귀찮게 모종을 솎아내는 일도 건너뛰었다. 그런데 무슨 일이 일어났는지 아는가? 아무 문제도 생기지 않았다. 다 잘 자랐다.

그 이후로 나는 '대충 저지르고 보는' 방식을 택했다. 요즘은 삶에 대해서도 그런 식으로 접근하려고 한다. 물론, 때로는 잘 안 될 때도 있다. 어느 해에는 누에콩을 몽땅 망쳤다. 몇 개라도 더 심고 싶은 욕심에 씨앗을 너무 촘촘히 심었더니, (치명적인 곰팡이성 질병인) 초콜릿무늬병이 발생하기 완벽한 환경이 마련되어 버렸다. 그래도 그 덕에 간격이 중요하다는 점은 배웠으니까.

그런데 많은 면에서, 불완전함이 더 나은 세상을 만드는 것 같다. '재야생화(再野生化)'가 바로 그 예다. 공간을 내버려두고 자연이 알아서 하도록 하는 것, 인간의 개입 없이 자연이 원하는 대로 자유롭고 무성하게 무작위적으로 자라도록 내버려두는 것 말이다. 물론, 결과물이 완벽하지는 않다. 이른바 '잡초'가 가득하다. 하지만 훨씬 안정적이고 회복력 있는 땅이 되어, 더 다양한 야생동물이 사는 환경이 된다. 이런 접근 방식이 어떤 환경에는 효과적이지만, 정원을 가꾸기에는 적절하지 않다고 주장하는 사람이 아직 많다. 정원은 본질적으로 인간의 이익을 위해 자연을 관리하는 공간이기 때문이다. 내 생각에는, 말하자면 '중간 지대'가 있어야 한다. 자연이 불러오는 혼돈을 받아들이면서도 야생적인 재배 방식이 주는 생물 다양성과 회복력의 이점을 얻을 수 있는 공간 말이다. 물론, 수확이 가능할 만큼의 관리는 해야겠지만. 그러니 잡초도 조금은 자라게 두고,

수확이 끝난 뒤 남은 식물은 밭에서 자연스럽게 썩히자. 말끔히 치우고 싶은 충동을 참자(그리 어렵지 않다). 일부러 불완전한 상태로 정원을 가꾸자. 어차피 정원 가꾸기에서 완벽을 추구하다 보면 기쁨은커녕 실패밖에 맛볼 수 없다.

이제 무언가 실패했을 때, 더 엉망이 되었을 때, 나는 그것을 새로운 관점에서 본다. '오 어쩌겠어, 그래도 세상은 계속 돌아가니까 적어도 좋은 퇴비가 되거나 벌레들 집이라도 되겠지.' 재앙이 아니다. 그저 세상이 불완전함을 보여주는 사례일 뿐이다. 불완전함도 쓸모가 있으며, 세상이 끝장날 정도의 일도 아니다.

1월은 완벽주의자에게 힘든 시기다. 하지만 채소밭에서 보낸 여름 덕분에 나는 삶의 밀물과 썰물에 몸을 맡겨도 괜찮다는 사실을 알게 되었다. 또 콩 지지대가 강풍에 휘어진다고 해서 수확을 망치지는 않는다는 점을 배웠다. 불완전함은 결코 재앙이 아니다.

\*

1월쯤 되면 채소 정원은 지저분하고 을씨년스러워진다. 크리스마스 때 몽땅 먹어치운 탓에 남은 것도 거의 없다. 축 늘어진 케일의 주검들이 비와 서리라는 잔혹한 공범의 공격을 받고 고꾸라져 있다. 흐트러진 머리가 무게를 이기지 못하고 땅으로 처진다. 얼어붙은 땅에 죽기 전 마지막 입맞춤이라도 하려는 듯이. 농사에 실패한 작물도 여럿 있다. 겨울을 버틴다던 프리제 상추는 흐물흐물 썩어버렸다. 이렇게 불완전함이 사방에 깔려 있다.

## 살아남은 프리제 상추로 만든 한 끼

만약 겨울을 버틴 프리제 상추가 있다면, 그 강인함에 경의를 표하기 위해서라도 꼭 요리의 주인공으로 삼아야 한다. 전통주의자라면 기름진 판체타와 함께 볶아 먹는 프랑스식 요리를 선호할지도 모르지만, 나는 더 정성을 들인 요리를 좋아한다. 쌉싸름한 프리제 상추 한 포기에 얇게 썬 오렌지와 펜넬, 볶은 판체타 100g(전통을 완전히 버릴 필요는 없으니까), 볶은 아몬드 슬라이스와 사워도우 크루통 몇 숟갈을 더해 섞는다. 여기에 앞서 소개한 달콤한 겨자 드레싱을 듬뿍 부어 완성한다.

사워도우 크루통을 만들려면, 우선 껍질을 제거한 사워도우 빵 한 조각을 한입 크기로 찢는다. 그리고 마늘 한 쪽에 소금을 약간 뿌리고 식칼의 납작한 면으로 눌러 으깬다. 우묵한 그릇에 으깬 마늘과 올리브유 2큰술을 담고 고루 섞은 뒤, 찢은 빵 조각을 넣어 모든 조각에 양념이 고르게 잘 묻도록 버무린다. 양념 묻힌 빵 조각을 베이킹 트레이에 한 겹으로 펼쳐 200℃ 오븐에서 7~10분 동안 바삭하고 노릇노릇해질 때까지 굽는다. 중간에 한 번 뒤집어 준다. 오븐에서 꺼낸 후에는 요리하는 곳에서 멀리 떨어진 곳에 두어야 한다. 샐러드를 다 만들기도 전에 몽땅 먹어버리고 싶지 않다면.

*

예전 같았으면 이 정도의 불완전함에도 자책의 늪에 빠졌을 것이다. 내가 뭘 잘못했지? 어디서 실패한 걸까? 그런다고 해서 엉망이 된 상황을 해결할 수도 없는데. 아무튼, 뭔가를 새로 심기에는 기온이 너무 낮았고, 밭을 정리하기에도 너무 궂은 날씨였다. 그런데 어떻게 되었을까? 세상이 끝장나지 않았다. 불완전함과 실패가 그대로 남아 있는데도 세상은 여전히 돌아갔다. 오히려 쓸쓸해서 더 아름다운 풍경을 보여주었다. 1월에 꼭 어울리는, 세상이 잠들었을 때의 모습이었다. 항상 말쑥하고 완벽할 필요는 없다. 이런 상태 또한 자연스러운 순환의 한 부분이다. 이게 바로 자연이다.

이런 생각은 나에겐 큰 깨달음이었다. 그 전까지는 만사가 둘 중 하나라고 생각했었다. 완벽하거나 끔찍하거나. 중간은 없다고 여겼다. 그런데 지금 내 앞의 채소밭은 결함투성이면서도 완벽했다. 동시에. 이 풍경을 바라보다가, 요즘 자주 들리는 표현 하나가 떠올랐다. '자기 계발의 조용한 독재.' 늘 지금보다 나아져야 한다는 압박, 어제보다 더 아름답고 더 생산적이며 더 성공적이고, 더, 더, 더 나아 보여야 한다는 강박. 정말 터무니없는 기대다. 더 나은 내가 되어야 한다는 욕망의 멍에를 스스로 짊어지고, 우리는 '했어야 해'와 '해야만 해'라는 의무와 규칙으로 가득 찬 지옥에 자신을 밀어 넣는다. 이 지옥 속에서 끊임없이 과거와 현재를 비교하며, 어떻게든 자신을 고치고 나아갈 방법을 찾아 헤맨다. 그리고 이런 집착은 우리를 안에서부터 무너뜨린다.

왜 우리는 이렇게도 실현 불가능한 이상적인 모습을 스스로에게 강요하는 걸까? 채소밭은 해마다 발전하려 애쓰지 않는다. 그저 같은 모습을 되풀이한다. 그런데도 눈부시게 아름답다. 자연, 그리고 이 엉성한 채소밭이 내게서 완벽주의를 서서히 몰아냈다. 다만, 이런 진실을 깨닫는 데 35년이나 걸렸다는 점, 그리고 내 모든 인생 경험을 통틀어 보아도 시든 케일 한 포기가 준 가르침만 못했다는 점은 여전히 아쉬울 따름이다.

*

1월에 이르자, 이제 평정심과 균형 감각을 되찾은 것 같았다. 만사를 지나치게 심각하게 받아들이지도 않았고, 삶의 기복에도 한결 유연하게 대처했다. 어느 날 산책을 하던 중, 헤이들리가 사슴을 쫓아 달아나 버렸지만, 나는 당황하지 않았다. 다시는 녀석을 못 찾을 거라고 걱정하지도 않았다. 오히려, 수사슴을 잡으려 허둥대는 녀석의 모습이 우스워서 웃음을 터뜨렸다. 또 한번은, 폴과 함께 주말 여행을 떠났다. 기억해 둘 만한 변화의 순간이었다. 그런데 내가 그만 식중독에 심하게 걸리고 말았다. 그래도 개의치 않았다. 여행은 또 갈 수 있을 테니까. 보일러가 고장 났을 때도 그냥 어깨를 으쓱하고 배관공을 불렀다. 뭐 어때. 고치면 되지. 전부 사소한 일이라고 생각했다. 예전 같았으면 이런 작은 일에 압도당해 허둥지둥 어두운 방으로 숨어버렸을 것이다. 아니면 다락방 사무실이나. 하지만 이제 나는 사물의, 세상의, 나 자신의 불완전함을 받아들일 수 있었다. 회복탄력성이 생긴 것이다. 기분이 좋았다.

그래서 다시 직장으로 돌아갔다.

## '근대는 늘 있으니까' 파이

채소밭에서 무슨 실패를 겪든, 즉 뭔가가 죽든 짓밟히든 먹히든 공격당하든 간에 근대는 늘 살아남아 있다. 정말로 항상 있다. 근대는 잡초처럼 강인하다. 이빨이 아주 날카로운 민달팽이 말고는 아무도 녀석에게 해를 입히지 못한다. 심지어 날씨조차도. 그래서 그리 관심을 끄는 작물은 아니지만(예쁘긴 하지만, 흙내 나는 맛이라 별로 매력적이지는 않다), 겨울 정원에서는 믿음직한 비상식량이다. 텅 빈 채소밭을 보며 저녁에 뭘 먹을지 고민이 될 때면 나는 늘 한숨을 쉬며 이렇게 말하게 된다. "음, 근대는 늘 있으니까."

이 키슈* 파이는 치즈 소스에 근대를 듬뿍 넣고 얇은 필로 페이스트리에 싸서 구운 것이다. 집에 굴러다니는 아무 치즈나 써도 되지만(치즈 모둠 접시에서 남은 자투리를 처리하기에 안성맞춤이다), 파르메산 치즈만은 꼭 넣어야 한다.

### 재료
(넉넉한 6인분 기준)

근대 600g
올리브유 2큰술, 추가로 겉에 바를 용도로 약간
달걀 3개
달걀노른자 2개

---

\* 달걀과 우유에 고기, 채소, 치즈 등을 넣어 만든 파이의 한 종류.

더블 크림* 150ml

페타 치즈 100g

체더 치즈 50g, 간 것

파르메산 치즈 60g, 간 것

필로 페이스트리 생지 5장

---

오븐을 170℃로 예열한다.

근대는 줄기가 잎보다 익는 데 시간이 더 걸리므로, 줄기를 잎에서 잘라낸다. 잎맥까지 제거할 필요는 없다. 그냥 큰 줄기만 잘라내 곱게 다지고, 잎은 돌돌 말아 가늘게 채 썬다.

큰 프라이팬에 올리브유를 두르고 줄기를 넣어 5분간 약불로 볶는다. 씻은 후 아직 물기가 남은 잎을 추가로 넣고 8~10분간 숨이 죽을 때까지 볶는다. 체로 옮겨 식힌 뒤, 손으로 짜 물기를 최대한 없앤다.

커다란 그릇에 달걀, 달걀노른자, 크림을 넣고 거품기로 저은 다음 짭짤하게 간한다. 페타 치즈를 부수어 넣고 체더 치즈, 파르메산 치즈 절반, 익힌 근대를 넣어 잘 섞는다.

지름 23cm짜리 분리형 케이트 틀에 기름을 약간 바르고 필로 생지 1장을 깐다. 끄트머리는 밖으로 늘어뜨린다. 첫 번째 생지에 기름을 바르고 두 번째 생지를 처음 것과 45도 각도로 겹쳐 올린다. 남은 생지도 같은 방법으로 겹겹이 깔아 틀을 완전히 덮고 바닥이 막히도록 한다.

---

* 생크림의 일종으로, 유지방을 48퍼센트 이상 함유하고 있다. 일반적인 휘핑크림의 지방 함유율은 30~36퍼센트이다.

그런 뒤에 속 재료를 붓는다. 늘어뜨린 생지 끄트머리를 안으로 접어 올리며 틀의 옆면을 따라 모양을 잡아준다. 모양 잡은 곳에 기름을 바르고, 남은 파르메산 치즈를 파이 위에 뿌린다.

겉이 노릇노릇하고 속이 단단해질 때까지 30~40분간 굽는다. 도중에 방향을 한 번 바꿔준다. 더 단단하게 굳도록 케이크 틀에서 꺼내기 전에 10분간 식힌다. 식었을 때도 맛이 여전한 요리다.

# February

2월,
마법이 깨졌다.

## *February*
2월

## 그냥 존재하기

**채소밭에서…**

겨울 수확의 분위기는 여름과 다르다. 여름에는 돼지호박이 워낙 넘쳐나 수확하는 일이 숙제 같다. 아무 생각 없이 모든 요리에 돼지호박을 던져 넣는다. 피클로 만들고, 속 재료로 쓰고, 스튜에 넣거나 수프로 만든다. 그러고도 남으면, 순진한 이웃들에게 슬쩍 떠넘긴다. 모든 작물이 넉넉하고 푸짐하다. 그래서 여름에는 채소가 흔하게 느껴진다. 기쁘긴 하지만 너무 흔해서 특별하진 않다.

겨울은 다르다. 겨울에는 가지런히 줄지어 서 있는 통통하고 윤기 나는 붉은 양배추를 바라보며 하나를 수확하는 데도 며칠을 고민한다. 볶아 먹을지, 채 썰어 샐러드로 만들지, 절임을 할지, 먼저 계획을 세운 다음에야 하나를 베어낸다. 줄기에서 조심스럽게 잘라내 나란한 줄 사이에 뭔가 아쉬운 틈을 남기고는, 귀한 루비처럼 두 손에 받쳐 들고 집으로 가져온다. 그날 저녁 식사의 주인공으로 떠받들며 온갖 정성을 쏟는다. 오늘은 무려 양배추를 먹은 날로 기억될 터이다. 남은 양배추는 앞으로 며칠 동안 아삭한 코울슬로 샐러드로 변신할 것이다. 아무것도 낭비되지 않는다. 겨울작물은 여름작물보다 기르기도 더 어렵고 수확물도 많지 않기에 귀한 대접을 받는다. 같은 채소인데도 대하는 태도가 사뭇 다르다. 여름작물에는 무심하면서 겨울작물에는 온몸으로 반가움을 표한다.

\* \* \*

일터로 돌아가기 직전, 친구와 복직에 관해 이야기를 나눴다. 이 친구는 심한 우울증을 겪어본 적이 있어서, 1월 어느 날 헤이들리와 함께 산책하는 자리에서 나를 조심스레 살폈다. 그녀는 이런 눈먼 상태에 익숙했다. 버지니아 울프는 이런 상태를 "펑크 난 타이어를 타고 달리는" 중인데도 그걸 볼 수도 느낄 수도 없는 상태라고 묘사했다.

"그게 좋은 생각일까?" 그녀가 물었다. "복직을 생각하면 어떤 기분이 들어?"

글쎄, 당연히, 엄청 겁나지. 나는 여전히 일과 관련된 악몽을 꾸고는 식은땀을 흘리며 가슴이 두근거리는 소리에 놀라 깨어나곤 했다. 하지만 당연한 거 아닌가? 누구나 복직을 앞두면 신경이 곤두서지 않나? 생각만으로도 속이 울렁거리기 마련 아닌가? 어쨌든, 나는 전혀 문제없다. 이제 우울증도 다 나았으니 더 이상 빈둥거릴 핑계도 없다. 그렇지 않나? 크리스마스 만찬을 요리할 수 있다면 일할 만큼 건강해졌다는 뜻이니까. 기운 내서 달리는 말 위에 다시 올라탈 때다.

\*

나보다 더 현명했던 상사들은 시간제로만 일하는 조건으로 복귀를 허락했다. 나는 주 2일 근무로 시작해 점차 주 4일로 늘려갈 생각이었다. 과거처럼 여러 고객사를 맡는 대신, 이제는 한 곳만 담당하기로 했다. 출장도 거의 필요 없었고, 내가 선호하는 분야인 일상소비재 브랜드였다. 상품은? 고양이 사료.

그런데 나는 고양이를 싫어한다. 그리고 고양이도 나를 싫어한다. 나는 강아지를 좋아하는 사람이다. 지금 돌아보면, 그 상황 자체가 얼마나 말도 안 되었는지 새삼 알겠다. 하지만 당시에는 큰 고객을 맡게 되어 기뻤고, 지난해의 부끄러운 실패에도 모두가 따뜻하게 맞아주어서 감격스러웠다. 고양이는 그냥 내가 알아서 극복해야 할 문제였다.

다시 하이힐을 신은 내 발이 런던의 보도에 닿기도 전에(그리고 다시 하이힐에 적응하기도 전에), 나는 어느새 복잡하고 고단한 일상으로 되돌아와 있었다. 파워포인트로 사고하고, 워크숍을 진행하고, 회의용 전화기에 대고 소리를 지르며 프레타망제의 샐러드를 입안에 쑤셔 넣는 생활로.

하지만 고양이, 고양이가 문제였다. 나는 고양이에 대해 더 잘 알아야 했다. 그래서 온라인 고양이 애호가 포럼에 가입했고, 수의사들과 고양이의 행동에 대해 대화했으며, 슈퍼마켓에서 사람들이 고양이 사료를 고르는 모습을 숨어서 지켜보았다. 심지어 야생 고양이를 관찰하겠다며 동물원까지 찾아갔다. 인간의 집에 사는 녀석들의 사촌이라면서. 나는 고양이를 가장 잘 아는 사람이 되기로 마음먹었다. 고양이에 관해 궁금한 점이 있을 때마다 모두가 찾아오는 고양이 전문가, 가장 유용하고 완벽한 지식을 갖춘 고양이 대가가 목표였다. 그러다 저녁이 되어 집으로 돌아오면 헤이들리를 더욱 힘껏 껴안았다.

복귀 첫 달, 나는 새로운 맛 시리즈가 주제인 워크숍에 참여했다. 고양이 사료에서는 맛이 굉장히 중요하다. 개와 달리, 고양이는 다양한 맛을 찾도록 진화했다. 고양이에게 매일 같은 맛의 사료만 주면, 나중에는 집을 나가버리거나 다른 주인을 찾아 나설 위험이 있다(야생 시절의 사냥 습관과 관련된 이유였는데, 내 흐릿한 기억으로는 지금 도저히 생각나지 않는다).

어쨌든 집고양이의 경우, 맛의 다양성을 결정하는 일은 전적으로 주인의 몫이다(눈치 없는 들쥐, 새, 혹은 너그러운 이웃의 간식이 없다면). 정리하자면 고양이는 기능적 이유로 다양한 맛을 원한다. 그런데 주인 역시 다양한 맛을 원한다, 감정적인 이유로. 단조로운 자기 먹이에 싫증을 내는 고양이를 보고는 자신이 고양이를 제대로 돌보지 못한다고 느끼기 때문이다. 지루할 수 있으니 자세한 설명은 생략하겠다. 요점은 맛이 중요하긴 하지만 그 맛의 이름은 더 중요하다는 것이다. 주인이 고양이에게 사랑을 듬뿍 주고 있다고 느끼게 하는 이름이어야 한다. 맛있는 선택지를 한껏 주고 있다고, 그러니 고양이가 먹이 때문에 옆집으로 달아나지는 않을 거라고 확신하게 하는 이름. 요컨대, 나는 고양이 사료에 맛있어 보이는 이름을 짓는 워크숍에 참가한 것이다. '참치 캐서롤'이 '참치 베이크'보다 더 입맛이 당기는지를 두고 고민하면서. 헝가리의 고양이 애호가 할머니들이 '메들리(잡탕)'보다 '스튜'라는 단어를 더 좋아한다는 사실을 알아냈을 때가 내 통찰이 가장 반짝였던 순간 중 하나였다(참고로, 굴라시\* 때문이다).

\*

우울증이 슬그머니 다시 다가와 있었다. 일을 너무 열심히 해서도 주변의 배려가 부족해서도 아니었다. 사실, 회사는 나를 꽤 애지중지해 주었다. 정기적인 면담, 팀 비서의 세심한 일정 관리, 계속되는 치료에 필요한 예산 지원까지. 우울증이 다시 찾아온 이유는 처음부터 '사라진 적이 없었기' 때문이었다(솔직히 말해, 정말로 사라지기는 하는지도 의문이다). 또, 내가 지닌 일에 대한 조건반사적인 반응 때문이었다. 예전의 은밀한 안개가 다시 내 뇌를 뒤덮어 업무 능력과 사고력이 흐려지게 했다. 내 일 처리가 늦어져 동료들이 며칠

---

\* 헝가리의 전통 요리로 소고기와 다양한 채소, 향신료를 넣고 뭉근하게 끓여낸 스튜의 일종.

씩 기다려야 했다. 팀원들이 공손하게 9시에 회의해도 될지 물어봤을 때 나는 그들이 비합리적이라고 느꼈다. 맛 이름을 짓는 불필요한 일로 고객이 내 시간을 이틀이나, 게다가 다른 사람들의 시간까지 낭비하게 한다는 사실에 분노가 밀려들었다. 사람들은 단지 각자의 일을 하고 있었고, 그 일이 수백만 파운드의 돈과 많은 사람의 생계를 좌우하는데도, 내게는 전부 무의미하고 불공평한 상황으로만 느껴졌다.

예전과 다르게, 이번에는 내가 부족해서 괴로운 게 아니었다. 내가 하는 일이 무의미하다는 생각에 괴로웠다. 비난의 화살도 더는 나를 향하지 않았다. 스스로를 무가치하다거나 무능하다고 몰아세우지도 않았다. 대신 화살은 바깥을 향했고, 내 일의 존재 가치를 의심하기 시작했다. 이번에는 내면이 무너져 내리지 않았다. 대신 외부를 향해 분노와 저항을 쏟아냈다.

일 자체는 예전과 다를 바 없었다. 달라진 건 나였다.

\*

마법이 깨졌다. 채소들이 건 마법이.

채소밭에서의 삶과 비교하니, 광고업계에서의 내 삶은 우스꽝스러워 보였다. 고양이 사료 포장 디자인을 발표한 하루와 채소밭에서의 한 시간을 비교해 보면 가짜와 진짜의 차이가 확연히 드러났다(눈이 멀 정도로 분명한 사실이었는데, 슬프게도 그때는 보이지 않았다). 채소밭에서는 모든 것이 진짜고 바로 손에 잡히는 현실이다. 식물이 자라고 해가 뜨고 삶이 이어진다. 그곳은 모든 창조물의 가장 근본적인 모습을 압축한 작은 세상이다. 흙 속에 손을 넣으면 실제로도 그렇지만, 상징적으로도 지구, 자연, 그리고 세상의 원초적인 흐름과 연결된다. 사방이 진짜로 가득하다.

이와 비교하면, '참치 간식'인지 '참치 잔치'인지를 놓고 며칠 동안이나 수많은 똑똑한 머리가 전전긍긍하는 일은 본질에서 한참 벗어난 우스운 연극처럼 보였다. 컴퓨터게임 속의 삶처럼 느껴졌다. 매일 다른 게이머 수백 명과 함께 철제 상자에 갇힌 채 고층 유리 구조물이 즐비한 미로 사이를 지나, 인체 공학적 의자에 묶여 게임기에 연결된다. 이제 고양이 사료 맛의 이름을 맞히는 게임을 시작한다. 점수를 따면 게임기는 세로토닌을 분비시키는 삐링 소리(혹은 비틀비틀 트롤리)를 상으로 준다. 중독성은 있지만 의미는 없는 게임이다.

하지만 나는 중독성 있는 게임이 아니라 삶을 살아가고 싶었다. 채소밭에 있으면, 삶의 한가운데에 있다는 느낌을 받았다. 그렇다면, 광고계에서는 무엇의 가운데에 있었던 걸까? 분명 삶은 아니었다. 적어도 내가 바라던 삶은 아니었다. 채소밭에서 나는 삼라만상의 흐름을 보았다. 그걸 떠올리자, 광고계는 더 이상 내게 아무런 의미가 없었다. 그저 인간이 만든 시스템에 불과했는데, 나는 그걸 생사의 문제라고 믿었다. 다시 한번.

다만, 여기서 한 가지는 말해두고 싶다. 많은 사람이 광고업계에서 성공적으로 일하고 살아가지만, 그걸 생사의 문제로 여기지는 않는다. 그 직업이나 업계 자체에는 아무런 문제도 없다. 그것을 바라보는 태도와 거기서 느끼는 감정에 따라 문제가 생기기도 할 뿐이다. 내 문제는 그 일을 바라보는 내 시각이 달라졌다는 것이었다. 채소밭이 내 관점을 바꿔버렸다.

### 진짜 참치 구이
### (사람용)

고양이 사료 이야기를 이렇게 많이 했으니, 내가 참치 구이에 질려버렸으리라고 생각했을지도 모르겠다. 아닌가요? 땡, 틀렸습니다. 2월의 어느 비 오는 화요일 저녁, 열차가 지연되어 지치고 흠뻑 젖어 굶주린 채로 집에 도착했을 때, 저녁으로 가장 먼저 떠오른 요리가 바로 이 요리다. 외투를 벗고 식탁에 요리를 올리기까지 15분밖에 안 걸린다. 슈퍼마켓에서 쉽게 구할 수 있는 재료만으로 만들 수 있는 이 요리는 정신적·육체적 에너지는 고갈되었으나 시리얼보다는 조금 더 나은 걸 먹고 싶을 때 딱 알맞은 요리다.

(지친 영혼 2인분 기준)

파스타 150g을 끓는 물에 넣고, 그릴을 중간 온도로 예열한다. 그동안, 참치 통조림(150g)의 기름과 스위트콘 통조림(195g)의 물기를 빼서 오븐용 그릇에 넣는다. 선 드라이 토마토도 몇 숟가락 추가한다. 의욕이 남아 있다면, 대충 썰어 넣는다. 크렘 프레슈나 그와 비슷한 것을 같은 숟가락으로 두 숟가락 정도 떠 넣는다.

파스타가 다 익으면 건져서 물기를 털어낸 뒤, 다른 재료들과 섞는다. 위에 체더 치즈를 (아주 듬뿍) 갈아 올린 다음 그릴에 휙 던져 넣는다. 치즈가 지글지글 녹을 때까지 3~5분간 굽는다.

*

첫 출근 날부터 내 관점이 달라졌다는 걸 알아차렸어야 했다. 유리가 반짝이는 로비에 들어서자, 매일 아침 우리를 맞이하는 벽에 걸린 작품이 눈에 들어왔다. 유명한 예술가이자 디자이너인 앤서니 버릴의 작품으로, 밝고 선명한 블록체로 '열심히 일하고 사람들에게 친절하라'라고 쓰여 있었다. 아마도 작가는 '의미 있는 일을 하고 서로를 돌보라'라는 의미로 쓴 듯했다. 이전에는 그 문장이 영감을 주는 말이며 성숙한 가치를 지닌 제대로 된 회사에 어울리는 표어라고 생각했다. 하지만 지금은 그 문장이, 일터로 돌아온 첫날임에도, '더 많이 일하고 거지 같아도 참아라'라는 뜻으로 읽혔다.

다시 이곳에서 일하면서, 자연에서 배운 중요한 가치가 광고계의 중요한 가치와 어긋난다는 점을 깨달았다. 광고 시스템은 사람들에게 언제나 더 많은 것을 갈망하도록, 현재보다 나은 미래를 원하도록 부추긴다. 소비자는 항상 지금보다 더 나은 것을, 업계 사람들은 항상 승진과 상, 동료들의 인정을 좇았다. 모든 이의 욕망을 키우는 세계였다.

하지만 이제 더는 그것에 관심이 가지 않았다. 나는 다른 걸 키우고 싶었다. 나아지고 싶지 않았다. 적어도 이 시스템 안에서는. 비교하고 판단하기도 싫었다. 그냥 존재만으로 행복하고 싶었다. 채소밭에서 나는 진짜 삶을 보았다. 광고계는 전부 가짜였다. 조작된 가치와 거짓 판단으로 구성된 가상 세계일 뿐이었다.

2월의 어느 주말, 나는 채소밭 주변을 목적 없이 어슬렁거리는 헤이들리를 한참이나 바라보았다. 몇 달 전에 봤던 벌레들이 떠올랐다. 녀석들은 바깥세상의 요구나 기대 따위는 아랑곳하지 않고 흙 속을 느긋하게 기어 다녔다. 헤이들리도 그냥 이리저리 어정거리며 즐거워했다. 자신의 '의무'나 다음에 할 일을 고민하지도, 자신의 빈둥거리는 행동을 내가 어떻게 생각할지나 정원 냄새를 맡는 기술이 예전보다 향상되었는지 걱정하지도 않았다. 녀석은 그냥 존재하고 있었다. 그 순간, 나는 깨달았다. 얼마나 많은 시간을 다른 사람들을 평가하고, 또 그들이 나를 어떻게 볼지 걱정하며 흘려보냈는지를. 나와 타인의 직업적 위치를 견주느라 초조해하면서, 사람들이 내 경력을 어떻게 받아들일지 늘 마음 졸였다. 너무 느린가? 너무 빠른가? 내 일 역시 소비자가 같은 행동을 하도록 부추기는 일이었다. 특정 제품이 더 좋고 더 낫다고 생각하도록, 이걸 사면 사회에서 '더 나은' 사람으로 여겨질 거라고 믿도록 하는 것이었다. 외부의 인정, 즉 타인의 판단이 유일하고도 중요한 기준이었다.

하지만 여기 자연 속에서는 누구도, 어떤 것도 우리가 시간을 어떻게 보내는지 신경 쓰지 않았다. 헤이들리는 그냥 어슬렁거릴 뿐이었다. 계획도, 목적도, 발전도 없이. 어떤 가치 판단도 존재하지 않았다. 그의 가치는 무엇인가? 기여는? 성취는? 목적은? 모든 질문이 무의미했다. 정원의 개는 그냥 존재할 뿐이었다. 채소밭의 벌레들도. 그게 다였다.

세상의 모든 사람을, 나 자신을, 개와 벌레를 바라볼 때처럼 받아들여야 한다는 깨달음이 밀려왔다. 자연의 창조물 그 자체로, 뭔가를 성취하거나 자신을 증명해야 할 필요가 없는 존재로. 우열을 가리거나 비교해서는 안 된다. 그런 행동이 무례해서가 아니라(사실, 그렇긴 하지만), 실제 삶과는 아무런 관련이 없기 때문이다. 전부 인간이 만들어낸 기준일 뿐이다. 마치 데이비드 코퍼필드*가 우리를 좋아할지 혹은 M**이 우리를 다음 007 요원으로 적당하다고 생각할지 걱정하는 일만큼이나 쓸데없고 무의미한 일이다.

*

다만, 문제는 내가 무의미하다고 확신하는 일이 바로 내 직업의 핵심 요소라는 점이었다. 명확하게 느끼기 시작한 가치관의 충돌과 더불어, 우울증의 익숙한 증상이 다시 고개를 들었다. 다시 한번, 피부가 벗겨진 듯 모든 접촉과 소리가 고통스러웠다. 생각이 한없이 느려지거나 미친 듯이 날뛰었다. 분노와 함께 내가 모두를 실망시키고 있다는 확신이 내 마음을 온통 뒤덮었다. 더 이상 예전의 잘

---

* 찰스 디킨스가 쓴 동명의 소설 속 주인공.
** 제임스 본드의 상사 이름.

못된 가치관을 받아들이지 못한 결과였다. 나는 감당할 수 없는 소음, 이메일 알림, 회의, 열차와 자동차, 사람들, 프레젠테이션으로부터 숨기 위해 다락방 회의실로 도망쳤다. 이곳에는 자극이 넘쳐났다. 나는 놀라운 속도로 다시 뒷걸음질 쳤다. 하지만 이번에는 어떻게 하면 되는지 알고 있었다.

회사를 그만두었다. 앞날은 생각하지 않았다.

## 양배추를 먹는 날의 요리

붉은 양배추를 처음 수확해, 메두사의 잘린 머리처럼 의기양양하게 집으로 들고 오는 날이면 그 양배추를 저녁 식사의 주인공으로 삼고 싶어진다. 양배추로 중심 요리를 만드는 일은 쉽지는 않지만 충분히 도전할 만하다. 방법은 다음과 같다.

먼저, 오븐에서 약한 온도로 양배추를 오래도록 푹 조리는 것부터 시작하자. 작고 붉은 양배추 한 통(약 900g)을 가늘게 채 썰고, 브램리 사과* 2개를 대충 썰어 뚜껑 있는 캐서롤 냄비에 넣는다. 여기에 황설탕이나 부드러운 갈색 설탕 85g, 깍둑 썬 버터 50g, 레드 와인 식초 75ml, 레드 와인 100ml, 소금과 후추를 약간 넣고 잘 섞는다. 뚜껑을

---

* 영국의 요리용 사과 품종으로 신맛이 강하며 익히면 식감이 부드럽고 폭신한 퓌레 같아진다.

꼭 덮어 낮은 온도(약 150℃)의 오븐에 넣고 두 시간 반 동안 혹은 양배추가 부드럽게 녹을 때까지 익힌다. 가끔 저어주며 상태를 확인한다.

다 익고 나면, 나는 보통 절반은 식혀서 냉동해 두고, 나머지 절반을 요리에 사용한다. 처음 수확한 양배추를 홀대해서야 되겠는가.

배고픈 사람 넷이서 푸짐하게 먹으려면, 다음의 재료가 더 필요하다.

---

돼지 다리 살 100g, 삶은 후 결대로 곱게 찢은 것
푸이* 렌틸콩 250g, 익힌 것
셀러리 줄기 2개와 샬롯 2개, 잘게 다져 버터 1큰술을 넣고 약불로 천천히 볶기
파슬리 3큰술, 곱게 다진 것

---

모두 함께 잘 섞은 뒤, 식탁에 올린다. 그리고 사람들의 환호를 담담히 받아들인다.

---

* 프랑스 르퓌앙블레 지역에서 재배되는 녹색 렌틸콩으로, 다른 렌틸콩과는 다른 독특한 풍미가 있으며 조리 후에도 뭉개지지 않고 모양과 식감을 유지한다.

# March

3월,
땅속엔 생명의 잠재력이 들끓고…

## *March*
### 3월

**실패에 무심해지자
새로운 가능성이 열렸다**

**채소밭에서…**

3월은 새 생명이 시작되는 문턱에 선 달이다. 땅속엔 생명의 잠재력이 들끓고 사방은 기대감으로 가득하다. 자연의 진짜 새해다.

이달의 밭일은 모두 희망을 담은 몸짓이다. 씨앗을 심고 흙을 덮는 행동 하나하나가 다가올 수확, 미래의 한 끼를 약속한다. 참지 못하고 깍지콩 씨앗을 조금 이르게 뿌리며, 미리부터 8월의 점심에 대한 기대에 부푼다. 겨자 비네그레트 드레싱에 버무린 따뜻한 깍지콩과 바게트 한 조각, 와인 한 잔으로 차린 단출한 한 끼. 올리브유의 톡 쏘는 풍미와 아작아작 콩이 씹히는 소리, 차가운 와인잔 표면의 물방울까지 생생하게 그려진다. 씨를 뿌리며 시간 여행을 즐긴다.

부엌 식탁은 이제 씨앗 트레이가 점령했다. 이름표가 빽빽이 꽂혀 있는 퇴비 섞인 촉촉한 흙에는 토마토와 고추, 콩 씨앗이 잠들어 있다. 싹을 틔우려면 따뜻하게 해줘야 한다. 5월의 마지막 서리가 지나고 나면 밭에 옮겨 심을 것이다. 온실에 두면 씨앗들에게 (그리고 내게도) 더 좋겠지만(우리 집에 온실을 지으려면 10년은 더 걸릴 테지만), 그리고 농부 브라운 씨의 온실에도 자리 하나쯤은 나겠지만, 나는 새싹이 내 눈앞에 있는 게 좋다. 부엌에 두면 아침에 차를 마시러 내려올 때마다 살펴볼 수도 있으니까. 덕분에 내 잠옷 소매는 늘 흙 자국으로 얼룩진다. 식사 시간이 되면 트레이를 옆으로 밀고 밥 먹을 자리를 마련한다. 퀴퀴한 냄새는 그냥 무시하며.

3월 들어 날씨가 적당히 풀리면 완두콩, 방울무, 시금치, 상추 씨앗을 텃밭에 심는다. 영상 7도에서 발아하는 씨앗들이다. 그런데 이 근방의 쥐 무리는 밤마다 몰래 습격해 막 싹을 틔운 완두콩 씨앗을 훔쳐 가기로 악명이 높다. 그래서 나는 완두콩을 모듈형* 모종판에 심고 동그란 덮개로 덮어 약탈과 서리라는 이중의 공격으로부터 보호한다. 상추, 시금치, 방울무처럼 작은 씨앗은 인기 있는 귀중한 전리품이 아니라서 땅에 직접 뿌려놓아도 안전하다.

보온병을 옆에 두고, 차가워진 손가락으로 조심조심 씨앗을 몇 줄씩 심어나가는 이 순간이 나에겐 1년 중 가장 기쁜 순간 가운데 하나다.

\* \* \*

이제는 내가 퇴사한 날 집으로 돌아오자마자, 퇴비를 퍼 나르러

---

* 씨앗 하나의 칸을 따로 떼어낼 수 있는 형태.

채소밭에 갔다는 사실이 그리 놀랍지 않을 것이다. 어쨌든, 이 채소밭은 지난 몇 달 동안 내게 많은 삶의 교훈을 가르쳐주었다. 다람쥐 쳇바퀴 안에서 너무 오래 달린 탓에 다시 배워야 했던 교훈들. 지난번에는 채소밭이 안식처가 되어 내가 할 수 있다는 것, 삶이 더 단순할 수 있다는 것, 유연함과 불완전함을 받아들이는 태도, 자기 연민과 자기 돌봄이 삶에서 꼭 지켜야 할 가치임을 부드럽게 일깨워 주었다. 그래서 폴의 표현대로 '채소와 이야기하러' 밭으로 돌아갔다. 다시 한번 통찰과 위로, 평안을 찾고자.

그런데 없었다. 다정한 격려도, '그래, 그래, 괜찮아' 같은 위로도. 채소밭은 다른 대답을 내놓았다.

밭은 아무것도 없는 데서 무언가를 만들어낼 수 있다. 단 한 톨의 토마토 씨앗이 수프, 타르트, 샐러드에 들어갈 토마토 2킬로그램이 되고, 그중 토마토 하나에 들어 있는 작은 찻숟가락 하나 분량의 씨앗으로 또 100그루의 토마토를 키워낼 수 있다. 밭에는 이렇게 어마어마한 잠재력이 숨어 있다.

그리고 흙에도. 겉에서는 아무런 움직임도 활기도 보이지 않지만, 그 안에는 생명력이 들끓고 있다. 작은 씨앗 하나를 한껏 자라게 할 영양분이 그득하다. 씨앗 봉투 하나를 열 때마다, 땅을 갈퀴로 고를 때마다, 물뿌리개를 들어 올릴 때마다, 퇴비를 삽으로 퍼 담을 때마다, 희망이, 생명의 가능성이, 수확의 가능성이 넘쳐난다. 밭에는 무에서 유를 창조할 잠재력이 끓어넘친다. 퇴사한 날 텃밭이 내게 보여준 게 바로 이것이었다. 밭은 위로 대신, 내게 기회를 보여주었다. 가능성으로 가득 찬 빈 캔버스를 내밀었다.

그리고 내 경력 역시 다시 백지로 돌아갔다. 광고 일을 다시 할 성싶지는 않았다. 그건 확실했다. 하지만 광고 일 말고 앞으로 무얼 할 수 있을까?

하나의 백지에 퇴비를 퍼부으며 또 다른 백지를 생각하는데, 채소밭이 내게 말을 거는 듯했다. "음, 이제 뭘 할 건가요? 이렇게 많은 가능성 속에서?"

나를 기다리는 두 장의 깨끗한 백지. 가능성이 곳곳에 있었다. 이걸로 무얼 할까? 내 인생에 이런 기회는 처음이었다.

평소와 달리, 두렵지 않았다. 오히려 기분이 들뜨고, 희망이 느껴졌다. 무언가를 창조해 낼 무수한 기회가 내 앞에 있었다.

\*

어쨌든, 3월이어서일까, 이번 재발은 첫 번째보다 회복 속도가 훨씬 빨랐다. 지난번보다 증상이 덜한 데다가 너무 오래 참지 않고 곧장 대응해서이기도 했지만, 주된 이유는 이제 내게 맞는 약을 알아내 그 약을 기꺼이 꿀꺽 삼킬 수 있어서였다. 휴식과 고요함, 그리고 채소밭이라는 약을. 밭에 나가 겨울의 흔적을 치웠다. 퇴비를 맨땅에 뿌린 뒤, 갈퀴질을 해 고르게 정리했다. 고되지만 평화로운 노동. 사방에 깨끗한 백지가 보였다. 내 마음, 내 일, 내 채소밭. 모두가 내게 에너지를 줬다.

다만, 채소밭은 완전히 비어 있는 상태는 아니었다. 겨울을 견뎌

낸 양배추가 남아 있었다. 내가 너무 많이 심은 탓이다(두 사람이 사는 집에 양배추 열두 포기는 좀 과했다). 마침내 모습을 드러낸 리크도 있었다. 매일 요리하며 밭에 있는 채소를 하나도 남김없이 먹어치웠다. 수확한 채소로 만든 음식의 요리법을 간단히 적으면서 수확물의 사진도 애정을 담아 열심히 찍었다(대학 시절, 사진에 빠져 있었는데, 오랜만에 좋은 피사체를 만나 열정이 되살아났다). 구체적인 결과물을 남기고 싶은 마음에 하나도 빠짐없이 블로그에 올렸다(2012년이었고, 그때는 다른 방법이 없었다). 블로그의 이름은 '풍작과 탐식(Gluts and Gluttony)'이었는데, 채소밭에서 얻는 풍작과 그 결과인 부엌에서의 탐식을 의미했다(한참 지나서야, 대부분의 사람이 '둔근과 글루텐 없는 식단(Glutes and Glutony)'으로 잘못 읽고는 나를 글루텐 프리 식단을 고수하는 엉덩이가 매우 단단한 피트니스 인플루언서로 오해했다는 사실을 알아차렸다. 제대로 헛다리를 짚은 셈이라고나 할까. 몇 년 후, 그 오타가 음식 축제 포스터에까지 실리자 그제서야 난 이름을 바꾸기로 결심했다).

나는 새로운 일에 열심히 몰두하기 시작했다. 요리책을 모으고 수확 시기를 늘릴 새로운 재배 방법을 조사했다. 매주 블로그에 글을 올리며, 채소 하나를 골라 그걸 요리하는 법을 두세 가지씩 소개했다. 아무런 목적 없이 그저 무언가를 생산하고 창조하는 과정 자체를 즐겼다.

광고는 흔히 창의적인 업계라고 홍보하지만, 실상은 파워포인트의 바다 한가운데 작은 창의성 조각이 드문드문 떠 있는 수준에 불과하다. 대개는 가장 무난한 아이디어가 선택된다. 그래서 하루에도 수백 개씩 쏟아지는 광고 가운데 기억에 남는 게 손에 꼽을 정도인 것이다.

그런데 채소밭과 부엌에서 내 안의 창의성이 되살아났다. 다양한 요리법과 텃밭을 풍성하고 화려하게 가꾸기 위한 아이디어에 골몰하면서, 어느새 나는 다음 계절, 다음 해를 위한 재배 계획을 세우고 있었다. 곧게 줄지어 선 당근 사이로 금잔화가 군데군데 어우러지고, 야생 회향 덤불 옆으로 한련이 길게 뻗어 길을 덮는 모습이 저절로 눈앞에 그려졌다.

*

밭일을 하지 않을 때면 수확한 채소를 요리하며 지냈다. 내 요리 실력은 제법 괜찮은 편이었다. 우리 아빠는 냉장고가 텅 비어 있어도 천재적인 직감으로 요리를 뚝딱 차려내는 사람으로, 정해진 조리법을 절대 따르지 않았다. 엄마는 반대로 조리법을 철저히 따르는 사람으로 빵을 잘 구웠는데, 특히 키슈 굽는 솜씨가 끝내줬다. 나는 이처럼 극단적으로 다른 두 요리 세계를 오가며 자랐다. 앞에 놓인 음식은 뭐든 잘 먹는 아이로 커가며, 두 분과 함께 흥미로운 음식을 만들고 먹었다. 어른이 되어 요리가 취미가 되면서, 자연스럽게 채소밭이 갖고 싶어졌다. 요리에 쓸 재료를 직접 재배하고 싶었기 때문이다. 하지만 막상 요리법을 고안하기 시작하자, 배워야 할 게 너무 많다는 걸 깨달았다. 지금쯤은 내가 수업을 무척 좋아한다는 사실을 아마 알 것이다. 그래서 나는 요리 학교에 등록했다. 당시에는 어떤 목적도 없었다. 앞으로의 진로를 염두에 둔 것도 아니었다. 그냥 재미있어 보였다. 오랫동안 재미란 걸 느껴보지 못했기에 일단 해보기로 했다.

데번에 있는 학교에서 일주일짜리 집중 과정을 들었다. 집으로 돌아와 배운 걸 복습하다가, 몇 주 뒤엔 다른 과정에도 등록했다. 수업을 여러 개 들었고, 잠깐 쉬는 동안에는 『리스 쿠커리 바이블』\*이나 『밸리말루 쿠커리 코스』\*\* 같은 고전 요리 입문서를 펼쳐 각 장을 찬찬히 따라 했다. 기본 요리를 만들며 기술을 익히고, 그다음으로 넘어갔다. 왕립원예협회의 원예 지침서를 따라 채소밭을 가꾸던 때를 다시 한번 반복하는 듯했다.

소스를 공부하는 주에는 (홀란데이즈, 마요네즈, 베르네즈, 크렘 앙글레즈 등 온갖 '-즈'로 끝나는) 소스만 먹고 살았다. 그다음 주에는 잘게 깍둑썰기, 가늘고 길게 채썰기, 두껍고 굵게 막대 썰기, 돌돌 말아 곱게 채썰기 등 갖은 채썰기 방법을 배우느라 모양도 맛도 제각각인 채소를 물리도록 먹었다.

요리 학교의 동급생 대부분은 고급 별장이나 개인 요트에서 일하는 전문 요리사들이었다. 어느 여학생은 러시아인 고객이 어느 날 밤 갑자기 '친구들' 한 무리를 데리고 요트로 돌아와 야식으로 랍스

---

\* 영국 유명 요리 학교 '리스 스쿨 오브 푸드 앤 와인'에서 발간한 요리책.
\*\* 아일랜드의 유명한 요리 학교 '밸리말루 쿠커리 스쿨'의 공동 설립자이자 교사인 대리나 앨런이 쓴 요리책.

터 수플레를 주문했던 일을 들려주었다. 메뉴에도 없고 사전에 들은 바도 없었지만, 그녀는 아무렇지도 않게 그 음식을 완성해 냈다. 마법 지팡이도 없이 말이다. 또 어떤 남학생은 한 가족의 여행 전용 요리사였는데(그 가족의 집에는 또 다른 상주 요리사가 있었다), 설탕 공예로 성당을 만들어내는 사람이었다. 그 집의 아이들은 아이스크림 위에 그걸 올려 먹었다. 그곳에서 나는 완전히 시골뜨기였다.

학교 자체는 전문적이고 전통적인 곳이었다. 기숙사 방은 요양원을 연상시키는 분위기로, 다소 획일적인 디자인에 색 바랜 페이즐리 무늬 침구와 플라스틱 욕실 매트가 깔려 있었다. 교사들은 모두 남성으로, 요리 전문학교에서 런던 파크 레인의 고급 식당, 지방의 호텔 레스토랑(어쩌면 내가 마가린의 정수를 찾던 워크숍을 열었던 곳일지도)을 모두 거친 끝에 교직에 이른 사람들이었다.

그들은 기술적이고 화려하며 복잡한 요리를 가르쳤다. 요리사의 실력과 미식가의 까다로운 입맛을 뽐내려는 목적을 지닌 요리였다. 우리는 닭가슴살로 발로틴\*을 만들고, 메추리에서 뼈만 발라내고, 연어를 수비드로 익히고, 푸아그라 거품을 만들고, 가리비 알을 건조해 가루로 만드는 법을 배웠다(마지막 건 꽤 재미있었다).

어느 수업에서는 라즈베리 수플레를 만들었다. 여태까지 내가 만든 수플레 중 가장 환상적이고 가장 진한 분홍빛을 띠었다. 신선한 라즈베리를 몇 킬로나 으깨고 체에 걸러 부드럽고 진한 농축액

---

\* 살코기 안에 여러 다른 재료를 채워 넣고 돌돌 말아 롤 형태로 만든 요리.

을 만든 덕분이었다. 하지만 때는 봄이었다. 왜 여름 열매인 라즈베리를 3월에 요리하는 거지? 어쨌든, 그날 수업의 주제는 라즈베리 수플레였기에, 모든 조가 계절과 상관없이 그 요리를 만들 수밖에 없었다. 자연의 섭리를 전혀 고려하지 않은 데다 재료를 길러내는 땅과도 완전히 동떨어진 요리였다. 나는 찌푸린 얼굴로 요리하며, 자연을 부주방장 자리에서 쫓아내는 요리라니 참으로 기이하다고 생각했다. 물론, 계절에 맞지 않는 그 수플레는 깨끗이 먹어치웠다.

메뉴를 정할 때는 늘 기존의 방식을 따랐다. 심지어 미쉐린 스타를 노릴 때조차 마찬가지였다. 당시 이 학교에서는 창의성보다는 기술을 가르쳤지만, 나는 오히려 좋았다. 나는 채소밭에서 이미 충분한 영감을 받고 있었으니까.

\*

우리는 요리 실력을 점수로 평가받지는 않았다. 이곳은 상업성이 강한 학교여서 합격이나 불합격을 따지지 않았다. 우리가 또 배우러 오기를 바랐으니까. 하지만 피드백은 있었다. 특히 접시에 음식을 담아내는 방식인 '플레이팅'은 따로 엄격한 규칙이 없고, 우리의 창의적인 해석이 허락되는 유일한 영역이었다.

나는 거품 장식과 젤리 조각, 화려한 튀일로 둘러싸인 음식이 나올 때마다 불편함을 느꼈다. 얼마나 많은 손이 음식에 닿았고, 또 얼마나 오래 만지작거리다 식탁에 올라왔는지 생각하게 되었기 때문이다. 그래서 매력적이고 우아하면서도 더 편안한 방식으로 요리를 접시에 담았다.

예를 들어 농어 세비체를 만든 날, 모든 요리사가 알고 있는 아름답고 간단한 방식인 원형 금속 틀에 세비체를 눌러 담아 접시 중앙에 완벽한 원통 모양의 세비체를 놓는 대신, 접시 한쪽에 예술적으로 쌓은 뒤 위와 옆에 새싹 허브를 몇 개 흩뿌렸다. 허브 장식이 너무 과했나 싶기도 했지만, 내 눈에는 먹음직스러워 보였다.

교사들은 못마땅한 감정을 감추지도 않다시피 하며 말했다.

"맙소사, 캐시." 그들은 언제나 그 말로 말문을 열었다. "그 모양은 정말이지…… 시골풍이네요."

알고 보니, 내 방식을 기술적으로 표현하는 용어는 '시골풍'이었다. 물론, 그들이 진짜로 하고 싶었던 말은 *지저분하다*거나 *대칭이 맞지 않는다*거나 *흐트러졌다*는 말이었겠지만 말이다. 예의 바른 사람들이라, 내가 상처받을까 봐 차마 말하지 못했을 뿐. 하지만 나는 오히려 기뻤다. 시골풍은 소박함과 매력을 뜻했다. 들판에서 따서 바로 접시에 올려놓은 듯한 느낌, 그 음식이 자라난 풍경과 가까운 느낌이 든다라는 뜻이었다. 내가 요리에서 가장 사랑하는 점이었다. 그런 의도는 아니었겠지만, 나는 그들의 말을 칭찬으로 받아들였다.

요리 학교는 내게는 좀 지나칠 정도로 전문적이긴 했지만, 덕분에 확실한 훈련을 받아 기초를 다질 수 있었을뿐더러 즐겁기까지 했다. 그리고 무엇보다, 내게 맞는 요리 스타일을 확실히 가르쳐주었다. *시골풍*.

## 시골풍 농어 세비체

이 요리는 줄낚시로 최고의 야생 영국산 농어를 잡을 수 있는 바닷가에 있을 때 만들어야 하는 요리다. 그런 곳에 있지 않다면 다른 요리를 고르는 편이 낫다. 세비체의 성패는 오롯이 생선의 질에 달려 있기 때문이다.

**재료** (전채 요리 4인분 기준)

붉은 양파 1/4개, 아주아주 잘게 다지기
방울토마토 4개, 씨를 제거하고 8조각으로 자르기
아보카도 1개, 작고 잘 익은 것으로 깍둑썰기
자몽 1/2개, 속껍질을 벗기고 과육만 분리하기(즉, 얇은 막이나 귤락 없이 알맹이만 남도록 손질하기)
라임 1개, 즙내기
고수잎 1큰술, 잘게 다진 것
작고 붉은 고추 1/2개, 씨를 빼고 잘게 다지기
작은 농어나 붉은 숭어, 도미 필레 2조각(현지에서 잡은 가장 신선한 생선을 골라 껍질을 벗긴 후 날이 잘 선 칼로 깍둑썰기)

---

모든 재료를 조심스레 손으로 섞고 소금 한 꼬집을 넣는다.

바로 식탁에 올릴 수도 있고 감귤류의 산이 생선을 '익히도록' 몇 시간 재울 수도 있다. 개인적으로는 두 번째 방식이 맛을 망친다고 생각하지만, 생선회를 처음 접하는 사람에겐 더 친근한 맛일지도 모르겠다. 나는 5분 정도 재운 뒤, 접시나 컵에 (시골풍으로) 담아내는 걸 선호한다.

*

유능한 요리사가 된 나는 계획을 세웠다. 요리를 직업으로 삼을 생각이었다. 소박하게. 식당에서 일할 생각은 없었다(너무 정신없고 잠도 부족하니까). 아니면 채소 재배를 직업으로 삼을 생각이었다. 아니면 둘 다. 어쩌면 언젠가 요리책을 쓸 수도 있을 터였다. 어쨌든, 그런 종류의 일. 좋아, 어렴풋하게나마 계획이 세워졌다. 흥미진진한 계획이.

*

솔직히 말하자면, 처음 내 요리와 블로그 글은 형편없었다. 엉망인 사진에, 어설픈 편집, 두루뭉술한 요리법, 그리고 잦은 오타까지. 하지만 하나의 채소를 다양한 방식으로 활용하는 아이디어는 처음부터 중심에 있었다. 지금도 그렇지만. 내 초기 글 중 하나는 리크가 주제였다. 요리 학교에서 배운 '도미 카르파초와 콩피 베이비 리크' 요리법을 응용해 '시골풍' 리크 치즈 토스트 요리를 소개했다. 스타일은 전혀 다르지만, 둘 다 리크의 매력을 찬양하는 요리다. 결국, 그게 핵심이니까.

## 도미 카르파초와 리크 요리

**재료** (전채 요리 2인분 기준)

어린 리크 8개
엑스트라 버진 올리브유 5큰술
사과 식초 2작은술
홀그레인 머스터드 1작은술
도미 또는 농어 필레 1개, 껍질 제거하기(막 펄떡일 만큼 신선한 걸로)
케이퍼 1작은술
코르니숑(프랑스식 작은 오이 피클) 1개, 얇게 썰기

---

어린 리크를 씻은 뒤, 최대한 섬세하게 끝부분만 다듬는다. 소스팬에 올리브유를 데운 다음 리크를 넣는다. 뚜껑을 덮은 채 약한 불에서 약 10분간 혹은 리크가 부드러워질 때까지 익힌다. 리크를 건져내고, 남은 기름은 드레싱용으로 따로 둔다.

드레싱은 리크 향이 밴 기름에 식초, 머스터드, 약간의 소금을 넣고 잘 섞어 만든다. 맛을 보고 입맛에 맞게 조절한다. 상큼한 맛이 느껴지되, 생선과 리크의 단맛을 덮어버릴 만큼 맛이 강하지는 않도록 한다.

접시에 담기 위해 생선을 비단처럼 얇게 저민다. 길고 날카로운 얇은 칼이 필요하며 자신감 있게 칼질을 해야 한다. 생선의 꼬리 부분에서 시작하는데, 칼날이 꼬리 쪽을 향하게 해서 비스듬히 썰면 수월하다. 썰어낸 생선살을 접시에 한 겹으로 늘어놓은 뒤, 요리용 붓으로 드레싱을 바른다. 그 위에 리크, 케이퍼, 코르니숑을 흩뿌린다. 요리사 기분을 내고 싶다면 어린 잎채소를 몇 장 올려 마무리한다.

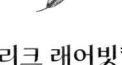

### 리크 래어빗*

**재료** (2인분 기준)

리크 3개
버터 한 덩어리
더블 크림 60~75ml
숙성 체더 치즈 두 줌, 간 것
두툼한 시골 빵 4조각

---

리크를 곱게 다져 버터 한 덩어리와 함께 중간불에서 15분간 혹은 리크가 부드러워지되 갈색이 되지는 않을 때까지 천천히 익힌다.

크림을 넣고 데우다가 끓기 시작하면 불에서 내려 치즈를 넣고 녹을 때까지 저어준다. 입맛에 맞게 소금과 겨자를 약간 넣어 간을 맞춘다.

---

* 영국의 전통 가정식으로, 미리 만든 따뜻한 치즈 소스를 구운 빵 위에 얹어 먹는다.

이 혼합물을 빵 위에 듬뿍 펴 바른다. 노릇하게 녹아내릴 때까지 약 5분간 그릴에 굽는다. 뜨거울 때 바로 먹는다. 위로받는 느낌이 들 것이다.

* 참고로, 지금은 이 방식대로 리크 래어빗을 만들지 않는다. 하지만 원래의 요리법을 이 책에 싣고 싶었다. 지금은 되직한 베샤멜 소스를 먼저 만든 뒤, 치즈와 부드럽게 익힌 리크를 추가한다. 두 요리법 모두 맛은 보장한다.

*

하지만 나는 여전히 백수였다.

다행히도, 실패에 무심해진 새로운 태도가 도움이 되어서 예전이라면 감히 엄두도 못 냈을 일도 과감히 시도해 볼 수 있었다.

나는 코츠월드 지역의 저택과 호텔, 요리 학교의 채소 정원을 돌보는 정원사들에게 잇따라 이메일을 보냈다. 채소를 재배하고 요리하는 일을 직업으로 삼고 싶어 직장을 그만두었다고 설명하며(그 이상 구체적인 내용은 말할 수 없었다. 나 자신에게도 확실한 계획은 없었으니까), 여름 동안 일손이 필요한지 물었다. 나는 경력도, 자격도, 앞으로의 계획도 없었으며 그들이 아는 사람도 아니었다. 아주 대단한 모험은 아니었지만 내게는 충분히 큰 도전이었다. 평소 같았으면, 자격도 없이 낯선 사람에게 고용해 달라고 부탁하는 일은 꿈에도 생각하지 않았을 테니까.

내 안의 완벽주의자라면 실패할 위험에 노출되는 일 따위는 절대 허락하지 않았을 것이다. 거절당하면 어쩌지? 그들의 일을 그냥 장난처럼 여기는 철없고 순진하며 특권 의식 강한 공주로 치부되면? 과거라면 이런 걱정을 하느라 한 발짝도 못 나아갔을 터였다. 하지만 지금은 신경 쓰지 않았다. 거절당하면 당하는 거지, 별일 아냐. 나를 오해해 봤자, 그 사람들 손해지 뭐. 자연은 내게 스스로를 가로막지 않는 법을 가르쳐주었다. 발전이 늘 필요하지는 않다는 점과 실패는 좋은 것이라는 점, 그리고 만물은 항상 변한다는 점도. 무엇보다, 지난 1년 동안 훨씬 더 끔찍한 일을 겪었기에, 누군가가 나를 거절하는 일쯤은 하찮게 느껴졌다. 결국 중요한 건 관점이었다.

불가능에 가까운 시도였지만, 실패는 더 이상 중요하지 않았다. 태양은 여전히 떠오르고, 세상은 계속 돌아갈 테니까. 나는 더 힘든 상황을 겪고도 살아남았다. 그리고 이제는 계획이 있든 없든 별반 다르지 않다는 사실도 알고 있었다. 삶은 어차피 계획대로 흘러가지 않는 법이니까.

글로스터셔 지역 경계에 있는 유기농 농장 상점 '데일스퍼드'의 채소 농장 책임자에게도 이메일을 하나 보냈다. 그곳은 크고 아름다운 농장으로, 평화로운 구릉지대에 있으며 육우와 젖소, 방목하는 닭, 전통 품종의 양을 많이 키웠다. 채소 정원은 (지금은 훨씬 더 넓어졌지만) 토지 중심부에 있는 4만 제곱미터 규모의 땅으로, 완벽한 유기농 작물이 가득했다. 이 정원은 농장 내 상점, 현장 카페, 요리 학교, 꽃가게, 간편식 생산 주방에 식재료를 공급했는데(스파와 옷가게도 있었지만, 캐시미어만 파는 매장이라 채소 수요는 거의 없었다), 유기농에 관심 있는 사람들에게는 에덴동산 같은 곳이었다.

그런데, 이 낙원의 책임 정원사가 답장을 보내 나를 받아주었다. 봄철과 여름철의 바쁜 시기 동안만이긴 했지만, 어쨌든 성공이었다.

*

지난 7월부터 항우울제를 복용하는 한편으로 매일 명상도 이어 왔다. 휴대전화에 설치한 명상 앱을 켜고 매일 15분씩 다양한 명상 프로그램을 따라 하며, 서툴게나마 아침 식사 전 습관으로 만들려 애썼다. 유기농 농장에서 일하기로 한 첫날 아침, 나는 긴장을 조금이라도 달래보려는 마음에 앱 설정을 20분으로 늘렸다.

세상에, 너무 떨렸다. 이보다 훨씬 더 강도 높고 중요한 직장에서 수없이 첫날을 보낸 과거의 경험도 전혀 도움이 되지 않았다. 첫날 그 채소 정원에 걸어 들어가는 상상만으로도 공포가 밀려왔다. 내가 아직 다 낫지 않았다는 점도 한몫했다. 기억하겠지만, 몇 달 전만 해도 가든 센터에 스콘과 차를 먹으러 가는 일조차 큰일이었으니 말이다. 하지만 더 큰 이유는 이 일이 나의 첫 번째 진짜 시험이라는 것이었다. 새로운 경력을 향한 첫걸음. 계획이라고 부르기에도 보잘것없는 이 계획이 과연 잘될까?

어떤 장화를 신을지, 도시락을 챙길지 등 자잘한 고민을 한참 하고는 농장으로 차를 몰고 가 직원 주차장에 차를 세웠다. 그리고 채소 정원으로 향했다.

표지판을 따라, 전통 영국 품종인 탐워스 돼지들이 어슬렁거리는 참나무 숲속의 작은 오솔길을 걸어갔다. 마침내 정원이 내 눈앞에 펼쳐졌다. 그 광경을 보자 뱃속에 나비 떼가 날아다니는 듯한 느낌이 퍼져나갔다. 나는 엄청난 아름다움에 감탄하며 웃음을 터뜨렸다. 완만한 언덕 아래로 멀리 농지까지 이어지며 끝없이 펼쳐진 너른 들판에 줄줄이 늘어선 채소가 보였다. 내 왼편으로는 정사각형 모양의 밭이 조각보처럼 펼쳐져 있었다. 청록색의 케일밭과 무지개색 줄기가 가득한 근대밭이 맞닿아 있었다. 오른편으로는 무려 5만 개나 되는 리크 부대가 완벽히 줄지어 서서 맞은편의 가지런한 카볼로 네로 부대와 전투를 벌일 준비 태세를 취하고 있었다. 긴장감이 사라졌다. 황홀경에 빠져 다른 느낌이 파고들 틈이 없었다. 땅과 작물, 아름다움을 보며 생각했다. 여기가 내 새로운 사무실이야.

대여섯 명뿐인 우리 팀이 비닐하우스 안에서 샐러드 채소를 따고 있었다. 그날은 나 말고 다른 신입도 있어, 나도 무리 없이 팀에 녹아들 수 있었다. 하루가 기분 좋게 흘러갔다. 우리는 오전 11시까지 수확 작업을 하고, 잠깐 휴식하며 차를 마신 후 육묘장으로 가 점심시간이 될 때까지 고추 씨앗을 모종판에 심었다. 오후에는 가게에 납품할 혼합 샐러드 봉지에 채소를 포장하고 다른 팀이 수확해 놓은 리크의 진흙을 씻어냈다.

점심시간에는 원예 도구를 보관하는 커다란 헛간의 중이층에 모여 앉아 샌드위치를 먹으며 남아도는 러비지*의 처리 방안을 두고 의견을 나눴다. 밭 하나에 잡초처럼 무성하게 자랐지만, 가게에서

---

* 미나릿과 식물로 셀러리와 파슬리를 섞은 듯한 강렬한 맛과 향이 난다.

팔기에는 적합하지 않다고들 말했다(나중에 알고 보니, 역겨운 맛 때문이었다).

며칠이 지나자, 팀에 독특하고 괴상한 규칙이 있다는 사실을 알게 되었다. 팀을 하나로 묶어주는 일종의 암묵적인 관례였다. 이를테면, 도시락은 꼭 싸 와야 했는데, 샌드위치에 들어간 재료와 그걸 고른 이유를 모두에게 설명할 준비가 되어 있어야 했다. 또, 육묘장의 비스킷 통은 절대 비워둬선 안 되는데, 제과점에서 나온 불량품으로 그 통을 채워 오면 보너스 점수를 받았다. 잡초를 뽑을 때 모종삽을 쓰면 아마추어 취급을 받았다. 진짜 정원사라면 플라스틱 손잡이가 달린 저렴한 과도를 써야 했고, 칼이 낡을수록 인정받았다. 일할 때 장갑을 껴도 되긴 하지만, 대신 무자비한 놀림과 매니큐어 예약일을 묻는 농담쯤은 각오해야 했다. 일터의 분위기는 따뜻하고 유쾌하며 즐거웠다. 이렇게 아름다운 채소 사이에 있는데 어떻게 그렇지 않을 수 있겠는가.

*

1~2주쯤 지난 어느 날 오후, 수석 정원사가 전동 카트(농장 안을 돌아다닐 때 타는 투박한 사륜구동 골프 카트) 뒷자리에 낫을 던져 넣고 올라타더니 들판 너머로 사라졌다.

"저분은 어디 가는 거예요?" 내가 물었다.

"숲이요." 음산한 답이 돌아왔다. 더 묻지 않는 게 좋을 성싶었. 몇 시간 뒤, 그가 짐칸 가득 곰파를 싣고 돌아오면서 진상이 드러났다. 알고 보니 부지 내 숲속에 곰파가 자라고 있었다. 싱그럽고 푸른 잎에서 알싸한 냄새가 진동했다. 처음 보는 채소였지만, 마을을 사랑하는 나는 단번에 곰파에 마음을 빼앗겼다.

*

주말을 맞아 집으로 돌아와서는 곧장 야생 곰파밭을 찾아 나섰다. 이제 뭘 찾아야 할지 아는 만큼, 헤이들리와 함께 달려가는데 금세 곰파밭이 눈에 들어왔다.

내가 매일 달리는 길가의 숲속은 이슬이 내려 아침 안개가 자욱했다. 가느다란 오솔길이 푸른 블루벨 꽃밭 위를 이리저리 가로지르며 숲속 깊숙이 이어졌다. 휘어진 가지를 드리운 세월이 느껴지는 옹이진 나무들 아래로 이끼가 두껍게 끼어 있었다. 헤이들리는 덤불 속을 헤집으며 아침거리를 찾는 검은지빠귀를 귀찮게 했다.

엄밀히 말해 이 숲은 사유지였지만, 마을 사람들은 아무렇지도 않게 숲 가장자리에 자라는 곰파를 슬쩍 채취해 갔다. 모두가 조용한 공범이 되어 허물어진 돌담을 몰래 넘어가 한 봉지씩 따 왔다.

저녁 무렵 마을의 잔디 광장에 가면 온 집의 부엌에서 마늘 향이 풍겼고, 마을 사람들은 불법으로 차린 저녁 식사를 즐겼다. 3월 말에서 5월 사이면 볼 수 있는 우리 마을의 전형적인 풍경이었다. 이맘때쯤 우리 부부는 맞은편에 사는 친구네로 저녁을 먹으러 갔는데, 이번엔 그녀가 페스토를 내놓았다.

"오, 곰파로 만든 거네?" 이제 채집 동호회의 일원인 내가 물었다.

'어디서 난 건지 너도 알잖아'라고 말하는 듯한 미묘한 눈빛을 받고 나는 급히 입을 다물었다(어쨌든, 그 페스토는 정말 맛있었다).

몰래 곰파 따 오기. 코츠월드에서 벌어지는 가장 반항적인 행동. 나는 곰파에 중독되었다. 맛도 한몫했지만, 그보다는 야생에서 자란 것을 직접 따 와 요리하는 데서 오는 특별한 만족감 때문이었다. 거기에는 자연과 과거에 경의를 표하는 일종의 의식 같은 요소가 있었다. 수백 년 동안 '우리' 숲 옆의 밭에서 마을 사람들이 곰파를 따 갔을 과거를 상상했다. 어느 봄날 안개 낀 아침, 감각이 예민해지면 나처럼 저녁으로 먹으려고 곰파를 따고 있는 옛사람의 유령이 보이는 듯한 기분이 들기도 했다(물론 그때는 돌담이 멀쩡하고 숲에 확실한 주인이 있었을 테니, 무단 침입이 지금보다 훨씬 더 위험했겠지만).

아무튼, 내가 말하고 싶은 것은 채집은 세상이 아무리 변해도 변하지 않는 무언가가 있다는 사실을 일깨우며 마음을 다독여 준다는 점이다. 우리가 우리 조상의 행동을 되풀이한다는 사실, 자연이 해마다 곰파를 선사한다는 사실이 그것이다. 자연은 주변에서 어떤 일이 벌어지든(무단 침입을 포함해), 개의치 않는다. 이런 생각을 하면, 곰파 채집이 마법처럼 느껴진다.

*

나는 데일스퍼드의 삶의 리듬에 금방 익숙해졌다. 수확하고 잡초를 뽑고 비스킷을 먹고 다시 채우는 생활. 여기 삶의 속도는 내 삶의 속도와 잘 맞았다. 그래서 나는 이곳에 영원히 머무를 방법을 궁리하기 시작했다.

## 곰파 프리타타

야생식물을 채취할 때 지켜야 할 첫 번째 규칙은 절대적으로 확신할 수 없다면 먹지 말라는 것이다. 정말로 목숨을 잃을 수도 있기 때문이다. 두 번째 규칙은 전부 채취하지 말라는 것이다. 그런 점에서 곰파는 초보 채집가에게 완벽한 출발점이다. 우선, 알아보기가 쉽다. 잎이 크고 넓은(그래서 한 움큼씩 따도 잘 죽지 않는다) 이 식물은 그늘진 곳에서 무더기로 자라며 아주 진한 마늘 냄새가 난다. 꽃은 하얀 솜 방울 모양으로 파꽃과 비슷하다. 실제로도 파 종류에 속한다. 다만, 시력이 몹시 나쁘다면 은방울꽃을 곰파로 착각할 수도 있는데, 그러면 큰일이다. 은방울꽃에는 독성이 있다. 은방울꽃에서는 마늘 냄새가 나지 않으니 감기에 걸렸다면 채집을 미루는 편이 좋다.

**재료** (2인분 기준)

양파 1/2개, 잘게 다지기
버터 20g
곰파 125g, 씻은 후 대강 자르기(곰파의 맵기는 계절과 자라는 장소에 따라 다르므로, 매운 맛이 너무 강하면 시금치 잎을 섞는다.)

달걀 3개
달걀노른자 3개
크렘 프레슈(전체 지방) 3큰술
숙성 체더 치즈 100g, 작게 깍둑썰기
파르메산 치즈 30g, 간 것
잣 15g

---

오븐을 180℃로 예열한다.

오븐에 들어가는 작은 프라이팬에 버터와 양파를 넣고 중불에서 5~8분간 양파가 반투명해지되 갈색으로 변하지는 않을 때까지 볶는다. 이제 곰파를 넣고 숨이 죽을 때까지 2~3분간 더 볶는다. 소금과 후추로 간을 한다. 불에서 내려 몇 분간 식힌다.

식는 동안 큰 볼에 달걀, 달걀노른자, 크렘 프레슈를 넣고 거품기로 휘젓는다. 그러고는 체더 치즈, 파르메산 치즈 절반, 소금 한 꼬집, 볶아서 식혀둔 곰파 혼합물을 넣어 고루 섞는다. 이 혼합물을 다시 프라이팬에 붓는다.

남은 파르메산 치즈 절반과 잣을 위에 뿌린 뒤, 오븐에 넣어 겉은 노릇하고 속은 완전히 익을 때까지 20분간 굽는다. 부채꼴 모양으로 잘라 내놓는다.

# April

4월,
새싹은 한없이 달콤하고…

## *April*
### 4월

## 처음 느낀 순수하고
## 온전한 충만

**채소밭에서…**

때가 되었다. 생명이 도착했다. 완두콩의 단단하고 통통한 새싹이 모종판 칸칸이 흙을 뚫고 나왔다. 이제 텃밭에 옮겨 심을 차례다. 밭으로 가자, 누에콩의 청록색 떡잎이 흙 위에 지친 몸을 뉘고 있는 모습이 보인다. 내가 가시 돋친 나뭇가지와 줄기로 울타리를 쳐두지 않았더라면 비둘기 떼가 여기서 잔치를 벌였을 것이다. 4월의 생명은 연약해서 보호가 필요하다. 이 시기의 새싹은 한없이 달콤하고 먹음직스러워 보인다. 마치 동화 속 공주처럼 유혹적이다.

이제 씨앗을 뿌릴 시간이다. 모든 채소의 씨앗이 때를 기다리고 있다. 코츠월드에서는 5월 말까지 서리가 내리기도 해 연약한 채소들은 주방 식탁 위에서 한 달을 더 머무른다. 돼지호박, 옥수수, 브로콜리, 호박이 토마토 모종 사이에서 자리를 다툰다. 반면 근대, 쪽파, 상추, 완두콩, 방울무, 시금치, 케일, 비트 등 씨앗 카탈로그에 있는 대부분의 채소 씨앗은 채소밭의 흙 위에 직접 뿌려진다.

지난달 집 안에서 키워낸 깍지콩 모종도 옮겨 심는다. 해마다 열정을 못 이기고 때를 앞당겨 저질러버리고 만다. 그 결과, 쌀쌀한 봄 날씨를 견디지 못한 덩굴이 힘없이 웃자라며 얼기설기 처진다. 결국, 집 안의 창문턱으로 다시 옮겨놓지만, 덩굴은 창틀을 따라 길고 가늘게 자라며 이리저리 뒤엉킨다. 살짝만 건드려도 끊어질 만큼 연약해서 텃밭으로 옮기기가 힘들어진다. 한 해에는 너무 열정적으로 자라난 덩굴손을 잘라내고 옮겨 키워보았는데 녀석들이 이발소에서 함부로 머리가 깎인 아이처럼 토라져 자라기를 거부했다. 결국, 매년 깍지콩을 옮겨 심을 때마다 내년에는 너무 일찍 심지 않겠다고 다짐하는 일이 반복된다.

상추 씨앗도 한 번 더 뿌린다. 심는 데 시간이 거의 들지 않으니, 3월에 일찍 한번 시도해 볼 만하다. 다만 4월에 다시 뿌릴 각오는 해둬야 한다. 3월에 뿌린 씨앗 대부분은 발아하지 않는다. 운 좋게 싹이 터도 쥐가 먹어치우거나 먹이를 찾는 검은지빠귀가 엉망으로 헤집어놓기 일쑤다. 하지만 한 봉지에 들어 있는 씨앗이 1000개나 되니 그리 큰 손해는 아니다. 그저 쥐들이 배불리 먹었기를 바라는 조그만 기도의 값일 뿐이다.

대부분의 지침서에서는 감자의 종류에 따라 심는 시기를 달리하라고 권한다. 3월 중순에 첫 번째 조생종(신품종)을, 4월 중순에 두 번째 조생종(역시 신품종)을, 4월 중순에서 말경에는 주작물(전통 품종)을 심으라고 말이다. 하지만 지침서의 문제를 잘 아는 만큼, 나는 모든 감자를 4월 중순에서 말경에 아무 때나 심는다. 감자를 심기로 마음먹은 해라면 말이다. 내 생각에 감자는 다 똑같다. 가게에서 사든, 집에서 기르든(논란의 여지가 있겠지만). 그래서 나는 종종 감자는 그냥 사 먹고 밭에는 더 흥미로운 작물을 심는다. 그래도 자리가 남으면 고소하고 부드러운 맛이 나는 '아냐' 같은 흥미로운 품종의 감자를 한 줄쯤 심는다. 솔직히 인정하자면, 8월에 분홍빛 점무늬가 있는 캐러멜색의 감자를 땅속에서 캐 올릴 때면 다이아몬드를 줍는 기분이 든다. 감자는 내게 먹는 기쁨보다 수확하는 기쁨을 주는 작물이다.

### 특별한 감자를 위한 샐러드

**재료** (넉넉한 2인분 기준 혹은 곁들임 요리로 4인분)

아냐 감자 300g
누에콩 150g, 콩깍지를 제거한 무게로
달걀노른자 2개
사과 식초 1작은술
엑스트라 버진 올리브유 100ml(최대)
방울무 6~8개, 다듬은 뒤 반으로 자르기
콘샐러드 상추, 어린 시금치, 혹은 샐러드용 잎채소 작게 한 줌
쪽파 4개, 잘게 다지기
파슬리 1큰술, 잘게 다진 것

민트 1큰술, 잘게 다진 것
베이비 케이퍼 2작은술
코르니숑 3~4개, 얇게 썰기

---

차가운 물을 담은 냄비에 소금 약간과 감자를 넣고 끓인다. 물이 끓기 시작하면 15분간, 혹은 포크로 가운데를 찔렀을 때 쉽게 들어갈 때까지 익힌다. 감자가 거의 다 익었을 때 누에콩을 넣어 2분간 더 익힌다. 물기를 빼고 서빙 그릇에 옮겨 담는다. 너무 큰 감자는 반으로 잘라준다.

감자가 익는 동안 마요네즈를 만든다. 달걀노른자를 우묵한 그릇에 담고 사과 식초와 소금 한 꼬집을 넣어 거품기로 젓는다. 엑스트라 버진 올리브유를 아주 천천히 실처럼 가늘게 부어가며 계속 젓는다. 기름과 노른자가 분리되지 않도록 조심한다. 물론, 푸드프로세서를 사용해도 되지만, 그러면 낭만이 없다. 쩝. 완성된 마요네즈를 따뜻한 감자가 담긴 그릇에 숟가락으로 퍼 넣는다.

방울무, 잎채소, 쪽파, 허브, 케이퍼, 코르니숑을 넣고 살살 버무린다. 따뜻할 때 바로 식탁에 낸다.

\*

데일스퍼드 농장의 채소 정원에서 일하던 중, 농장의 요리 학교에 정규직 자리가 났다. 온갖 일을 돕는 보조 직원 자리였다. 예약 접수와 손님맞이, 요리 보조, 설거지, 농장 안내, 그 밖에 강사들이 필요로 하는 모든 일을 하는 자리였다.

 요리 학교에서 일할 생각은 없었지만 수석 정원사가 지원하라고 권유하며 추천까지 해준 덕분에 그 일을 맡게 되었다. 그곳에서 거의 4년을 보내며 요리하고 작물을 기르고 가르치는 법을 배웠고, 마침내 프리랜서가 되었다. 그때는 몰랐지만 그 자리는 새로운 삶, 새로운 열정, 새로운 경력의 시작이었다. 전부 낙관적인 마음에 휩싸여 무작정 보낸 짧은 이메일 한 통과 채소밭에서 얻은 새로운 관점에서 비롯된 일이었다.

 미안하게도 이제는 이름조차 기억나지 않는 누군가가 예전에 내게 이런 말을 한 적이 있다. 좋은 삶이란 연잎에서 연잎으로 뛰어다니며 만족하는 개구리의 삶이라고 말이다. 중요한 건 개구리는 다음 연잎이 지난 것보다 더 나은지 어떤지 걱정하지 않는다는 점이다. 그저 마음에 드는 모양인지 자기 몸무게를 견딜 수 있는지 등 자신의 필요를 채워주는지만 본다. 그리고 조건이 맞으면 폴짝하고 뛴다.

 나는 요리 학교라는 연잎이 마음에 들었다. 그래서 그냥 뛰어올랐다. 이 일이 내 이력에 어떤 도움이 될지, 이후 어떤 길로 이어질지, 앞으로 확실한 진로가 될 수 있을지 따지지 않았다. 그냥 좋아 보였다. 재미있어 보였다. 게다가 나름의 보수도 있었다. 이전 일보다 더 나은 일인지 아닌지는 중요하지 않았다. 나는 더 이상 위만 보며 사다리를 오를 필요가 없었고, 누군가의 인정이나 외부의 평가가 중요하지도 않았다. 자존감과 실생활 모두에서 점점 혼자 힘으로 우뚝 서는 중이었다. 남에게 기대지 않고 스스로 많은 일을 해내고 있었다. 무엇보다 채소를 키우고 요리하는 일이 즐거웠고, 누군가가 그 일에 급여를 줬다. 그거면 충분했다.

\*

진부한 비유일 수 있지만 인생을 하나의 사다리로 보지 않는 관점은 꼭 필요하다. 항상 다음 승진, 더 높은 단계의 삶을 좇을 필요는 없다. 이런 식의 소비주의와 가짜 갈망은 우리를 현재가 아닌 상상의 미래 속에 살도록 몰아붙인다. 그런 삶은 우리를 병들게 한다. 아니면 적어도 정신적으로 지치고 피폐해져서 휴대전화 속 이메일에서 눈을 떼지 못한 채 살아가게 한다. 숲은커녕 나무조차 보지 못하도록 만든다.

요리 학교에서 일하던 어느 날, 예기치 않게 과거의 삶과 새로운 삶이 부딪힌 순간에 나는 그 사실을 더욱 명확히 깨달았다. 우리 학교는 기업 연수에 알맞은 요리 수업을 운영했는데, 하루는 런던의 미디어 회사 임원진이 '유대감을 쌓는 날'을 보내러 찾아왔다. 대략적인 일정은 함께 점심을 요리하고 술도 좀 곁들여 식사를 한 뒤, 농장을 둘러보는 것이었다. CEO의 비서가 그날 일정에 넣고 싶은 계획 등 그녀의 상사가 불쑥불쑥 쏟아내는 지시를 그때그때 내게 전달해 왔다.

"임원진끼리 자유롭게 대화할 수 있는 시간이 있을까요? 사장님이 조용히 몇 마디 나누고 싶다고 하시네요."

다시 불쑥 연락이 왔다. "상도 준비해 주실 수 있나요? 왜 있잖아요, 최고의 빵을 만든 사람에게 주는 상 같은 거요. 그리고 최악의 요리사에게는 나무 숟가락 같은 걸 상으로 주고요." 아무렴, 경쟁이 빠질 수 없지. 그럼 그렇지.

행사 하루 전날에는 이런 전화까지 왔다. "인터넷 연결은 되죠? 전화 회의 할 장소도 있나요? 사장님이 하루 종일 연락이 안 되면 곤란하거든요. 사람들 난리 나요."

그들이 도착하기도 전에 행사 분위기가 어떨지 짐작이 갔다. 나도 그런 사람들과 10년을 함께 보냈던 터였다. 그들이 가까운 기차역에 도착하자 우리는 미니버스로 마중을 나갔다. 그들은 농장으로 오는 내내 초조한 표정으로 고개를 숙인 채 휴대전화만 들여다봤다. "왜 신호가 안 잡히지? 여기 도대체 어디야?"

학교에 도착해 요리를 시연하는 중앙 작업대 주위에 그들을 둘러 앉혔다. 하루 일정을 소개하는 동안 그들은 자기들끼리 수다를 떨고 농담을 주고받았다. 동시에, 자리다툼을 하며 서열 경쟁을 벌였다. 누가 사장님 옆에 앉을 것인가. 누가 사업상 없어서는 안 될 사람이라 휴대전화를 무음으로 설정할 수 없나. 누가 커피 대신 와인을 청해 '분위기 메이커'라는 칭호를 차지할까.

그들에게 우리 일은 가벼운 오락거리일 뿐, 진지하게 받아들일 만큼 중요하거나 쓸모 있는 일이 아니었다. 어떤 이들은 초등학생처럼 장난치며 요리했고, 그러면서 우리의 와인 재고를 착실히 줄여나갔다. 다른 이들은 구석에 옹기종기 모여 고객 관리에 대한 전략 회의에 몰두하며 우리에게 요리를 대신 해달라고 손짓했다. 우리는 놀라지 않았다. 다 예상했던 상황이었다.

그러고 나서, 나는 그들을 채소 정원으로 안내했다. 공정히 말해서, 그날 자연은 정말 최선을 다했다. 맑고 푸른 하늘, 꽃꽂이용 꽃밭에 줄지어 핀 화려한 튤립, 비닐하우스 안에서 바람에 살랑이는 샐러드 채소들. 점점 대화가 잦아들었다. 휴대전화가 주머니로 들어갔고 걷는 속도가 느려졌다. 모두가 장엄한 풍경 앞에서 조용해졌다. 면바지를 입은 중년 남자가 수줍은 얼굴로 작물에 관해 질문했다.

"아, 제 아내도 그걸 텃밭에서 키우거든요." 아무도 그가 텃밭을 가꾼다고 놀리지 않았다.

모두가 방울무를 하나씩 맛보며, 땅에서 뽑아 흙만 털면 바로 먹을 수 있다는 사실에 놀라워했다.

"뭐라고? 땅에서 캐서 바로 먹는다고? 누가 알았겠어?" 사람들이 웅성거렸다. 나는 슬며시 미소 지었다. 나는 알고 있었으니까. 물론 나도 알기 전까지 시간이 좀 걸렸지만.

그들은 여전히 장난을 멈추지 않았다. 비닐하우스 안에서는 누가 땀 한 방울 흘리지 않고 가장 매운 고추를 먹을 수 있는지 겨루며 허세를 부렸다. 마지막에는 돌아가는 기차 안에서 마실 로제 와인을 하나씩 집어 들었다. 하지만 그들이 잠시 멈춰 하늘을 올려다보고 자연과 진짜 삶을 바라보며 경이로움을 느낀 그 몇 초간만은 작은 승리처럼 느껴졌다.

내게도 익숙한 경험이었다. 그 경외감이 어떻게 흘러갔는지, 또 내 삶을 얼마나 바꿔놓았는지 떠올리게 했다. 한때는 나도 이 사람들과 같았다. 언제나 바쁘게 일하고, 항상 시선을 아래에 두고, 정말 중요한 건 늘 미래에 있다고 생각하며 살았다.

지금과는 얼마나 다른 삶인지. 나는 매일매일 경이로움을 느낀다. 씨앗이 싹을 틔운 모습을 볼 때마다. 두 달 전까지만 해도 존재하지 않았던 방울무를 접시에 담아낼 때마다. 아침마다 채소 정원에 들어서며 그곳에 가득한 생명의 양에 경외감을 느낄 때마다. 이제 잠시나마 이 손님들도 같은 경이로움을 경험했다.

멋진 풍경을 보거나 밤하늘을 올려다보거나 동물이 새 생명을 낳는 모습을 본 적이 있다면, 자연이 어떻게 경이로움을 불러일으키는지 알 것이다. 자연은 우리에게 광활한 우주 속에서 내가 얼마나 작은 존재인지 느끼게 하고, 끊임없이 변하는 세상 속에서 고요함을 선사하며, 지구의 모든 생명과 연결되어 있다는 깊은 유대감을 일깨워 준다. 모든 감정을 압도하는 감정이다. 모든 걱정과 불안, 슬픔이 자연의 경이로움 앞에서는 사라지거나 적어도 하찮게 느껴진다. 이런 감정은 우연히도(우연이 아닐 수도 있지만) 명상이 잘되어 갈 때 느끼는 감정과 비슷하다(명상에는 '잘'하거나 '못'한다는 개념이 없다고들 하지만, 내 말은 마음이 차분해지며 현재에 집중되어 마치 내 몸이 떠 있는 듯한 찰나를 말하는 것이다). 경외감은, 그것이 어디에서 왔든, 강력한 항우울제다.

\*

경쟁적인 사고방식을 지닌 사람들은 이 이야기를 전혀 다르게 받아들일 것이다. 두 개의 학위와 화려한 고소득 직업을 가졌던 성공한 여성이 순간의 광기로 모든 걸 내팽개치고 이제는 채소 따는 일로 푼돈을 번다고 말이다. 교육에 열성인 엄마들 눈에 나는 그저 불량품인 셈이다. 힘들게 낸 사립학교 학비가 헛되지 않으려면 안정적인 직장에 그냥 붙어 있어야 한다는 교훈을 주는 반면교사 같은 존재. 때로는 머릿속에서 고루한 옷차림의 교장 선생님이 진주 목걸이를 움켜쥐고 놀라 내뱉는 소리가 들려올 때도 있다.

"너는 정말 많은 걸 이룰 수 있었는데. 아주 잘하고 있었고, 그렇게 사다리 높이 올라갔는데 그냥 놓아버렸구나. 아깝게도." 사실, 이 말은 옛 교장 선생님이 실제로 하신 말씀이다.

출세의 사다리를 내려오는 데는 급여 외에 다른 단점도 있다. 우선, 저녁 모임이나 결혼식 같은 자리에서 어색한 순간이 생긴다.

"무슨 일을 하세요?" 옆자리에 앉은 사람이 묻는다. 뭐라고 대답해야 하나?

예전에는 아주 쉬웠다. "광고 회사의 글로벌 전략 담당자로 일해요"라고 대답하면 됐다.

그러면 상대방은 고개를 끄덕이며 은근한 감탄을 보냈다. 나는 사람들의 따뜻한 시선을 기분 좋게 만끽했다. 이어서 사람들은 〈매드맨〉 이야기를 꺼내거나 존 루이스 백화점의 크리스마스 광고를 만든 적이 있는지 물었다. 내 대답이 무리 없이 받아들여진 이유는 상대방이 내가 하는 일을 이해할 수 있었기 때문이다. 사람들은 내 일이 자신들의 삶과 맞닿아 있기에 가치를 부여했다.

이제 내 대답은 좀 더 길고 모호하다. "음, 채소를 길러요. 요리도 하고요. 관련 글도 좀 쓰죠. 채소 사진도 좀 찍고요. 채소 요리를 가르치기도 해요. 그러니까, 여러 가지를 조금씩 다 하는 셈이죠."

상대방은 어리둥절한 얼굴로 되묻는다. "그렇군요, 그러면 채식주의자세요?" 아뇨. "그럼, 어디에 소속되어 있나요?" 나 자신이요. 듣는 사람에 따라, 프리랜서의 고충과 기쁨에 공감하는 대화로 이어지기도 한다. 나이가 좀 있는 사람들은 "아, 정말 용감하시네요?"라거나 "훌륭하십니다"와 같은 반응을 보이기도 한다. 마치 내가 에베레스트산을 오른 셜리 템플이라도 되는 양.

"무슨 일을 하세요?"라는 질문은 정말이지 지뢰밭 같다. 직업이 바뀌는 경험을 하며, 이 질문 자체가 얼마나 어처구니없는지 절감했다. 왜 사람들은 제일 먼저 직업부터 묻는 걸까? 인간은 생계를 유지하는 방식으로 정의되는 존재인가? 인간으로서의 가치가 브랜드 전략가냐 단추 꿰매는 사람이냐에 따라 달라지나? 그런데 꼭 뭘 *해야* 하나? 그냥 존재할 수는 없나? 나는 내 할 일 목록 이상의 존재다. 내가 내 직업 이상이기를, 아니, 적어도 그것만으로는 설명되지 않는 존재이기를 바란다. 우리 모두가 그럴 것이다.

한번은 무슨 일을 하냐는 질문을 받은 어떤 여성이 돌처럼 태연하게 "아무 일도 안 해요. 저는 순전히 장식용이에요"라고 답했다는 이야기를 들은 적이 있다. 정말이지 감탄이 나오는 대답이다. 자신을 물건처럼 깎아내리는 태도가 아니라(스스로 벽난로 위에 올라앉기로 선택했다면 내가 뭐라고 그녀를 도덕적으로 재단하겠는가?), 작가 에마 개념이 이른바 '성공 신화'라고 부르는 관념에 자신을 얽어매지 않겠다고 비꼬는 말로 대답하는 당당한 태도가 말이다. 아마 속뜻은 이랬을 것이다. "이 식탁에 앉기 위해 나는 아무것도 할 필요가 없어요. 나는 평가받기 위한 존재가 아닐 뿐 아니라, 성공이 나를 정의하지도 않아요. 난 그 사실을 편안하게 받아들이고 있어요. 당신은 아닌 것 같지만요. 그리고 전 예뻐요. 그 점도 잘 알고 있고 그 사실도 편안하게 받아들이고 있지요. 다른 질문 있으세요?"

말하긴 좀 부끄럽지만, 나는 저런 질문에 답해야 할 때 내 기분이 어떨지를 기준으로 삶의 중요한 결정을 내린 적이 몇 번 있다. 사교 생활에서 낯선 사람과의 어색한 순간 하나를 피하려고 인생 계획을 세우다니 어리석기 짝이 없다. 하지만 꽤 오랫동안 그런 삶을 살았다.

"무슨 일을 하세요?"라는 질문이 얼마나 무거운 의미를 담고 있는지 경험한 후, 나는 대신할 만한 다른 질문을 고민했다. 하지만 쉽지 않았다. "무슨 일을 하는 걸 좋아하세요?"라는 질문이 때로는 괜찮았지만, 소개팅에서 할 법한 질문처럼 들렸다. "멀리서 왔나요?"라는 질문은 왕족이 아닌 이상 적절치 않아 보였다. "이 근처 사세요?"는 시골이나 특히 마을 모임에서는 통했지만, 자칫하면 "여기 자주 오셔, 자기?"처럼 들릴 위험이 있었다. 결국, 처음 대화를 시작할 때 암묵적 평가나 유혹하는 말처럼 들리지 않으면서도 자연스럽게 대화를 시작할 수 있는 괜찮은 질문은 없다는 결론에 이르렀다. 하지만 사람들이 어설프게나마 직업이 뭐냐는 질문을 피하려 애쓰는 모습은 나를 무척 기쁘게 한다. 그런 노력은 어김없이 즐거운 대화로 이어지기 마련이다. 사람들 대부분이 나처럼 느끼리라고 생각한다. 뇌 전문의나 UN 평화유지군이라면 이야기가 좀 달라지겠지만.

*

이른바 성공의 사다리에서 내려오면서 생기는 또 다른 문제는 성공이라는 개념을 다시 생각해 봐야 한다는 점이다. 프리랜서의 삶에는 다음 단계로 발전하려면 달성해야 할 명확한 목표가 없다. 삶은 한 칸씩 오를 때마다 인정받는 일직선의 사다리가 아니다. 컴퓨터게임처럼 다음 단계에 도달했다고 해서 등을 두드려주는 사람도, 보드게임처럼 판을 한 바퀴 돌며 '출발점'을 지날 때마다 200파운드를 받는 일도 없다.

이처럼 기준이 없는 생활에서는 오히려 잘못된 기준에 휘둘리기 쉽다. 승진도, 연례 평가도, 연봉 인상도 없는 프리랜서 세계에서는 다른 기준으로 성공을 측정하게 된다. 그런 기준 중 일부는 솔직히 말해 별로 건전하지 않다. 수입은 물론, 의뢰받은 기사의 수, 인스타그램 팔로워 수, 저녁 모임 티켓 판매 속도, 책의 판매량 등. 이 모든 기준은 어찌 보면 외부로부터의 인정이다. 물론, 재정적으로 영향을 미치는 요소이기도 하지만, 동시에 타인이 좌지우지하는 요소라는 점에서 위험한 기준이다. 성공을 낯선 사람들로부터 받는 관심의 양으로 측정하기 때문이다.

성공은 내면의 기준으로 판단되어야 한다. 일이 즐거운가? 내가 만든 결과물이 질적으로 괜찮은가? 이 일을 해도 내게 삶의 다른 즐거움을 누릴 시간이 남는가? 일이 흥미로운가? 또, 성공은 연결이라는 기준으로도 평가되어야 한다. 내가 하는 일이 누군가의 하루를 잠시나마도 더 기분 좋게 할 수 있는가? 누군가의 삶에 유용하거나 흥미롭거나 영감을 주는 무언가를 보냈는가?

생계가 해결된 상황이라면 즐거움과 시간, 충족감, 사람과의 연결도 돈만큼 소중한 가치를 지닌다. 우리에게 그 가치를 알아보는 마음만 있다면 말이다.

\*

뜻밖에도, 실망한 옛 교장 선생님의 목소리에 상상 속 페미니스트 자매들의 목소리가 더해질 때가 종종 있다. 평등을 위해 싸웠던 (그리고 지금도 싸우는) 수많은 여성의 목소리가.

"요리라고?" 그들은 울부짖는다. "우리는 부엌에서 벗어나려고 힘들게 싸웠지, 다시 부엌에 들어가려고 그랬던 게 아니야! 여성인 네가 이제 막 내던진 그 직업을 갖게 하려고 우리는 브래지어도 태웠어. 네가 걷어찬 그 기회를 위해 우리는 기꺼이 목숨도 걸었을 거야. 그런데, 요리를 선택했어? 집안일을? 참나."

이게 다가 아니다. 어떤 사람들은 내가 여성이고 창작 분야의 프리랜서라는 이유만으로 나를 남편 잘 만난 여자쯤으로 본다. 진짜 직업도 없으면서 일하는 척만 하는 사람으로 말이다. 좋아한다는 이유 하나로 불안정하고 수입도 적은 프리랜서 일을 택한 걸 보면 생활비 같은 현실적인 문제는 부자 남편이 다 해결해 주는 게 아니겠냐고 한다.

"진정한 페미니스트라면 다른 사람의 수입에 기대지 않고도 그 일을 할 수 있어야지." 자매들은 고개를 저으며 나를 부엌 싱크대 앞에 남겨두고 사라진다.

내가 그들을 실망하게 한 걸까? 아마도. 하지만 나는 내 선택을 한 것이다. 그리고 내게는 가능했던 이 선택이 엄마 세대에게는 불가능했을 거라는 점이 중요하다. 게다가, 한번은 현명한 친구 하나가 이렇게 지적했다. "얘, 페미니스트 자매들은 지금 너한테 신경 쓸 겨를 따위가 없어. 자기들 문제만으로도 벅찰걸."

이런 생각을 하다 보면, 아예 세상을 등진 사람들은 얼마나 더 힘든 상황 속에 있을지 궁금해진다. 나는 그저 직업을 바꿨을 뿐이다. 무슨 공동체에 들어가 사는 것도, 가진 걸 다 내다 팔고 사회주의 노동당에 가입한 것도 아니다. 심지어 피어싱도 없다. 어쩌면 해야 했는지도 모르겠다. 적어도 그랬다면 어떤 틀에라도 들어맞았을 텐데. 그래도 나는 피어싱이 싫다.

\*

성공을 보여주는 흔한 장식도 시스템 밖을 선택했다는 표식도 (피어싱이라도 해야겠다) 없다는 점을 처음으로 깨달았을 때도 그랬지만, 두 세계 사이에 애매하게 끼여 만찬 자리의 첫 질문에 간단하고 멋진 대답을 내놓지 못할 때마다 나는 이런 상황이 실패를 뜻하지 않는다는 점을 스스로 되새겨야 한다. 여전히 이 문제와 씨름하고 있긴 하지만 말이다. 그리고 언제나처럼 텃밭에서 답을 찾는다.

이를테면, 자색 스틱 브로콜리를 보자. 이 브로콜리는 정말 재배하기 까다로운 작물이다. 기술적으로 힘든데, 땅에서 자라는 기간이 장장 아홉 달인 데다가 재배 공간도 넓어야 하고 벌레란 벌레는 다 달라붙는다. 대강 상상이 될 것이다. 그런데, 맛이 너무 훌륭하고 2월부터 4월까지 다른 작물이 거의 없는 시기에 수확한다는 장점이 있다. 내 생각에, 자색 스틱 브로콜리를 키울 수 있는 사람이라면 못할 일이 없다.

자색 스틱 브로콜리 한 다발을 수확했던 순간이 떠오른다. 나무처럼 단단하고 굵은 줄기가 땅에 박힌 말뚝에 띄엄띄엄 묶인 채 똑바로 서 있었다. 여섯 달 전에 묶어두었던 아래쪽 끈은 이제 썩어가고, 1미터 남짓한 이 작물의 머리 부분에는 보랏빛 꽃송이와 청록색 이파리가 촘촘히 복슬복슬하게 뭉쳐 있다. 보라색으로 염색한 통통한 할머니 같다. 이 늙은 가모장도 아홉 달 전에는 그저 씨앗 하나에 불과했지만, 지금은 내 손길 아래 훌쩍 자랐다. 나는 왕관에 손을 뻗어 꽃송이를 잘라낸다. 꽃집에서 파는 꽃다발 못지않게 금세 풍성해진다. 이제 의기양양하게 꽃다발을 안고 집으로 돌아간다. 한 팔 가득 가능성을 품고서. 가리비나 페타 치즈, 고추와 함께 굽거나 쪄서 국수와 간장에 비벼 먹어도 좋다. 치즈 폴렌타\* 위에 얹어도

---

\* 이탈리아 요리로, 옥수숫가루를 끓여 만든 부드러운 죽.

근사할 것이다. 아무것도 없었는데, 지금은 잔치를 열 수 있다. 멋지지 않나? 멋지다. 자신의 성취가 뿌듯하지 않나? 뿌듯하다. 이걸로 충분하지 않나? 충분하다.

그때의 기분을 직장에서 무언가를 성취했을 때와 비교해 보자. 승진하거나 제안서를 따내거나, 고양이 사료에 기가 막힌 이름을 붙였을 때 나는 안도감과 함께 피로가 몰려왔다. 자색 스틱 브로콜리 수확도 제안서 수주도 모두 하나의 성취이며, 어느 것이 더 값지다고는 할 수 없다. 하지만 내게 이 두 경험은 전혀 다르게 다가왔고 여운 역시 극명하게 달랐다.

일단, 내 브로콜리는 누가 훌륭하다고 말해줄 필요가 없다. 이미 알고 있으니까. 눈으로 보이니까. 적어도 나에게 광고계에서의 성취는 손뼉 쳐줄 관객이 있어야만 의미가 있었다. 두 번째로, 완벽한 모습의 자색 스틱 브로콜리를 보면 마음이 뿌듯하고 기분이 좋아진다. 반면, 일터에서의 성공은 기쁨이라기보다는 숨 막히는 안도감, 처형이 잠시 유예된 듯한 기분을 안겨주었다. 마지막으로 수확물을 앞에 두면, 순수한 기쁨을 안겨주는 구체적인 무언가를 만들어냈다는 생각이 든다. 단순하고 온전한 만족감. 반면, 직장에서는 그 어떤 성취도 이미 지나가 버린 과거처럼 생각되었다. 늘 마지막 결과로만 평가받았고, 힘든 전투에서 이긴 사람처럼 상실감이 뒤섞인 허탈한 만족감만을 느꼈다. 값비싼 대가를 치른 상처뿐인 승리였다.

그래서 페미니스트 자매들과 옛 교장 선생님이 점심을 먹으러 찾아오면(상상이라도, 정말 끔찍하다!), 나는 기꺼이 선언할 것이다.

나는 전통적인 의미의 승자가 아니라고, 화려한 직업과 홀랜드 파크에 근사한 집이 있는 부유하고 성공한 독립적인 여성이 아니라고 말이다. 어쩌면 그들 눈에는 내가 실패자로 보일지도 모른다. 그럼, 나는 완벽한 자색 스틱 브로콜리를 가리키며 말할 것이다. 그런 여성이 되었을 때보다 지금이 훨씬 더 행복하다고. 그러고는 브로콜리 안초비 샐러드를 점심으로 내놓을 것이다. 바로 이렇게.

### 케일과 안초비, 스펠트 밀을 곁들인 구운 자색 스틱 브로콜리

**재료** (2인분 기준)

스펠트 통밀 150g
러시안 케일 150g (혹은 아무 케일)
엑스트라 버진 올리브유 3큰술
고춧가루 1/2작은술
마늘 가루 조금 (그래, 맞다, 아주 70년대 스타일이다.)
자색 스틱 브로콜리 175g
붉은 양파 1/4개
셰리 식초 약간
통조림 안초비 필레 10조각, 그중 4조각은 잘게 다지기
아몬드 슬라이스 한 줌, 구운 것

씻은 스펠트 밀에 찬물을 붓고 20~30분간 부드러워질 때까지 익힌다. 물을 빼고 한 번 더 헹군 뒤 따로 둔다.

오븐을 170℃로 예열한다.

케일은 줄기를 제거하고 약 2.5cm 크기의 네모난 조각으로 찢는다. 찢은 잎을 우묵한 그릇에 담고 올리브유 1큰술, 소금, 후추, 고춧가루, 마늘 가루를 넣은 후, 케일에 기름과 양념이 잘 묻도록 조심스레 무친다. 기름에 푹 잠기지 않도록 주의한다. 양념한 케일은 두 개의 오븐 트레이에 넓게 펴서 올리고, 오븐에서 10분간 굽는다. 중간에 한 번 뒤집어 준다. 바삭하지만 갈색이 되지 않도록 구워, 따로 둔다.

그릴 팬을 충분히 달군다. 자색 스틱 브로콜리에 올리브유를 1큰술 뿌려 가볍게 섞은 후 팬에 올려 굽는다. 살짝 숨이 죽고 적당히 익을 때까지 2~3번에 나누어 전부 구워낸다.

붉은 양파를 얇게 썰어 큰 그릇에 담고 셰리 식초 약간, 잘게 다진 안초비 4조각, 마지막으로 올리브유 1큰술, 소금 한 꼬집을 넣어 잘 섞는다. 양파가 부드러워지도록 몇 분간 그대로 둔다.

마지막으로, 익힌 스펠트 밀을 양파 그릇에 넣고 섞는다. 여기에 구운 브로콜리, 남은 안초비 조각, 아몬드 슬라이스를 더한다. 간을 맞춘 뒤, 접시에 나눠 담고 바삭한 케일을 한 줌씩 얹는다. 케일이 눅눅해지기 전에 재빨리 식탁에 낸다.

# May

5월,
곧 푸른 잎에 덮일 테고…

## *May*
5월

## 자연이 가르쳐준
## 내게 맞는 삶

**채소밭에서…**

　변하지 않는 건 없다는 사실, 성격도 외모도 정체성마저도 달라진다는 사실을 새삼 떠올리고 싶다면 5월의 텃밭을 들여다보면 된다. 4월이 축축이 안개 낀 이슬비와 함께 사라지고 나면, 기대와 조심스러움이 뒤섞인 5월이 시작된다. 초록은 짙어졌지만 공기엔 아직 차가운 기운이 남아 있다. 하지만 이달이 끝나갈 무렵이면 전부 달라져 있다. 서리 걱정도 사라지고 연약한 채소들도 한결 온화해진 밤과 용감히 맞서기 위해 바깥에 자리 잡는다. 왕립원예협회의 첼시 꽃 박람회도 절정에 달한다. 텃밭은 생생한 연둣빛 새순으로 반짝인다. 어찌나 빨리 자라는지 녀석들이 하늘을 향해 뻗어가는 소리가 들리는 듯하다. 작물들은 이제 보호 덮개를 벗고 꽃무늬 드레스로 갈아입는다.

　5월의 나는 몹시 감상적인 이상주의자가 된다. 만물이 새롭고 희망으로 가득 차 보인다. 설레는 마음으로 하늘하늘한 원피스를 입고는 전원생활의 환상을 실현해 보려 애쓴다. 한해살이 꽃씨를 뿌리고 달리아 구근을 심는다. 채소밭에 핀 꽃만큼 전원의 낭만을 잘 보여주는 것도 없으니. 그리고 지금은 꽃을 심기에 딱 좋은 때다. 몇 주 후면, 한련꽃이 거침없는 탐험가처럼 가시 따위는 아랑곳하지 않고 서양까치밥 덤불 위를 기어오를 것이다. 달걀노른자 색깔의 금잔화가 길가를 뒤덮는 사이, 당당하고 도도한 달리아가 커다란 꽃송이를 유혹적으로 살랑거리며 속삭인다. "자기! 나 여기 있어요! 맞아요. 나 정말 멋지죠, 그렇죠?" 나는 황홀하고도 어지러운 기분에 들떠 여기저기에 꽃을 심는다. 마치 『라크 라이즈에서 캔들포드로』\* 소설 속 평화롭고 낭만적인 시골에 들어선 듯한 느낌이 든다. 꽃은 이렇게 한 번도 살아본 적 없는 옛 시골에 대한 막연한 그리움을 불러일으킨다. 그래서 나는 꽃을 심는다. 그저 예뻐서이기도 하지만.

게다가, 꽃은 먹을 수도 있다. 특히 알싸한 맛의 한련꽃과 금잔화는 녹색 샐러드에 색감과 생기를 더해준다. 하지만 대부분은 순전히 즐거움을 위해 심는다. 코스모스, 금어초, 달리아, 수레국화, 스위트피, 플록스를 한 아름 꺾어 안으면 호박을 딸 때처럼 희열이 넘친다.

5월은 (대체로) 모든 꽃이나 채소를 심기에 알맞은 시기다. 나보다 절제력 있는 사람들은 '순차 파종'을 실천한다. 불교 수행과 비슷한데, 조금씩 자주 씨를 뿌리는 방법이다. 매달 필요한 만큼만 씨를 심어서 특

---

\* 플로라 톰슨의 자전적인 소설로, 19세기 말 가난한 시골 마을 '라크 라이즈' 출신의 어린 소녀가 부유한 이웃 마을 '캔들포드'의 우체국에서 일하게 되면서 겪는 일과 주변 인물, 당시 사회상을 잔잔하면서도 유머러스하게 담아냈다.

정 채소가 한꺼번에 몰리지 않게 적당히 계속 수확할 수 있다. 반면, 한 번에 씨앗 한 봉지를 몽땅 심으면 수확기가 겹쳐 같은 채소가 지나치게 많아진다. 순차 파종은 빨리 자라고 제때 수확해야 하는 작물에 특히 적합하다. 방울무, 완두콩, 상추, 쪽파 등. 그런데 나는 이 방식에 완전 젬병이다. 구제 불능일 정도로. 긴 겨울을 보내고 5월이 되어 마침내 채소밭으로 돌아오면, 마음이 너무 들떠 한꺼번에 씨를 왕창 뿌리게 된다. 방울무를 매주 4분의 1씩 한 달에 걸쳐 심는다는 절제와 인내가 나한테는 없다. 하지만 이제는 자책하지 않는다. 그렇게 얻은 과잉 수확이 내 창의력의 원천이라는 사실을 깨달았기 때문이다. 방울무 1킬로그램을 보며, 나는 구워 먹거나 절이거나 튀기거나 얇게 저미는 등 온갖 활용법을 찾는다. 일주일 한 번, 한 다발씩만 수확했더라면 버터에 찍어 먹거나 샐러드에 넣는 정도밖에 생각하지 못했을 것이다. 과잉 수확이야말로 요리 창작의 어머니다.

\*\*\*

작년 이맘때만 해도, 내 삶은 지금과는 전혀 달랐다. 작년 5월, 나는 베이징, 뉴욕, 델리, 푸에르토리코를 정신없이 오가며 의견이 다른 고객들을 설득해 초콜릿 브랜드의 정체성을 하나로 모으려는 부질없는 발버둥을 치고 있었다. 하루하루가 연착된 기차, 공항 라운지, 전화 회의 부스, 시차 적응 약, 프레타망제 샐러드, 일정 충돌, 세탁물 배달, 밍밍한 호텔 커피로 뒤엉켜 있었다. 그리고 그 모든 순간마다 블랙베리의 빨간 불빛이 쉴 새 없이 깜빡였다. 정신이 조각 나고 있는데도 전혀 눈치채지 못했다. 바퀴를 더 빠르게 돌리려는 욕망에만 사로잡혀 있었다.

당시 내 정체성과 자존감은 낯선 사람들의 손에 맡겨져 있었다. 고객이 우리 회사에 일을 맡겼나? 동료들과 비슷하게 (아니, 말도 안 되지. 더 빠르게) 출세하고 있나? 사람들이 나를 훌륭한/똑똑한/매력 있는/쓸모 있는/활력 있는/호감 가는 사람이라고 생각할까? 남의 입에서 나오는 말만을 진실이라고 믿으며, 남들의 평가에 목을 맸다.

오늘 농장으로 출근하기 전, 나는 헤이들리와 마을 뒤쪽 숲에 곰 파가 꽃을 피운 곳을 따라서 산책을 즐겼다. 요즘 넘쳐나는 방울무에 대해 어떤 글을 쓸지 고민하고, 곰파를 방울무 요리에 쓸 수 있을지도 생각해 본다. 채소밭은 이제 갖가지 작물로 가득하다. 곱게 깔아놓은 퇴비도 곧 푸른 잎에 덮일 테고, 어린 돼지호박은 사춘기 소년처럼 하루가 다르게 자랄 것이다.

이제 부모님 말고도 내 블로그를 찾아오는 사람들이 생겼다. 그래도 방문자 수는 많지 않다. 하지만 신경 쓰지 않는다. 블로그를 하는 자체로 즐거우니까. 얼마 전, 한 지역 독자가 여름 저녁 파티를 위한 요리를 부탁해 왔다. 이걸 사업으로 삼을 수 있겠다 싶어 근처 휴양 별장에 '개인 요리사' 광고 전단을 돌렸다. 또, 지역 음식 잡지를 설득해 계절 음식을 주제로 월간 칼럼을 연재하게 되었고, 이에 용기를 얻어 지역신문 몇 곳에도 제안서를 보냈다.

전일제로 일하는 농장에서 매일 유기 농법을 접하면서, 지속 가능한 삶과 자연을 위해서는 우리가 어떤 먹거리를 택하는지가 가장 중요하다는 확신이 점점 생겨났다. 요즘 나는 요리 학교의 채소 정원 투어를 거의 도맡다시피 하고 있다. 이 일만큼은 아무에게도 내어주고 싶지 않다. 정원의 아름다움을 마주한 사람들의 눈동자에 경외감이 서리는 순간을 아주 좋아하기 때문이다. 진짜 삶이 바로 여기에 있다는 걸 깨닫는 그 찰나를 함께하고 싶기 때문이다. 자연은 사람들을 부드럽게 끌어안고는 전자기기에 매여 있던 삶에서 건져내 진짜 생명이 가득한 땅으로 이끈다. 그 모습을 바라보는 것만으로도 나는 행복을 느낀다. 내 지난날이 떠오르기도 하고, 모두가 이런 순간을 꼭 한번은 겪어보길 바라는 마음이 들어서이기도 하다.

내 삶은 이제 완전히 달라졌다.

### (프리잔테\*에 어울리는)
### 피트 스톱\*\* 타르트

---

데일즈퍼드 농장에서는 채소 정원 투어 중간에 잠시 멈춰 깜짝 '피크닉'을 열곤 했다. 팀원 중 한 명이 미리 준비물을 챙겨 앞서가서 모두를 위해 간식과 프리잔테 한 잔이 놓인 테이블을 차린다. 피크닉 장소

---

\* 약발포성의 이탈리아산 스파클링 와인.
\*\* 자동차경주에서 급유나 타이어 교체 등을 위해 잠시 멈춰서서 정비하는 곳을 뜻한다. 빠르게 즐길 수 있는 간편한 디저트라는 의미로 사용된 듯하다.

로는 나무 아래나 달리아 꽃밭 뒤, 분갈이 창고 안처럼 전원적인 분위기가 나는 은밀한 장소가 자주 선택되었다. 손님들이 모퉁이를 돌았을 때 눈앞에 뜻밖의 아름다운 광경이 펼쳐지도록 말이다. 사실, 아주 간단한 연출이고 별다른 수고도 들지 않았지만, 이 피크닉은 항상 모두를 웃음 짓게 했다.

피크닉에서 우리가 즐겨 먹은 간식 중 하나는 돼지호박과 페타 치즈 타르트였다. 화려한 겉모습과 달리, 실제로는 다른 일을 다섯 개나 하면서도 만들 수 있을 만큼 간단해서였다(요리 학교란 늘 그런 식이다). 게다가 스파클링 와인과도 절묘하게 어울렸다.

320g짜리 돌돌 말린 퍼프 페이스트리 생지를 준비한 뒤, 칼로 가장자리를 따라 1cm 너비의 칼집을 낸다. 가운데 부분에 파르메산 치즈와 크렘 프레슈를 1:1 비율로 섞은 혼합물(각각 80g과 4큰술 정도)을 바른다. 그 위에 애호박 3개를 둥글고 얇게 썰어 한 겹으로 (물고기 비늘처럼) 겹치듯 올린다. 이때 테두리 선을 넘지 않도록 조심한다. 올리브유를 뿌리고 소금과 후추로 간한다. 200℃ 오븐에서 20분간 굽는다. 완성된 타르트 위를 페타 치즈와 바질 잎으로 장식한 다음 먹기 좋게 여러 조각으로 나누어 식탁에 낸다.

\*

광고업계에서 시차에 시달리며 살아가던 그 시절의 나는 내가 품은 완벽주의적 이상이 정의한 '성공한 여성'의 모습에 나 자신을 억지로 꿰맞추려 애썼다. 그 틀에 박힌 정체성이 내가 받은 혜택을 생각하면 마땅히 따라야 할 길이라고 믿었다. 화려한 경력을 쌓고 맡은 일에서 뛰어난 성과를 내는 것만이 내 삶에 감사하는 방식이라 여겼다. 의무이자 내가 받은 투자에 대한 보답이며 삶에게서 받은 행운을 되갚는 방식이라고 믿었다.

자연 속에 들어가 보기 전까지는 그런 정형화된 틀이 완전한 허구이며 사회적 기대라는 뜨거운 공기로 부풀려진 공기 인형에 불과하다는 사실을 몰랐다. 대개는 실현 불가능하고, 종종 모순적이며, 위험할 정도로 쉽게 내면화되지만, 모두 만들어진 허상이자 거짓된 이상일 뿐인데.

몇 달 전, 돋움 화단 가장자리에 앉아 손을 흙 속에 집어넣었던 순간부터 사회가 심어놓은 틀이 하나둘 무너져 내리기 시작했다. 그리고 여기 진짜 세계, 즉 자연 속에서 나는 지금 있는 그대로도 괜찮다는 점을 깨달았다. 정원이 나를 자기 세계로 불러들여 지금의 나를 반기면서 자라고 살고 그냥 존재하는 다른 생명들과 함께하자고 초대하는 듯했다. 평가도 기대도 없이, 단지 함께 존재하자고 속삭이는 듯했다.

그때 깨달았다. 거짓된 정체성에 맞추려 애쓰며 자기 자신을 비참하게 만드는 삶은 내가 받은 삶을 온전히 활용하는 길이 아니라는 사실을. 나는 계속 스스로에게 되뇌었다. '많은 사람이 지금 너처럼 살고 싶어 할걸.' 그런데 왜 자책하면서 삶을 낭비하지? 내 정체성에 만족하고 그 안에서 홀로 우뚝 서는 삶이야말로 내게 주어진 삶을 온전히 활용하는 길이다.

그런데 자신의 정체성을 어떻게 알아볼 수 있을까? 요즘도 가끔 떠오르는 질문이다. 솔직히 말해, 이 질문에 제대로 답하려면 나보다 뛰어난 사람의 지성과 적어도 책 한 권 분량의 지면이 필요할 듯하다. 대부분의 사람은 직업이나 자녀를 통해 스스로를 정의하고는 이 질문을 마주할 일조차 없이 살아간다. 그리고 환경이, 때로는 스스로 선택한 환경이 자신이 어떤 사람인지 드러낼 기회나 의지를 아예 앗아가 버리기도 한다. 옷이나 집, 명예, 유명세, 건강하고 행복한 자녀 등 삶을 둘러싼 장식물 아래 숨겨진 진짜 자신을 말이다. 나는 정말 스키를 좋아하는 걸까? 친구들이 가고, 있어 보이고, 아이들을 맡길 수 있는 키즈클럽이 있으니까 따라가는 게 아닐까?

내가 보기에, 결국 모든 건 가치관에 달려 있다. 여기서 말하는 가치관이란 단지 좋아하고 싫어하는 취향이 아니라, 삶에서 무엇을 중요하게 여기는지에 대한 생각이나 기준, 믿음처럼 삶의 방향을 결정짓는 요소를 뜻한다.

우울증에 걸리기 전까지는 내 가치관에 대해 진지하게 생각해 본 적이 없었다. 하지만, 자연 속 정원에 머물며 예전 정체성의 껍질을 벗어던지고 일상의 잡음과 사회의 강요로부터 멀어지자, 고맙게도 내가 어떤 가치관을 지니고 있는지 객관적으로 바라볼 수 있었다.

우연일 수도 있지만, 모두 자연에서 비롯된 가치관이었다. 자연의 눈으로 보면 모두가 평등하다는 감각, 소수와의 깊은 유대가 수많은 표면적인 관계보다 더 소중하다는 믿음, 작은 행동도 반드시 의미를 지닌다는 생각, 서로에 대한 친절과 배려가 중요하다는 확신. 전부 자연이 가르쳐준 깨달음이었다. 모아놓고 보니 나쁘게 보면 진부하게, 잘 봐줘도 너무 뻔하게 들릴 수도 있겠다는 생각이 든다. 하지만 이런 말들이 내 마음에 울림을 주었다는 사실만 봐도, 그 당시에 내가 얼마나 방황하고 있었는지 알 수 있다. 지금 생각해도 놀라운 점은 이 모든 진실이 당근 씨앗을 심는 순간에 찾아왔다는 사실이다.

좀 더 심오하게 말하자면, 나는 진정한 정체성은 그 사람의 잠재력과 강점에 의해 형성된다고 믿는다. 채소밭은 내가 잘하는 것과 못하는 것이 무엇인지 알려주었다. 창의력, 나눔, 뭔가를 만드는 일은 합격이었고, 깔끔함, 인내심, 목공은 불합격이었다.

내 가치관과 강점을 제대로 파악한 뒤에야 비로소 나는 내게 맞는 삶을 꾸릴 수 있었다.

말해두고 싶은 점은 내 가치관이 과거의 삶을 벗어난 이후에 새로 생겨난 것이 아니라는 점이다. 그것들은 늘 내 안에 있었다. 다만, 채소밭과 자연 덕분에 더 또렷이 들여다볼 수 있었고, 그 결과 내가 예전의 삶에서 그토록 불행했던 이유, 즉 그 삶이 내 가치관과 전혀 맞지 않았다는 것을 분명히 깨달았다. 사실, 그 시절의 삶은 내 가치관과 강점에 완전히 모순된 것이었다. 그래서 시간이 흐를수록 그런 불일치를 품고 살아가는 삶에 점점 지쳐갔고 결국 몸과 마음이 무너져 버린 것이다. 그럴 만하지 않은가?

이제 내가 누구인지, 어떤 가치관을 지녔는지, 무엇을 *위해* 존재하는지 생각할 때, 내 정체성을 표현하는 말은 자연을 사랑하는 사람, 작물을 기르는 사람, 요리하는 사람, 먹는 사람이다. 언제까지나 그럴 것이다. 내가 잘나가는 CEO인지 실직한 은둔자인지는 중요하지 않다. 이게 바로 나다. 내 가치는 더 이상 타인의 평가나 직업적 지위, 허울뿐인 성공으로 결정되지 않는다. 이제 나를 설명하는 것은 자연과 맺은 우정과 거기서 비롯된 가치들이다. 친절함, 공감, 배려, 늘 채소로 가득한 손수레.

## 곡물 넣은 채소 샐러드

이 무렵부터 내게는 귓가에서 요리법을 속삭이는 소리가 들리기 시작했다. 지금도 여전히 그런 속삭임이 귓속을 맴돈다. 나는 이 소리를 좋아한다. 새로운 걸 발견하면 들떠서 빠져드는 요리사에게 흔한 증상이다. 요리할 때마다 같은 재료나 방법을 또 써보라고 노래하는 목소리가 머릿속에서 떠나지 않는다. 그러다 보니 무의식적으로 다양한 재료에 같은 방식을 반복해서 적용하고 만다. 이를테면 완두콩, 비트, 호박 등 갖가지 채소를 사용해 후무스를 만들거나, (버터 콩, 카넬리니 등 종류를 가리지 않고) 콩이라는 콩은 다 껍질이 벗겨지고 바삭바삭해질 때까지 올리브유에 볶거나, 모든 음식 위에 온갖 맛의 판그라타토\*를 뿌

---

\* 이탈리아식 빵가루로 허브나 향신료를 넣고 볶아 바삭하고 풍미가 좋다.

리거나, 만들 수 있는 모든 스튜에 갖가지 종류의 수엣 덤플링*을 넣거나……. 전부 내가 해본 것이다.

처음 내 귀에 맴돌던 요리법은 곡물을 넣은 샐러드였다. 밭에서 넘쳐나는 채소를 활용하기에 완벽했을 뿐 아니라, 함께 곁들일 맛있고 매력적인 곡물을 찾아내는 재미에 신이 났다. 보리, 스펠트 밀, 껍질 벗긴 귀리, 프리카, 퀴노아, 불구르 밀** 등.

이 샐러드 요리에는 정해진 요리법이 없고, 아이디어에 가까우므로 자유롭게 변형할 수 있다. 기본적으로는 (뭐든 좋아하는) 삶은 곡물에 찐 브로콜리, 아보카도, 완두콩, 어린 시금치, 쪽파 등 녹색 채소를 섞어 만든다. 핵심은 식감과 맛의 조화다. 부드럽고 순한 맛의 아보카도, 톡 터지는 달콤한 완두콩, 알싸한 맛과 향을 지닌 쪽파를 함께 넣어보라. 아삭한 식감을 원한다면 씨앗류(여기서는 호박씨)나 구운 아몬드를 추가하면 된다. 드레싱은 단순하게 레몬즙과 엑스트라 버진 올리브유만으로도 충분하지만, 좀 더 감칠맛을 원한다면 아래 나온 드레싱을 추천한다.

**재료** (넉넉한 2인분 기준)

익힌 스펠트 통밀 250g 한 팩
브로콜리 125g, 작게 잘라 3분간 찌기

---

* 소나 양의 내장 지방(수엣)을 넣은 밀가루 반죽으로 만든 경단.
** 듀럼밀을 쪄서 말린 후 잘게 부순 것으로 빠르고 간편하게 조리할 수 있다.

냉동 완두콩 100g, 해동하기
아보카도 1개, 납작하게 썰기
쪽파 2개, 잘게 다지기
호박씨 1큰술, 구운 것
참깨 1큰술, 구운 것
땅콩 1큰술, 볶아서 다진 것

**드레싱 재료:**
참기름 2큰술
타마리 간장* 2작은술
맛술 2작은술
중국산 쌀 식초 1작은술

---

샐러드 재료를 모두 우묵한 그릇에 담아 섞는다. 드레싱 재료를 거품기로 잘 섞은 후 샐러드에 붓고 가볍게 버무려 낸다.

---

* 일본간장의 한 종류로 콩의 비율이 높아 일반 간장보다 진하고 감칠맛이 강하며 글루텐이 적다.

## 그해, 내가 땅으로부터 배운 것들

헤이들리와 산책하며 남아도는 방울무에 대해 고민하던 5월의 어느 아침으로부터 어느덧 10년 남짓한 시간이 흘렀다. 그 뒤로 나는 요리 학교와 농장에서 3년간 일한 후, 프리랜서가 되어 요리 수업을 열거나 요리보다는 친구들과 어울리기를 좋아하는 고객과 코츠월드를 방문한 휴가객을 위해 개인 요리사로 일했다. 텃밭에 넘쳐나는 채소를 소비하려는 목적으로 저녁 식사 모임도 시작했다. 메뉴는 그때그때 밭에 있는 작물을 보고 늘 막판에 정했다. 모임에서 얻는 유대감이 소중해서, 지금도 띄엄띄엄 장소를 바꿔가며 계속하고 있다. 블로그는 계속 운영하다가 유행이 지난 뒤로는 요즘 대세인 '주간 레시피 뉴스레터'로 바꿨다. 잡지에도 글을 썼다. 각 장마다 채소 하나를 주인공으로 삼은 요리책도 한 권 출간했다. 기업용 레시피 개발, 음식 사진 촬영, 팟캐스트, 음식 축제 참여 등 채소를 기르고 요리하고 먹고 쓰는 일이라면 뭐든지 닥치는 대로 하며 불안정한 프리랜서 생활을 이어오고 있다.

처음으로 병에 걸렸던 그해 여름, 채소밭은 내 머릿속 혼란을 달래는 치료제가 되어주었다. 마음의 뿌리가 뽑혀 가장 불안정했던 초기, 자연은 나를 붙잡아 그 뿌리를 다시 심도록 도와주고 위로와 평화를 선물했다. 그렇게 채소밭의 리듬에 익숙해지며 자연의 속도에 맞추고 땅이 주는 광경에 빠져들고, 또 씨앗이 싹트는 모습을 보는 즐거움과 다 자란 작물을 먹는 호사를 누렸다. 그때부터 나는 자연으로부터 교훈을 얻기 시작해 자연의 가치를 다시금 발견하게 되었다. 친절과 돌봄의 가치, 남을 배려하고 공감하며 열린 마음으로 살아가는 삶의 가치, 만족과 주체성의 가치, 진정한 성공이 무엇인지 알고 불완전함을 받아들이는 행동의 가치, 창의성의 가치, 그리고 무엇보다도 희망이 지닌 가치를 말이다.

나는 종교, 다시 말해 삶의 결정에 확신을 주는 명확한 도덕적 가치관에 기대어 살아가는 사람들이 늘 부러웠다. 비과학적인 요소는 도무지 받아들이기 힘들었지만.

채소밭에서 흙에 손을 담그고 자연을 정면으로 마주하며 만물의 이치를 눈앞에서 목격하다 보니, 마침내 삶의 길잡이 별이 되어줄 나만의 신념을 손에 넣었다. 덕분에 나는 나 자신을 더 잘 이해하게 되었고, 있는 그대로의 나를 좋아하게 되었으며, 혼자서 우뚝 설 수 있게 되었다. 그리고 무엇보다 현대사회가 은근히 밀어붙이는 비교와 판단, 끝없는 욕망, 허구의 이상을 향한 자기 계발 강박에서 벗어날 수 있었다. 그렇게 자연은 나의 신이 되었고, 채소밭은 나의 교회가 되었다.

*

내 '치료법'이 채소 재배였다는 점에 특별한 의미가 있을까? 다른 원예 활동도 똑같이 효과가 있지 않았을까? 하이킹은 어땠을까? 혹은 종류가 완전히 다른 활동, 이를테면 뜨개질은? 어쩌면 양말의 구멍을 기우다가 같은 깨달음에 도달했을지도 모른다. 뜨개질의 코를 바로잡는 번거로움이 똑같은 삶의 교훈을 전해줄 수도 있지 않았을까? 직접 기른 채소를 요리하는 대신 스웨터를 주문받아 뜨개질하는 일로 생계를 꾸렸다면 어땠을까?

창의적이면서도 위안을 주는 무언가를 찾아내는 게 핵심일까? 즉 머리와 손, 마음을 모두 사용하는 활동을 찾아 그걸 인생의 구명보트나 연잎으로 삼으라는 것이 여기서 배워야 할 교훈일지도 모르겠다(내 경우, 뜨개질은 스트레스가 심했다).

하지만 그렇지 않았다. 단순히 그런 활동만으로는 충분하지 않았다. 자기 먹거리를 기르는 일에는 전적으로 특별한 면이 있기 때문이다. 다른 창의적이고 위안을 주는 치유 활동을 넘어서는 무언가가 말이다. 채소를 재배하는 일은 우리를 진짜 세계, 즉 자연과 다시 이어준다. 그리고 주체성도 부여해 주는데, 이는 다른 야외 활동에는 없는 점이다. 또, 먹거리를 스스로 마련할 수 있기에 더 자립적인 삶을 영위하는 게 가능하다. 회복탄력성과 새로운 관점을 갖추게 해줄 뿐만 아니라, 흙에 손을 담그고 씨앗이 호박으로 자라나는 모습을 보며 느끼는 순수한 경외감은 삶을 송두리째 바꾼다. 마음이 다시 야생으로 돌아가고 생각이 자유로워지며 새롭게 태어난다. 눈이 뜨이며 매트릭스에서 벗어난다. 그리고 이 과정에서 아주아주 중요한 진리를 배운다. 태양은 여전히 떠오른다는 점을. 또 씨앗은 자라고, 계절은 바뀌고, 루바브는 시들지만 죽지 않고, 세상만사는 이어진다는 점을. 하늘이 무너진 것만 같을 때, 이 사실이 우리의 삶을 구할 것이다.

*

하지만 너무 감상에 젖지는 말자. 나는 여전히 감정 기복을 겪고 있지만, 첫 번째 발병 시기만큼 나빠지지는 않는다. 이제는 증상이 어떤지 알기 때문에 상황이 악화되기 전에 (대개는) 자신을 다스리려고 노력한다.

쉽지는 않다. 채소 정원이나 자연 속에서 평온함과 자기 인식, 깨달음을 찾는 일은 그 자체로 아주 훌륭하지만, 일상생활의 수많은 자극 속에서 자신을 향한 믿음을 유지하는 일은 또 다른 문제이기 때문이다. 자연 속 명상 강좌에서 만났던 한 동료 수강생의 말이 떠오른다. "숲에 들어가 수도승처럼 살지 않는 한, 이런 평온함을 계속 유지할 수 있을까요? 그런데 우리는 세상과 얽혀 살 수밖에 없잖아요?"

정말 맞는 말이다. 우리는 일상에서 매일 수많은 광고에 둘러싸인다. 광고마다 이 제품을 사면 더 똑똑하고 더 관능적이고 더 건강한 사람, 더 나은 여성, 더 나은 환경운동가, 모든 면에서 더 나은 사람이 될 거라고 말한다. 인스타그램에는 '#축복받은' 해시태그를 남발하는 요리 작가들이 다음 책 계약을 알리는 피드를 올린다(사실, 아무 인스타그램 피드만 봐도 자랑과 허세가 넘쳐난다). '@45살에도날씬해'라는 계정의 엄마는 다섯 번째 철인 3종 경기에 도전한다. 누군가는 작년에 부커상 결선 진출작 56권을 읽었다고 한다. 정말 확실하게 효과가 있다는 다이어트 앱의 광고가 지나간다. 그러다가 내가 정말 지원해야 마땅할 안정적인 일자리 광고와 마주친다. 우리의 일상생활은 이런 것들로 그득하다. 이런 환경에서는 나 자신이 흔들릴 가능성이 높아진다.

내가 이 글을 쓴 이유 중 하나는 모든 경험을 더 단단하게 남기고 싶어서다. 땅에서 배운 교훈, 가치관, 생각들은 연약하고 덧없을 때가 많아 꿈처럼 희미한 기억으로 남거나 일상의 거센 바람에 쉽게 날아가 버린다. 그래서 잊어버리지 않게 글로 남겨두고 싶었다.

또다시 어두운 숲속에서 길을 헤매지 않도록 도와주는 다른 요령도 몇 가지 있다. 여기에는 당연히 채소를 재배하고 요리하는 시간 보내기가 포함된다. 그리고 다른 요령으로는 명상이 있다. 규칙적으로 하지는 못하지만, 할 때는 꼭 바깥에서 한다. 매년 자연 속에서 진행되는 침묵 명상 수련에도 참여한다. 또, 야외 수영도 한다(요즘 영국의 중년 여성이라면 누구나 한다는 그 활동 말이다). 하루를 시작하고 마무리할 때 소소한 방식으로 자연과 접촉한다. 이를테면, 아침에는 개와 산책을 하고 저녁에는 채소밭을 돌며 저녁거리를 모은다. 런던 방문이나 인스타그램, 각종 경쟁, 인터넷 서점의 판매 순위, 주말 신문 특집 기사, 빡빡한 일정, 새해 등은 가능하면 피한다. 이런 것들은 내게 해롭기 때문이다. 핵심은 나를 자연과 연결되는 야생의 장소에 가까이 두면서 지금 그대로의 나를 받아들이는 것이다.

그래도 나의 첫 번째 방어선은 역시 채소밭이다. 삶이 다시 끈적한 굴레처럼 느껴져 헤쳐 나가기 버거워질 때면 나는 채소밭으로 간다. 한 시간쯤 부지런히 돌아다니며 잡초를 뽑고 정리하고 수확하고 작물의 줄기를 묶고 무언가를 파내다 보면, 끝날 무렵에는 만사가 새롭게 느껴지며 기분이 가벼워진다.

*

채소가 내 삶을 구했다고 말하며 이 책을 마무리하고 싶은 유혹이 든다. 이야기를 매듭짓기에는 깔끔하고 그럴듯한 문장이지만, 너무 단순하고 공허한 결론처럼 들린다. 그 말은 약물이나 그 밖의 치료, 반려견을 키운 일, 가족과 친구들의 헌신적인 돌봄과 인내 등 여러 노력이 불러온 깊은 변화를 부정하는 말이니까. 또, 삶을 어지럽히고 기력을 앗아가는 우울증이라는 병이 단지 신선한 공기를 마시고 상추 몇 포기를 키우면 낫는다는 뜻으로 받아들여질 위험도 있다. 혹은 우울증은 완전히 '치료될 수 있다'는 오해를 불러올지도 모른다.

그럼에도 채소밭은 특별하다. 더 큰 무언가로 나아가는 문이었고, 내가 자연을 발견하고 자연과 연결되는 장소였으며, 새롭게 세상을 바라보고 살아가는 방식을 찾는 나만의 길이었다. 이제야 비로소 깨달았지만, 하나의 씨앗이 저녁 식사로 바뀌는 그 단순한 과정이 내게 회복을 향해 나아갈 힘을 주었다.

넓은 채소밭이든 발코니 화분이든 상관없이, 채소를 기르면 나와 같은 경험을 하리라 믿는다. 자기가 먹을 음식을 재배하는 즐거움을 누리기 위해 쓰지 않는 땅을 내어주는 너그러운 땅 주인이 꼭 필요한 건 아니다. 빈 마가린 통(그래요, 웃프죠?)에 몇 가지 허브를 심어 창가에서 키우기만 해도 자연과 다시 연결될 수 있다.

싹이 움터 먹거리로 변하는 마법은 아주 작은 곳에서도 목격할 수 있기 때문이다. 창턱 위 오래된 영수증, 방치된 우편물, 먼지 쌓인 고지서와 자리를 두고 다투는 화분 하나 속에도 생명은 있다. 이 생명은 돌봄을 받으며 진딧물, 휴가 동안의 방치, (음, 고양이가 있는 경우에는) 고양이의 공격 같은 시련을 견뎌내고 풍성한 바질로 자라난다. 부엌 가득 신선한 향기를 퍼뜨리는 푸르고 활기찬 식물로 성장해, 금요일 밤 피자 위에 얹을 몇 장의 잎을 내어준다.

이 하나의 식물이 선사하는 그 한순간이 자연은 멈추지 않고 계속 나아간다는 사실을 일깨워 준다. 태양은 여전히 떠오른다. 세상이 너무 어두워 새벽이 오지 않을 것 같을 때, 이 작은 바질은 내 안의 소중한 가치를 보호하는 부적이자, 삶에서 정말 중요한 것과 그렇지 않은 것을 구별하는 기준이 되어준다. 희망을 되새겨 준다.

다음에 마가린 통을 싹싹 긁어 마지막 한 숟갈을 토스트에 발라

입에 밀어 넣고 서둘러 출근길에 나서는 날이 오면, 그 통을 그냥 버리지 말고 거기에 뭔가를 심어보길 바란다. 바질 씨앗은 내가 챙겨줄 테니.

### 바질 재배를 위한 완벽 지침

**준비물:**

- 낡은 플라스틱 화분 6~8개, 깊이보다 넓이가 있는 형태
  (대용량 그릭 요거트 통이나 사각 마가린 통, 아이스크림 통 등 추천)
- 화분을 올려둘 얇은 쟁반 1개
- 바질 씨앗 1봉지
  (다양한 품종이 있지만, 초보라면 쉽게 구할 수 있는 흔한 제노베제 품종을 추천. 가능하면 영국산 유기농 씨앗으로.)
- 이탄 무첨가 다목적 배양토
  (왕립원예협회의 지침을 철저히 따르고 싶다면 파종용 상토를 사용해도 되지만, 내 생각에 그렇게까지 할 필요는 없다.)
- 원예용 고운 자갈이나 질석 한 줌
  (선택 사항. 경고하자면 질석은 고온 처리된 흡습성 천연 광물로 씨앗을 보호해 발아율을 높이지만 매우 비싸다.)
- 작은 투명 비닐봉지 1개(예를 들면, 위생 비닐봉지)
- 따뜻한 창가
- 인내심

3월에서 6월 사이 아무 때나 시작한다. 볼펜이나 드라이버를 사용해 요거트/마가린 통의 바닥에 구멍을 8~10개 뚫는다. 물이 잘 빠져 씨앗이 물에 잠기거나 축축한 흙 때문에 썩지 않도록 하기 위해서다 (바질은 지중해 식물이라서 습한 환경을 싫어한다).

통 하나에 배양토를 채우되, 끝까지 채우지 말고 3cm 정도 남긴다. 통을 단단한 표면에 대고 가볍게 두드려 흙을 가라앉히고 표면을 평평하게 한다. (작은 구멍이 여러 개 있어 물줄기가 샤워기처럼 뿜어져 나오는) 살수구가 있는 물뿌리개로 물을 준다, 화분 구멍으로 물이 흘러나올 때까지 충분히 적신다.

씨앗 봉지에서 10~12개의 씨앗을 꺼내 흙 위에 고르게 뿌린다. 평평한 손바닥이나 잼 병 같은 용기로 씨앗을 지그시 누른다. 손이나 병에 달라붙지 않게 조심하면서 씨앗을 흙 속에 잘 고정한다. 마사토나 질석이 있다면 최대한 얇게 뿌린 뒤, 비닐봉지의 입구를 아래쪽으로 해 모자처럼 덮어준다. 이때, 충분한 공간과 공기를 남긴다. 화분을 쟁반 위에 올려 따뜻하고 빛이 잘 드는 창가에 (직사광선을 피해) 둔다.

씨앗이 싹트기까지 4주 정도 걸리므로, 가만히 기다린다. 참을성 있게 기다리는 동안, 흙 표면이 항상 촉촉하도록 살핀다. 필요하다면 쟁반에 물을 조금 부어서 화분이 그 물을 빨아들이게 한다. 새싹이 올라오면, 곧장 비닐봉지를 벗기고 생명의 경이로움에 감탄한다.

싹이 6~8cm 높이까지 자라서 바질처럼 생긴 잎이 날 때까지 (쟁반을 통해) 계속 물을 준다(처음 올라온 잎 두 개는 떡잎으로 성숙한 잎과는 전혀 다르게 생겼으므로, 잘못 심었다고 걱정하지 말길).

이제 '분갈이'를 해야 한다. 모종을 처음 화분에서 각자의 화분에 옮겨 심는다는 말이다. (바닥에 구멍을 뚫어놓은) 남은 통을 다목적 배양토로 채우고 이전처럼 물뿌리개로 물을 준다. 각 화분의 중앙에 약 3~4cm 깊이의 홈을 낸다. 떡잎을 잡고 모종을 조심스럽게 파내는데, 가능한 한 뿌리에 흙이 많이 묻은 채로 들어 올린다. 나는 찻숟가락으로 한 번에 흙과 모종을 가득 떠낸다. 모종을 조심스럽게 홈에 넣고, 육묘 화분에 있을 때와 같은 깊이로 심었는지 확인한 후 뿌리 주변의 흙을 가볍게 눌러 다진다. 다른 모종에도 같은 과정을 반복한다. 모든 화분을 쟁반 위에 올려 창가에 놓는다.

이전과 마찬가지로 쟁반을 통해 물을 주는데, 주 1회면 충분하다. 모종이 자라는 모습을 벅찬 마음으로 지켜본다. 끝부분의 잎이 먹을 수 있을 정도로 커지면 순을 몇 개 따내서 식물이 더 풍성하게 자라도록 유도한다. 정기적으로 잎을 따주면 여름 내내, 어쩌면 10월까지도 바질 잎을 수확할 수 있다. 바질을 곁들인 피자는 이전과는 전혀 다른 맛을 선사할 것이다.

## 정원을 담은 한 상차림

이 요리나 이와 비슷한 여러 요리를 우리 집에서는 '정원을 담은 한 상차림'이라고 부른다. 여름 텃밭에서 나는 거의 모든 재료를 사용하기 때문이다. 잔디밭에서 차가운 로제 와인 한 잔을 곁들여 친구들과 즐기기에 제격이다. 최고의 식사란 이런 식으로 즐겨야 한다. 시골풍으로 말이다.

**재료** (4인분 기준)
*모두가 조금씩 골고루 먹는다고 가정했을 때

**호박과 가지 살팀보카* 재료:**
가지 2개
돼지호박 2개
엑스트라 버진 올리브유, 조리용
프로슈토(이탈리아 생햄) 12장
바질 한 줌, 잎만 딴 것

**불구르 밀을 넣은 토마토 샐러드 재료:**
올리브유 2큰술
쪽파 2개 또는 샐러드 양파 1개
마늘 한 쪽
토마토퓌레 1큰술
굵은 고춧가루 1/4작은술
불구르 밀 150g
토마토 300g
레몬 1/2개, 껍질과 즙
호박씨 2큰술

---

* 얇게 썬 고기나 채소에 생햄과 허브를 얹어 말아 구운 이탈리아 요리.

해바라기씨 2큰술
잣 2큰술, 구운 것
베이비 케이퍼 1큰술, 수북하게
설타나(황금 건포도) 2큰술
올리브 6알(그린 고달 품종), 씨를 제거하고 손으로 찢기

콩 샐러드 재료:
프렌치빈(깍지콩의 일종) 300g, 양 끝을 잘라내기
사과 식초 1작은술
오렌지 1/2개, 껍질과 즙
엑스트라 버진 올리브유 2큰술
슬라이스 아몬드 2큰술, 구운 것

소스 재료:
물기 뺀 그릭 요거트 300ml
초록색 허브 잎(파슬리, 펜넬, 민트, 히솝, 처빌, 소렐 등) 75g,
잘게 다지기
오이 1/2개, 강판에 갈아 물기를 꼭 짜기
사과 식초 1작은술
식용 꽃, 있다면 준비

---

· 살팀보카 조리법:

가지를 세로로 길쭉하게 약 1cm 두께로 썬다. 돼지호박도 같은 방법으로 약 5mm 두께로 더 얇게 썬다. 채소 하나마다 '넓적한 스테이크' 모양 약 3개와 짧고 뭉툭한 자투리 끝부분 2개가 나올 것이다(자투

리 끝부분은 다른 요리에 사용할 것이다).

 넓적한 채소 스테이크에 올리브유 1~2큰술을 뿌리고 소금과 후추로 간을 한 다음, 뜨거운 프라이팬에 양면을 각각 3~4분간 갈색이 나도록 지진다. 다 익은 채소는 팬에서 꺼내 키친타월을 깐 접시 위로 옮긴다.

 도마 위에 프로슈토 한 장을 놓고, 그 위에 가지나 돼지호박 '스테이크' 한 조각을 45도 각도로 올린다. 채소 스테이크 위에 바질 잎 4장을 고르게 펼친 후, 프로슈토로 (붕대를 감듯이) 전부 감싼다. 남은 프로슈토, 가지, 돼지호박으로 같은 과정을 반복한다.

 같은 프라이팬을 중강불에 올려 남은 기름을 데운 다음, 감싼 '스테이크'를 앞뒤로 각각 2분씩 지져서 프로슈토가 노릇노릇하고 바삭해질 때까지 익힌다.

•불구르 밀과 토마토 샐러드 조리법:

 큰 냄비에 올리브유를 뿌리고 중약불로 달군다. 쪽파를 다져 넣고 약불에서 3분간 천천히 볶는다. 마늘을 (소금 약간과 칼날의 평평한 부분으로) 으깨서 넣고 부드러워질 때까지 2분간 볶는다. 타지 않게 조심한다. 토마토퓌레와 고춧가루를 넣고 2분간 더 볶는다. 불구르 밀과 뜨거운 물 150ml를 넣고 끓을 때까지 기다린다. 끓어오르면 불을 끄고 냄비에 뚜껑을 덮어 25분간 뜸을 들인다.

 기다리면서 토마토를 4등분 하거나 대충 썬다. 다 익은 불구르 밀 냄비에 레몬즙을 넣고 포크로 저어 덩어리를 풀어준다. 자른 토마토와 나머지 재료를 넣고 고루 섞는다. 간을 보고 필요하면 소금을 추가한 뒤, 예쁜 그릇에 옮겨 담는다.

• 콩 조리법:

소금물에 콩을 4분간 삶은 후 물을 따라내고 찬물에 헹군다. 물기를 탈탈 털어낸 후 예쁜 그릇으로 옮긴다.

식초, 오렌지 껍질과 즙, 올리브유, 소금 한 꼬집을 잼 병에 넣고 잘 흔들어 만든 드레싱을 콩 위에 부은 뒤 아몬드를 넣어 섞는다.

• 소스 조리법:

모든 재료에 소금을 넉넉히 한 꼬집 넣고 고루 섞는다.

---

가지와 돼지호박 살팀보카는 보기 좋게 큰 도마에 올린다. 콩 샐러드, 불구르 밀 토마토 샐러드와 함께 손님 앞에 낸다. 곁들여 먹을 허브 요거트 소스도 듬뿍 담는다. 수확과 행복을 위해 건배한 뒤, 맛있게 먹으면 된다.

## 감사의 말

나는 감사의 말을 쓸 때면 왠지 감정이 격해진다. 한 권의 책이 세상에 나오기까지 얼마나 많은 행운이 필요한지 새삼 깨닫기 때문이다. 열정적인 에이전트, 위험을 감수하고 책을 내주는 출판사, 길잡이가 되어주는 현명한 편집자, 그리고 참을성을 있게 내게 꾸준한 격려와 지지를 보내주는 친구들과 가족들. 세상에 이렇게 많은 책이 출간된다는 건 기적이다. 책 한 권이 나오려면 너무나 어려운 조건이 전부 맞아떨어져야 하니 말이다.

내 첫 번째 행운은 A. M. 히스사(社)의 모든 분이 내 대리인이자 내 편이 되어준 것이다. 2018년에 이 책의 아이디어를 내 머릿속에 심어주고 초고를 쓰는 내내 지도해 준 조이 킹, 계약을 성사하려는 집요함이 우아하게 보일 정도로 뛰어난 리베카 리치, 그리고 번뜩이는 영감으로 제목을 지어준 톰 킬링벡.

이들의 노력 덕분에 나는 리틀 브라운 출판사 및 산하 임프린트 출판사인 로빈슨과 일할 수 있었다. 작가라면 누구나 바랄 만큼 똑똑하고 협력적이며 멋진 사람들이다. 이 책을 의뢰해 준 에마 스미스, 기회를 주고 믿어주고 나를 올바른 길로 이끌어주어 감사드린다. 에마의 자리를 이어받아 탁월한 편집자의 역량을 보여준 탬신 잉글리시께도 감사의 말을 전한다. 이런 분이 맡아주다니 난 정말 운이 좋았다. 현명하고 유쾌한 분이라 함께 일하는 내내 즐거웠다.

그리고 수고해 주신 다른 많은 분께도 감사드린다. 새러 토마스, 어맨다 키츠, 샬럿 스트루머, 클레어 시벨(내가 글꼴에 대해 장황하게 말할 때 인내심 있게 들어줘서 고마워요), 존 페어웨더, 헨리 로드(홍보 담당자인가 마법사인가? 도저히 모르겠다), 루이즈 하비, 에이미 킷슨, 샬럿 라이딩스, 클레어 세이어께 감사의 인사를 전한다. 영업 및 판권 팀의 모든 분께도 감사드린다. 모두 정말 어른스러움과 너그러움을 겸비한 사람들이다.

로지 램스든이 이 책의 일러스트를 맡아주기로 했을 땐 기뻐서 날아갈 뻔했다. 그녀는 재능 있는 예술가로, 내 첫 요리책 『채소밭에서』의 푸드 스타일리스트로 일했다. 로지, 당신이 함께하면 항상 모든 게 더 아름다워져요. 고마워요.

친구들과 가족들에게 감사 인사를 하다 보면, 이런저런 표현을 썼다가 결국 다 지워버리곤 한다. 내가 느끼는 사랑과 감사함을 (그리고 힘들게 한 것에 대한 미안함을) 제대로 표현할 길이 없기에, 진부하거나 과장된 빈말로 들릴까 봐 걱정이 되어서다. 엄마, 아빠, 안

드레아, 코츠월드와 런던의 친구들, 광고계의 옛 동료들(특히, 하워드와 대니얼), 지혜로운 친구이자 응원자였던 비범한 다이슨 가족께 감사드린다. 그리고 그 누구보다 특별한 내 남편 폴, 당신에게는 고맙다는 말로는 부족해요.

 마지막으로 독자 여러분께 감사의 말을 전한다. 세상에 수많은 선택지가 있는데, 게다가 할 일도 많고 좋은 책도 많을 텐데, 내 책을 읽기로 했다는 사실에 내가 정말 운이 좋다는 생각이 든다. 내 책을 읽어주어 정말 감사드린다. 독자 여러분이 없었다면 아마도 쐐기벌레들과 이야기해야 했을 테니 말이다.

*How a year in the garden
brought me back to life*

**옮긴이 박민정**
서울대학교 인문 대학을 졸업하고 동 대학 국제대학원을 수료했다. 책과 함께하는 삶이 좋아 번역가가 되었다. 현재 바른번역 소속 번역가로 활동 중이며, 옮긴 책으로는 『관계의 공식』, 『어른을 위한 두뇌 피트니스』, 『심장이 뇌를 찾고 있음』 등이 있다.

### 작은 텃밭이 내게 가르쳐준 것들

**초판 1쇄 인쇄** 2025년 10월 13일
**초판 1쇄 발행** 2025년 10월 30일

**지은이** 캐시 슬랙
**옮긴이** 박민정

**발행인** 문성미
**편집** 김정현
**펴낸곳** 로즈윙클프레스
**출판신고** 제2024-000005호
**이메일** rosewinklepress@gmail.com
**인스타그램** @rosewinklepress

한국어출판권 ⓒ 로즈윙클프레스, 2025
**ISBN** 979-11-989496-2-2 (03840)

- 이 책은 저작권법에 따라 보호받는 저작물이므로 무단 전재와 복제를 금지하며,
  이 책 내용의 전부 또는 일부를 인용하려면 반드시 저작권자와 로즈윙클프레스의 서면 동의를 받아야 합니다.
- 파손된 책은 구입하신 서점에서 교환해 드리며 책값은 뒤표지에 있습니다.